爆笑
Q版史記
之
名人·列傳
……
韓冬 著

Q版史記 

目錄

CONTENTS

列傳

管晏列傳

居家旅行之必備良才◎009

老子韓非列傳

青牛與黑牛◎017

伍子胥列傳

美女與兒子◎025

白骨精不疼◎032

仲尼弟子列傳

為什麼成績愈好的女生愈難看◎039

商君列傳

頸椎病患者◎052

同奶牛搏鬥◎057

蘇秦列傳

養豬，從入門到精通◎066

目錄

CONTENTS

孟嘗君列傳

公雞的春天◎075

有飯吃是趕緊吃，莫等無飯空悲切◎084

廉頗藺相如列傳

藺相如是誰，很拉風嗎？◎092

一隻愛吃荊條的羊◎103

屈原列傳

淒涼的屈原◎112

刺客列傳

戀愛過的人才會成熟◎118

那身名牌衣服◎124

殺手之王◎132

風蕭蕭兮易水寒◎140

李斯列傳

老鼠又見老鼠◎151

我畫的是蘋果◎156

淮陰侯列傳

蕭何夜奔◎163

車載馬桶◎169

Q版史記 

扁鵲列傳
透視眼的苦惱◎179

李將軍列傳
無敵風火輪◎186
火星人沒中箭◎192

衛將軍驃騎列傳
食人族的大哥◎199
觀音的瓶子掉下來了◎206

儒林列傳
與野豬鬥其樂無窮◎211

酷吏列傳
美女與野豬◎217

滑稽列傳
鳥人與鳥◎221
馬終於胖死了◎227
向東方朔學習◎234

Q版史記 卷下

目錄
CONTENTS

附文

搶鮮版
Q版三十六計 內容精摘◎241
Q版孫子兵法 內容精摘◎277

Q版史記

列傳

管晏列傳

居家旅行之必備良才

管仲，名夷吾，穎上人。在年輕的時候他結交了一位名叫鮑叔牙的朋友，兩人合夥做生意，賺了錢之後管仲經常暗自給自己多分點。鮑叔牙雖然心中明瞭，可一直沒有點破，他知道管仲家境貧困。管仲雖然會給自己多分錢，可本身還是個有良心有道德的男子，每次偷偷給自己多分錢的時候，都會手心出汗，瞳孔放大，伴以輕微的渾身發抖，多分錢之後又會整夜整夜的失眠還做惡夢。鮑叔牙怕管仲再這樣下去，終有一天會精神分裂，於是決定點破管仲，讓他心安理得的多給自己分點錢，讓他明白鮑叔牙並不在乎他多分點錢給自己。於是，當又搞定了一筆生意，到了分錢的時候……

管仲：「這次老鼠藥一共一百斤，加了二十斤沙子之後是一百二十斤，全都賣出去了，扣除原材料一共賺了六兩，我們一人三兩。」

鮑叔牙：「原材料有那麼多嗎？沙子加了四十斤之後是一百二十斤吧！你又想多拿錢！」

管仲聽鮑叔牙這麼一說，汗如雨下，羞愧難當，當即抽出掛在腰上的劍就要自殺，鮑叔牙慌忙擋住了他。

鮑叔牙：「管兄你何必這麼衝動呢？其實你多分錢的事情我早就知道了，只是一直不願意點破。我不介意的！」

管仲：「啊……你不介意呀，那你不早說，害我煩惱自責了那麼久。爲什麼現在你又要點破呢？」

鮑叔牙：「主要是看你每次爲了多分幾兩銀子要做那麼多心理掙扎，怕你長此以往精神分裂，所以不得不說出來讓你光明正大地多分了。其實你家的情況我也知道，多分點錢給你是應該的。」

管仲：「……好兄弟！」

鮑叔牙：「好兄弟！即便今後你不多分錢，我也會多分點錢給你！」

管仲：「放心吧，我不會跟錢客氣的！」

鮑叔牙：「……」

早在這個時候，管仲就已經表現出了對經濟的濃厚興趣，往後的日子裏，果然證明他在治理經濟方面有很高的天賦。

管鮑之交

【解釋】鮑叔牙不在乎管仲出賣他，管仲羨煞旁人就在於他有能夠盡情出賣的兄弟。比喻交情深厚的朋友。

【原文】管仲曰：「吾始困時，嘗與鮑叔賈，分財利多自與，鮑叔不以我為貪，知我貧也。吾嘗為鮑叔謀事而更窮困，鮑叔不以我為愚，知時有利不利也。吾嘗三仕三見逐於君，鮑叔不以我為不肖，知我不遭時也。吾嘗三戰三走，鮑叔不以我為怯，知我有老母也。公子糾敗，召忽死之，吾幽囚受辱，鮑叔不以我為無恥，知我不羞小節而恥功名不顯於天下也。生我者父母，知我者鮑子也。」

（《史記・卷六十二・管晏列傳第二》）

後來，管仲和鮑叔牙分別投奔了齊國國君的兒子姜糾和姜小白。齊國國君死的時候兩個兒子都在國外流亡，得到消息之後都立馬往齊國趕回去繼承王位。管仲的一個失誤——也不能完全賴給管仲，主要還是姜小白又聰明又會裝——讓姜小白搶先回到了齊國，坐上了國君的位子，接著姜小白殺了姜糾。管仲作

爲輔，佐姜糾的人，被囚禁了起來。齊桓公，也就是先前的姜小白，欲封鮑叔牙爲宰相，鮑叔牙推辭道：「我才能不夠，如果你只想安安穩穩的統治下去的話，讓我做宰相還勉強湊合；如果你想讓齊國成爲諸侯國中的霸主的話，那就需要讓管仲來當宰相了。他才是安定國家、發展經濟、居家旅行之必備良才。」

齊桓公卻因爲在他繼位的過程中，鮑叔牙立了大功，而執意要封鮑叔牙爲宰相，鮑叔牙一哭二鬧三上吊之後，他才同意了讓管仲當宰相。管仲當了宰相之後，最重視的就是經濟的發展。「倉廩實而知禮節，衣食足而知榮辱」這句千古名言就首發於他的嘴。他不但將經濟發展擺在首位，而且確實有發展經濟的能力，在他的努力下，齊國大量積累了財富，國力大大增強，一躍而成爲諸侯中的霸主。

有人問鮑叔牙：「以前你們合夥做生意的時候，管仲就占你的便宜，總給自己多分錢；好幾次給你出主意，你用了他的主意之後都會將事情搞砸；他當了幾次官，回回都被國君罷免；每次讓他帶兵打仗到最後都是他溜得最快；他的主人姜糾被殺之後，他不自殺殉節，而是在監獄裏面苟且偷生，還求他以前的敵人放了他。在我們看來，這個人簡直是爛人一個，爛到一無是處。真搞不懂你爲什麼會將宰相的位子讓給他。」

鮑叔牙回答道：「做生意的時候他偷偷多分錢，只是因爲他家庭貧困，而且他自己也知道不好意思啊，這就夠了；用他出的主意沒有辦成功任何一件事情，只是因爲時機還不好；至於回回都被國君攆回家，是因爲他運氣沒有到；臨陣逃脫，是因爲他還有老母親需要贍養，你沒見他從戰場上跑回去，就直接進了廚房去給他娘做飯了麼；沒有殉節，是因爲他的才華還沒有施展出來，怎麼可以就這樣死去，大丈夫能哈能哼說的就是這個道理。」

倉廩實而知禮節，衣食足而知榮辱

【解釋】吃飽穿暖之後，才知道禮節和榮辱。先解決溫飽問題才是硬道理。

【原文】管仲既任政相齊，以區區之齊在海濱，通貨積財，富國强兵，與俗同好惡。故其稱曰：「倉廩實而知禮節，衣食足而知榮辱，上服度則六親固。四維不張，國乃滅亡。下令如流水之原，令順民心。」故論卑而易行。俗之所欲，因而予之；俗之所否，因而去之。

（《史記・卷六十二・管晏列傳第二》）

管仲聽說了鮑叔牙的這些話之後，仰天長歎道：「生我者父母，知我者鮑叔牙啊！」後世的人提起管仲都會想到鮑叔牙，提起鮑叔牙也會想到管仲，他們兩個之間的友誼堪稱是男人之間的友誼典範，尤其

是鮑叔牙，的確值得表揚，生平能有鮑叔牙這樣一個朋友，夫復何求啊……當然，如果再能有一個溫柔賢淑的老婆那就更完美了。

晏平仲名嬰，他是春秋後期齊國的著名大臣，他一共伺候了三位君主：齊靈公、齊莊公、齊景公。他以勤儉節約和知人善用而著名。在他做了宰相之後，餐餐只是粗茶淡飯，桌上的肉菜不會超過兩種。你不要想歪了說：「是不會超過兩種肉菜，一隻烤乳豬，一隻烤全羊而已……」晏子絕對不會這麼鋪張的，既便是有肉菜，也都是很小盤的那種，吃完了菜還要將盤中的油用饅頭擦乾淨吃下去。他老婆雖然貴爲第二夫人，卻也只穿著粗布衣服，身上更沒有掛金耳環、珍珠項鏈等貴重飾物。那你說這樣的日子過得有什麼意思呢？有什麼意義呢？我也曾這樣問晏子，晏子說他有精神的追求，那就是讓每一個人才都能發揮自己的才幹，那就是讓齊國能一直強大下去，人民的生活能夠一直富裕下去。我被感動了，甚至流下了兩行熱淚，我問他：「這世上真的有你這樣的好官麼？我不是在做夢吧！」剛剛說完這句話我就從夢中醒來了。夢中的晏子身材很差，事實上晏子的身材本就很差，他的個子很矮，就因爲這個身體缺陷，曾經在他出使別國的時候還被人嘲笑過，不過好在他頭腦敏捷，能言善辯，嘲笑他的人也沒有占到便宜。

有一個名叫越石父的人，品格高尚，是個人才。因爲家境貧寒，把自己賣到了一個富人家當苦力，晏子有次經過的時候看到了他，就用一匹好馬將他贖了出來，並且拉著他坐上了自己的馬車回到了相府。晏子因爲內急，一下車就跑進了門而沒有給越石父打招呼，好幾個時辰過去了，還不見晏子出來，越石父便跟相府的看門人告辭說要離去。晏子聽說之後慌忙穿好衣服跑出來。

晏子：「是我把你贖救出來的，你爲何要這麼著急離開呢？」

越石父：「據說，有才能的人在不知道他的才能的人的手下做事，通常會受委屈。別人把我當民工使喚，是因爲他們不知道我的才能。你也不知道我的才能，那麼爲何要把我贖出來呢？你的意思是不是將我放在這裏替你看門？」

晏子滿臉羞愧道：「我錯了，是我錯了。我不應該因爲內急而忘了你。」

晏子於是將越石父恭敬地請進了大廳，從此之後奉他爲上賓。

晏子有個虛榮心非常強的車夫。他爲了讓別人知道他是宰相的車夫，特意在帽子上寫了「宰相的車夫」五個大字，還在衣服的背部、袖口等處都貼上了「相」字。他駕車的時候總是趾高氣昂的仰著頭，從來不看路人一眼，口中還唱著：「我得意地笑，我得意地笑……」就彷彿他是東方不敗一般。有一天他拉著晏子經過了他家門口，正好他老婆正透過門縫向外偷窺街上來來往往的帥哥，這一看就看到了他的那幅幼稚的模樣。車夫下班後見他老婆在收拾衣物。

車夫：「怎麼，你要回娘家？我用車送你吧……相國家的馬車歸我管，這你也知道。」

老婆：「不是我要回娘家，而是有人要離開。」

車夫：「哦！今天給我做什麼飯啊？老婆。」

老婆：「飯在桌上，你自己看！」

車夫走到桌子旁邊一看，原來是水餃，不過那些水餃在湯盆裏面組成了兩個字。

車夫：「哇，好精緻哦，老婆這兩個是什麼字啊？」

老婆：「離婚！」

車夫吃了一驚，這才發現他老婆原來是在替他收拾衣物，連忙上去阻攔。

車夫：「爲什麼要和我離婚？是不是你看上別的男人了？」

老婆：「你連『離婚』兩個字都不認識，還整天趾高氣昂，自以爲是，在馬車上擺那麼高傲的姿態。你再看看宰相，他卻是那麼的謙恭，那麼的溫順。今天看到你那個樣子，我實在是替你害臊，除了離婚沒有別的辦法了。你的衣服我已經幫你收拾好了！」

車夫連忙開始哄他老婆，並發誓從此駕車的時候再也不趾高氣昂，再也不挺胸，再也不唱歌了。晏子發現了車夫的變化，笑問他原因，車夫於是對晏子講了整件事情的經過。晏子覺得這名車夫知錯能改，也算得上是個人才，於是舉薦他放棄了駕駛專業做了官。

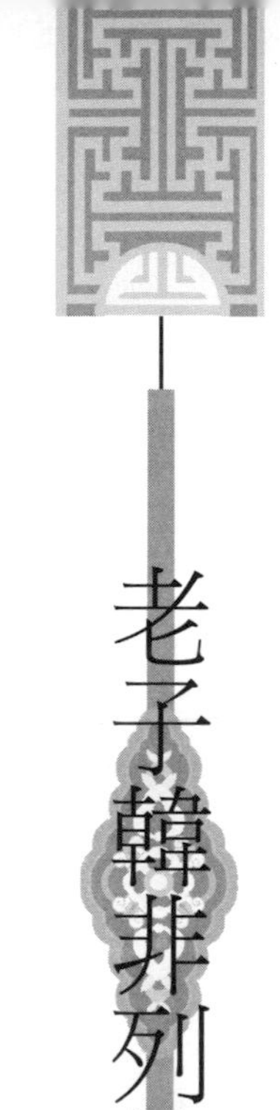

老子韓非列傳

青牛與黑牛

老子，出生於楚國苦縣厲鄉曲仁里一個姓李的家中。他一生下來就驚得接生婆「哇！」的大叫一聲。「怎麼，怎麼，是不是他長著三隻眼睛還是長著一對翅膀啊！」眾人說著就圍了上來。只見他前額廣闊，耳垂特別大，將他直立起來的時候，耳垂就掉到和下巴平齊，放他躺下的時候，耳垂就在枕頭上鋪開，宛如兩條香腸插在他耳朵上。他老爸見兒子長成這樣非常開心，他老媽也忘記了適才的痛苦，開心的笑了起來。

老子媽：「這——麼長的耳垂可以戴多少個耳環啊！真讓人想想都覺得開心啊！」

老子爸：「真是頭髮短，見識更短。我之所以因爲他的耳朵開心，並不是因爲可以戴很多耳環，而是耳垂長是有福氣的象徵，像他這麼長的不知道得有多少福氣。乾脆他的名字就叫耳吧……李耳，又好記又有內涵又清楚地表現出了他身體的特徵。」

老子媽：「李耳……我怎麼覺得好難聽，那拜託你給他起個好一點的字吧，往後我就叫他的字了。」

老子爸：「這麼好的耳朵只用一個名字來表達實在太過意不去了，字當然也要和長耳垂有關，就叫『聃』吧，爲了讓他的福氣長長久久在『聃』前面再加一個『老』字，老聃……好字啊好字，我真是個天才！」

事實上真正的天才並不是老子他爸，而是老子。從小別的孩子見了書都跟見了食人獸一樣地逃命，只有老子一見書就撲將上去廢寢忘食的閱讀，還沒發育完全的時候，他已經將這個地方能看到的書全都看完了。更過分的就是因爲他記憶力好，看過的書全都能記得清清楚楚，人們有什麼事不懂都會前來請教他，在當地他名聲大震。

老子：「爹，我想離開這裏去外面闖蕩一番！」

老子爸：「好！好男兒志在四方，當爹的支持你！你從來沒有出過遠門，這次出去一定要去大城市闖蕩一番——就去縣城吧！」

老子：「我要去都城洛陽！」

老子爸：「啊……洛陽那麼遠？說實在的，我長這麼大都沒去過洛陽，你認不認得去洛陽的路啊？」

老子：「認得，在地圖上都看到了！」

雖然老子的父母很捨不得他離開，很不放心他離開，可是實在受不了老子每天的軟磨硬泡，另一方面因爲老子的耳朵大，他們心裏也放心了很多，於是就送老子上路了。到了東周都城洛陽之後，因爲他知識淵博，沒幾天他就找到了一份工作——管理東周最大的圖書館。這讓老子快樂非常，他如饑似渴的博覽群書，成爲聞名全國的大學問家。

魯國，孔子學堂。

孔子：「這麼多年以來，我一直是人們心目中最懂禮貌最有文化的人，被我教過的學生遍天下，這個老子是什麼東西，一來就搶我的風頭！」

子游：「我在都城有認識的黑道朋友，要不然讓他們去做了老子？不過需要你花點錢！」

孔子：「還要我花錢？你也好意思說出口，你這個學生是怎麼當的，竟然跟老師提錢。我決定了，我要親自去會會他，讓他俯首於我淵博的知識面前。」

子路：「老師，要不要多帶幾個弟子一起去？」

孔子：「我這是去做學問，又不是去砍人，帶那麼多人做什麼？再說了，差旅費誰出啊？除了顏回之外，你們沒一個有頭腦的。」

孔子坐著馬車一路跑到洛陽，去圖書館裏找到了老子。一上來他就說了很多古代聖賢的名人名言和他們的很多理論，表面上是在向老子請教，實際上是想用他掌握的這許多禮數鎮住老子，老子微微一笑道：「孔丘，你說的這些人都是什麼年代的了，恐怕他們的骨頭都已經腐爛了，你一味地記著他們說的話有什麼用？他們所說的話是針對於他們當時的情況，現在你再提出來基本上相當於廢話。真正的聖人應該有適應社會的能力，有機會有理想就轟轟烈烈的幹一番事業；沒有機會也不想當官的話，就遠離政治，做個無拘無束的像小鳥兒一樣的自由人。真有學問的人不會將學問整天掛在嘴上，這樣才能做大事。你的水平我已經了解了，我的話也說完了，我們就此別過。」

老子說完之後就送客了。孔子本想和老子拼知識，卻不想被老子這樣教育了一番，回去之後他的學生們問他此行的感受，孔子除了敍述路上的風景之外沒有說別的。他的學生們發現，從那以後孔子經常一個人呆呆的望著天空，口中喃喃自語道：「這世上，難道真的有龍？」

周景王死後，王子朝與繼位的周悼王發生了矛盾，在都城裏面幹了起來，一幹就是五年，周王朝的勢力急劇下降。這場內戰以王子朝兵敗爲結果，他逃往楚國的時候特意跑來圖書館搶了很多書帶走，說是怕路上找不到柴火做飯。這讓老子非常痛心，最後他決定前往很少戰事的秦國度晚年。他的坐騎是一頭大青牛，幾天之後老子來到了函谷關，函谷關那邊便是秦國了。正在老子欣賞兩邊美麗的風景時，迎面忽然衝來一隊人馬。爲首的那個一見老子便拜：「久聞先生大名，先生途經這裏沒有能遠迎，希望先生不要見怪。我要好好招待一下先生。」

拜老子的那個是這裏的官員尹喜，他一直都非常仰慕老子的才華，心中明白老子此次離開，再回來將是遙遙無期，於是請老子將他的思想寫下來，流傳於世。老子在這裏寫下了《道德經》，寫完這本書離開之後就再也沒有人見過他了。有人說他活了一百六十多歲，還有人說他活了兩百歲，唯一可以肯定的一點是，離開函谷關之後，他就去做了隱士。

莊子，名周，出生於西元前三六九年，他不但很有思想，而且寫得一手好文章，尤其擅長的是比喻這種修辭手法。他的一生追求自由自得，別人都在爲謀取功名而奔走的時候，他卻躲在農村裏面靠打草鞋度日，因爲他爲人厚道，打的草鞋太結實，人們怎麼穿都穿不破，於是他就沒有收入了，到最後只能靠借來維持生活。

楚威王聽說莊子很有學問，於是派人帶著厚禮去請他到楚國當宰相，莊子笑道：「你有沒有見過祭祀天地時用的牛？」

使者：「見過，你說的是青牛還是黑牛？我喜歡青牛多一點，因爲看上去乾淨。」

莊子：「……青牛和黑牛都一樣，人都給牠好吃的，會照顧的人還會給牠們洗澡，完了還會給牠們穿上漂亮的花衣裳，之後就拉去殺了。這個時候恐怕牠就要羡慕自由自在的小豬了！你走吧，不要玷污我

了。」

那使者只得離開回去覆命了。

莊子的老婆死後，莊子坐在屍體跟前敲著盆子唱著歌，看上去非常開心，前來吊唁的朋友見他這個樣子便說：「雖然死了這個老婆你可以再娶一個新的，我們也都知道你心裏面會很開心，可是你搞得這麼露骨恐怕不合適吧！」

莊子：「我是在爲老婆回歸本源而開心呢。這世間本來是沒有她這個物體存在的，在虛無之中變化而有了氣，氣變有了形，形變就有了她。現在她又反變回去，回到了大自然之中，實在是可喜可賀啊！」

朋友：「……好難了解啊！不愧是大學問家，come on，讓我們一起來慶祝吧！」

於是莊子老婆的葬禮到處都是歡歌笑語。

一個名叫東郭子的人前來請教莊子。

東郭子：「請問道在什麼地方？」

莊子：「到處都是道，只看你看到看不到？」

東郭子：「……不要跟我裝深沈，說具體點。」

莊子：「在螞蟻……在稻草……在磚瓦……在屎和尿中……」

東郭子從此瘋了。

韓非子出生於西元前二八〇年，死於西元前二三三年。他是先秦法家思想的集大成者，他將商鞅、申不害、慎到三家的思想總結起來，形成了自己的思想，對於治理國家，他的主張是：君王應該憑藉權力和威嚴駕馭臣子，保證法令的貫徹實施，以鞏固君主的地位。主張以刑罰、獎賞爲基本的治國手段。他曾經和秦國的宰相李斯一起在荀子門下深造。

在韓國，他提出了很多思想和政治主張，韓國國君都不聽他的，韓非子非常鬱悶，只得用寫文章來表達自己的思想。雖然韓非天生口吃，但他的文章卻寫得非常好，他的文章流傳到秦國，被秦王看到了，秦王驚訝於世間竟然還有這樣的人才而自己卻沒有拉攏過來的，於是將那些文章給李斯看，問他知不知道這個人是誰。

李斯：「這些都是我同學韓非寫的，如果讓我寫的話我也能寫出來，不過我沒有寫而已。」

秦王：「好啦，別吹了，你身上有幾顆痣我都一清二楚了……」

李斯：「啊……大王，您……您……竟然偷窺人家洗澡？」

秦王：「……我只是在表達我很了解你。韓非現在在什麼地方？」

李斯：「在韓國。」

秦王當即寫信給韓國國君，說想邀請韓非到秦國來。韓國國君早就厭煩韓非了，一直想找個機會把他送出去，這下機會來了而且還不用倒貼錢，他自然開心到非常了。韓非於是被派到了秦國。李斯自知水平沒有韓非高，他怕如果秦王重用韓非而冷落了他，於是跑到秦王跟前說：「韓非世代都是韓國的貴族，受韓國的恩澤很多，自然會爲韓國考慮。如果你想要統一六國的話，將韓非留在秦國將是個禍害，不如隨便找個藉口做掉他算了。」

不知秦王是在睡夢中抑或是頭腦不清楚，竟然就那樣答應了李斯。李斯於是端了毒酒過去逼韓非喝了下去，給他的藉口是他口吃——好隨便的藉口。後來秦王反應過來的時候已經晚了。

伍子胥列傳

美女與兒子

伍子胥，名員，楚國人。他父親名叫伍奢，他哥哥名叫伍尚。他們家因爲有一個敢於直言進諫的先人伍舉而聞名楚國。楚國太子名叫建，伍奢是太子的太傅，而費無忌是太子的少傅。太子建已經成年了，楚平王讓費無忌去給太子建找個姑娘回來，聽說秦國美女多，楚平王便派了費無忌去秦國。沒多久費無忌就帶回來一個姑娘給楚平王看，那姑娘果然長得傾國傾城，看得楚平王眼睛都直了。

費無忌：「大王……大王……」

楚平王：「啊？是要開飯了麼？好了，趕快帶這個女子去送給太子吧！」

費無忌：「大王，開飯時間還早呢。幹嘛送給太子啊？這個女子是我給你找來的。」

楚平王：「這……不太合適吧！我要了這個女子，太子怎麼辦？老子搶兒子的女人，會被人罵變態的！」

費無忌：「秦國的美女多得是，我再給太子找一個不就行了。」

楚平王再也沒有推辭就接受了這個女子，從此沈湎酒色而不怎麼過問朝政了。費無忌因爲進獻美女有功受到了楚平王的寵信，他乾脆離開了太子伺候起了楚平王。後來他倒的確又到秦國去給太子找了一個女子，不過這位女子和先前那個比起來就差得遠了，太子建傷心非常。

費無忌怕太子建將來繼位後，報痛失美女之仇而對他不利——要知道，一個美女完全可以讓一個男人失去理智。因此常在楚平王面前說太子的壞話，他說太子建沒有公德不注意保持公共衛生，經常在宮內隨地吐痰和大小便，楚平王於是將太子建發配到城父去守邊關去了。太子建只要不死就會對他有威脅。費無忌又開始不分晝夜地在楚平王耳邊說太子建的壞話：「太子建因爲您霸佔了他的美女而心懷不滿，這從他和我送給他的那個女子分居就可以看得出來，太子也是個發育正常的男子，爲什麼和美女分居呢？就是因爲他還想著和現在坐在你懷裏的這位美女同居。」

楚平王：「啊……有這樣的事？」說著他將懷裏的美女抱得更緊了。

費無忌：「據說他在城父招兵買馬，內練軍隊，外聯諸侯，想要攻到首都來搶美女呢！」

楚平王聽了後非常害怕，當即找來伍奢詢問情況。伍奢心中明白都是費無忌在搞鬼，於是學他的先祖伍舉直言進諫：「大王您不相信自己的兒子，卻去相信一個賊眉鼠眼的小人的話，是不是有點蠢了？」

費無忌：「美女啊，要被別人搶走了，可就……大王，那可是美女啊！」

楚平王看了看懷中美麗而柔弱的秦女，當即將伍奢關進了監牢，並派人去殺太子。太子得到消息後逃往宋國。

費無忌：「大王，伍奢還有兩個兒子，都很有本事，如果不把他們一起除掉，將來還會是禍害。美女可能仍然會被搶！」

楚平王：「無忌啊……無忌？今天我才發現你的名字這麼熟悉，不知道張無忌這個名字是不是根據你的名字起的。無忌，我怎麼發現我上了你的當了，要殺的人愈來愈多了，我怎麼感覺似乎他們都是不相關的人！」

費無忌：「美女啊，要是被人搶走了，可就……大王，那可是您喜愛的美女啊！」

楚平王：「……唉，好吧，你想辦法弄死他們兩個吧！」

因爲伍員和伍尚兩人又有頭腦又能打，如果派人去殺他們的話恐怕很難做到。費無忌於是想讓伍奢勾引他的兩個兒子前來送死。他讓伍奢給他的兩個兒子寫信讓他們前來，伍奢不但不幹，還吐了他一臉的口水；他又讓人打伍奢，試圖錄下伍奢慘叫的聲音拿去給他兩個兒子聽，好吸引他們前來搭救，可那個時候

的錄音設備實在是太不方便了，不但體積龐大，還需要將一個臉盆大小的東西對在被錄人的嘴上才可以錄音，伍奢被打的時候見有這麼個東西擺在面前，便已明白了費無忌的心思，於是不但不慘叫，反而唱起了歌，彷彿自己尋找到了人生的真諦一般，這樣的錄音拿去給他們聽他們當然不會前來了。最後費無忌趁伍奢睡著的時候，找來全國著名畫家畫了一張他傷痕累累且被釘在一個木架上的圖片，派人拿去給伍員和伍尙看。

伍員和伍尙看著圖片說：「啊……這不是耶穌麼！」

費無忌派來的人（以下簡稱派來的人）：「什麼耶穌，看看清楚，這是你們的好老爸好父親，他現在正在受苦，如果你們兩個能前往京城的話，大王就會放了他，讓你們父子三個高高興興回家，安安全全上班。」

伍尙：「我這就去收拾一下洗漱用品帶幾包泡麵跟你們走。」

伍員：「不可以。大哥，這肯定是楚平王想騙我們到首都連同我們老爸一起殺了。如果我們不去的話既可以活命還可以讓老爸活命，如果去了全家人就只有死了，而且還沒有人給我們報仇。」

伍尙：「即便是死我也要去，如果現在不去，將來又報不了仇，會被天下人嘲笑和鄙視的！」

伍員：「還沒有報你怎麼知道報不了仇呢？」

伍尙：「我是個悲觀主義者嘛！你趕快走吧，報仇的事情就落在你身上了，我要去和父親一起死了，哦，和父親一起死！」

派來的人：「你們當我是假的啊？聊這麼久的天，竟然當著我的面聊逃跑。」

伍員抽出劍搭在派來的人的脖子上說：「當你的面聊逃跑又怎麼了？」

派來的人：「我的意思是人心險惡，並不是所有的人都如我這麼講道理、明事理的。伍員兄你趕快走吧，今後聊這種事情應該用秘密的方式和秘密的表情。」

伍子胥於是收起劍逃往宋國。伍尚到國都之後，同他父親伍奢一起被殺了。

伍子胥跑到宋國的時候，正好宋國發生內亂，街上一片混亂，官兵們見人就殺。只見一隊官兵迎面而來，伍子胥慌忙躺在地上裝死，又覺得身上沒有血不太合適，於是就想從旁邊一個屍體身上弄點血來往臉上抹。剛剛把手伸到那具屍體面前的時候，『屍體』卻說話了。

屍體：「你想幹嘛？」

伍子胥：「……我想弄點血來往臉上抹一抹，你不會介意吧！」

屍體：「會！因爲我臉上的血也不多，你到別處找吧！」

伍子胥想要去找血已經來不及了，慌忙臉朝下趴在了地上。直到官兵走遠他才站起來，卻發現身邊大部分『屍體』都站了起來。

伍子胥：「哇，原來都是裝死的……咦，太子？」

剛剛拒絕他的那個屍體正好就是太子建，能在這裏遇到伍子胥他也非常高興。兩人見宋國是待不下去

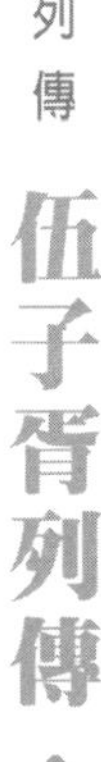

了，於是兩人結伴跑去了鄭國。鄭國上下對他們非常好。太子建又跑去了晉國。晉國老大想讓太子建去鄭國當臥底，一起滅掉鄭國，如果能滅了鄭國的話就將鄭國交給他管理。太子建聽後欣喜非常，於是又返回鄭國。他因爲私事要處理身邊的一個隨從，那個隨從於是對鄭國國君告了秘，太子建被殺。伍子胥帶著太子建的兒子勝一起逃往吳國，經過吳楚邊界的時候被楚國官兵發現，他們緊追不捨，偏偏這時公子勝的馬的腳受了傷，那匹馬一步一哼哼，根本就走不快，官兵已經追上來了，伍子胥只得捨棄了他們徒步逃跑。

逃跑的人最害怕的就是跑啊跑啊忽然發現已經到了懸崖邊上，或者是跑啊跑啊發現前面有條大河擋著，或者跑啊跑啊發現前面是一堵牆自己跑進了死胡同。伍子胥是第二種情況，他站在江邊急得都快哭了，這時江面上卻出現了一艘小船，伍子胥大呼救命。駕駛船的老人知道這是伍子胥，於是讓他上了船渡江而過。伍子胥解下身上的寶劍捧在手上說：「身上沒有錢，這把寶劍也能值個一百兩黃金，現在送給你了。」

船夫：「身爲一個劍客，應該劍不離身，你怎麼可以隨便將身上的劍送給別人！」

伍子胥：「啊……莫非你是……」

船夫：「沒錯，我就是傳說中的劍仙。」

船夫說完忽然手上出現了一把劍，御劍而去。

伍子胥看著船夫遠去的背影，驚訝的自言自語道：「哎喲，肚子疼。」

伍子胥從這天開始拉肚子，只得停在這裏邊乞討邊看病。歷經磨難，最後他終於到了吳國都城，通過將軍公子光見到了吳王僚。

時間：很久以後

地點：楚吳邊界的一棵桑樹上

楚國女子：「這片桑葉是我先看到的，你怎麼可以摘走？」

吳國女子：「誰摘到算誰的，難道你先看到就是你的啊！」

兩個女子於是打了起來，楚國女子身體瘦弱，被吳國女子打得鼻青臉腫。楚平王聽說後大怒，兩國就開始打仗。公子光被派去攻打楚國，他只佔領了楚國的兩座縣城就回來了。

伍子胥：「大王，現在是滅了楚國的最佳時機，希望能再派公子光去攻打楚國。」

公子光：「是因爲你和楚國有仇才這麼說的吧，大王，現在進攻楚國恐難以取勝，再準備幾年吧！」

伍子胥聽公子光這麼說便明白公子光有謀反之心，於是推薦了一個名叫專諸的殺手給公子光，自己隱退到鄉下邊種田邊關注事態發展去了。

白骨精不疼

伍子胥隱退鄉下的五年之後，楚平王死了。吳國趁楚國大操大辦喪事的時候派兵進攻楚國，不想被楚國斷了吳軍的後路。公子光趁國內空虛，派專諸殺了吳王僚自己做了吳國國君，他便是吳王闔廬。他將伍子胥從鄉下請回來當了吳國大官，有什麼事都會找伍子胥商量。

三年之後，闔廬同伍子胥和大臣伯嚭一起攻打楚國，拿下了舒城，闔廬還想繼續推進一直打到楚國的國都，將軍孫武卻拉住了他。孫武此時已經是著名的軍事家了，他的意見人人都尊重。

孫武：「不可進攻，軍民疲勞，等！」

闔廬於是二話不說就帶兵回國了。

路上伯嚭跟伍子胥聊天。

伯嚭：「大王這麼聽孫武的話？……孫武說話一直這麼簡練，這麼強勢麼？」

伍子胥：「沒錯，有本事有內涵的男人不會說太多話。」

接下來的三年中，吳國時不時的攻打楚國，從來沒有停頓過，攻佔了楚國的不少城池。又過了三年，闔廬找來伍子胥和孫武問道：「以前你們回回都說不能攻打楚國的國都，現在我們戰鬥力這麼強，應該沒問題了吧？」

孫武：「聯唐、蔡。」

闔廬：「……不解！伍子胥你來給我解釋一下。」

伍子胥：「完了，又要說很多話了。大王，是這樣的。楚國有個將軍名叫囊瓦，這個人生性貪婪，總是向唐國和蔡國予取予求。唐國和蔡國作爲兩個小國家又不敢不順著他。雖然經常給他豬啊羊啊，不過內心深處已經是恨透了囊瓦，恨透了楚國了。如果我們現在要進攻楚國，就需要聯絡這兩個國家一起。」

闔廬：「了解！」

於是闔廬調集了全國的軍隊，又聯絡了唐、蔡兩國，氣勢洶洶的向楚國開過來。兩軍在漢水隔江相望。闔廬的弟弟夫概請求率領部隊出擊，闔廬以他沒有長鬍子爲由拒絕了他。夫概爲了證明沒有長鬍子的他也照樣可以打勝仗，於是悄悄帶領了他手下的五千士兵前去攻擊楚國將領子常，也就是前面說到的那個囊瓦。子常大敗逃往鄭國。吳軍乘勝前進，打了五個勝仗之後到達了郢都，楚國老大楚昭王星夜逃遁而去。伍子胥滿懷激昂的復仇之心，全城搜捕楚昭王，卻沒有找到。於是將楚平王的屍體挖出來用鞭子抽打了三百下。這個時候楚平王的屍體早已經變成骨架了，鞭子打上去一點兒都不疼，不過總算讓伍子胥發洩了心中的怨氣。

這天伍子胥正在自己房間閉目養神的時候，有人給他送來了一封信。伍子胥拆開一看，上面寫著四個

大字：「你是禽獸！」

伍子胥大怒，問來人這是誰寫給他的信，來人道：「申包胥！」

伍子胥的思緒立刻回到了他即將逃往的那年。在吳國他除了申包胥之外沒有知心的朋友，在他逃往前就去見了申包胥。他們一起登高而望，對著徐徐清風，伍子胥說：「將來，我一定要顛覆了楚國！」

申包胥：「將來，我一定要保護楚國不被顛覆。」

儘管兩人立場不同，彼此惺惺相惜卻從未改變。

伍子胥：「申包胥現在在什麼地方？」

臨時郵差：「他已經躲在深山之中了，難道留在都城裏面給你殺？除了信裏面的內容之外，他還讓我告訴你，侮辱死人你會不得好死的。」

伍子胥：「你回去後代我向他致歉，我也是不得已而爲之啊……」

後來，申包胥到秦國去求救，秦王不答應出兵救助楚國，申包胥就站在秦國的宮殿裏開始哭，一哭就是七天七夜，弄得秦國大臣上殿都得要穿著雨靴才行。秦王最終被申包胥感動了，於是派兵前去救助楚國，在稷地大敗吳國軍隊。正好這時闔廬的弟弟夫概又要搶奪王位，闔廬只好帶著兵馬回國去收拾夫概，打敗了夫概，保住了王位。

倒行逆施

【解釋】原指做事違反常理，不擇手段。現多指所作所為違背時代潮流或人民意願。屬於找不自在的一種行為。

【原文】始伍員與申包胥為交，員之亡也，謂包胥曰：「我必覆楚。」包胥曰：「我必存之。」及吳兵入郢，伍子胥求昭王。既不得，乃掘楚平王墓，出其屍，鞭之三百，然後已。申包胥亡於山中，使人謂子胥曰：「子之報讎，其以甚乎！吾聞之，人衆者勝天，天定亦能破人。今子故平王之臣，親北面而事之，今至於僇死人，此豈其無天道之極乎！」伍子胥曰：「為我謝申包胥曰，吾日莫途遠，吾故倒行而逆施之。」於是申包胥走秦告急，求救于秦。

（《史記・卷六十六・伍子胥列傳第六》）

幾年之後吳國攻打越國。越王勾踐親自率軍迎戰，大敗吳軍於姑蘇。在此一戰中，闔廬雖然使出了絕世輕功避開了迎面飛來的箭，卻沒有想到箭落下的時候，不偏不倚地插中了他的腳趾。大家都以為只是插到腳趾而已，不會死人的。闔廬卻真的就因為這點傷死了。他死後兒子夫差繼位，為了報仇，夫差加緊

訓練軍隊並任命伯嚭為太宰治理內政發展經濟。兩年以後夫差進攻越國，大敗越國軍隊，將勾踐連同他的五千名老弱殘兵一起圍困在了會稽山上。勾踐聽了范蠡的話，讓大臣帶著財物去賄賂伯嚭，讓他在夫差面前說好話。

伯嚭：「大王，勾踐希望您給他一個改頭換面重新做人的機會，年輕人哪個能不犯錯呢？犯錯就改的就是好年輕人。」

夫差：「能不能給他機會，就看他認錯的態度怎麼樣了！」

伯嚭：「他打算做大王您的貼身僕人，讓他的老婆做您的奴婢，給大王您做牛做馬到永遠！」

伍子胥：「大王，絕不能答應他。勾踐這個人能吃苦，夠義氣，是個極度危險的人物，現在您不消滅他，將來一定會後悔的。」

夫差卻只想感受讓別國國君給他做牛做馬的優越感，根本就不聽伍子胥的。他採納了收受了越國賄賂的伯嚭的意見，和越國議和了。

因為勾踐的表現好，給伯嚭送的禮多，他終於被放回越國了。回去後他臥薪嘗膽，在表面上討好夫差的同時努力發展經濟，訓練軍隊，這些都被憂國憂民的伍子胥看在眼中。這時齊國內訌，吳王決定乘亂進攻齊國。大殿上忽然傳來一聲叫喊：「不行！」

說不行的正是伍子胥，他走出大臣的隊列說：「不行啊！大王，我們的心腹大患是越國，勾踐自從回去以後臥薪嘗膽的治理國家，他的圖謀不可小覷。我們應該先滅了越國，再考慮其他的事情。」

伯嚭：「一個吃過我們國君大便的人能有什麼威脅，我看你這個人真是愛說笑。」

吳王：「就是，他和他老婆永遠都是我的牛馬嘛，難道牛馬會反叛主人不成？」

吳王還是派兵去攻打齊國，打了個大勝仗，從此之後更加不聽伍子胥的了。

後來伍子胥經常向吳王彙報他打探回來的越國情況，動之以情曉之以理，可是吳王就是不聽他的。後來夫差實在被伍子胥煩得受不了了，就派他去齊國公幹。伍子胥拉著他的兒子說：「我無數次勸諫大王，他不但不聽還嫌我煩，說我像女人。我已經看到吳國滅亡的那一天了，不能讓你和吳國一起滅亡，我要帶你去齊國！」

兒子：「我還小，你幹嘛對我說這麼多。你讓我跟你去齊國，我開心還來不及呢！」

這個二十幾歲的兒子忽然邊跳邊喊道：「OH！可以出去玩咯，太好了，太好了！」

伍子胥看這神經質的兒子歎道：「難道，這就是上天對我的報應？」

伍子胥到齊國後，將兒子托付給了齊國鮑牧，辦完了事就回到了吳國。

兩人一齊做官這些年，伯嚭和伍子胥之間的嫌隙已經很大了，伯嚭在夫差耳邊說：「伍子胥這個人狠毒，從他鞭打楚平王的屍體就可以看得出來。一個人如果被他記恨的話他就會狠狠的對付這個人。大王您那麼多次都沒有聽伍子胥的建議，他肯定已經記恨你了。這次去齊國他將兒子也帶了過去，還把兒子留在那邊托付給了別人，看來他要行動了，大王應該先下手爲強！」

夫差：「即便你不說我也要處置他了。我已經快被他煩死了，本想他留在齊國就不要回來了，沒想到他這麼快就趕了回來，並在昨晚又勸我攻打越國。」

吳王派人送了一把寶劍去給伍子胥讓他自殺，伍子胥用顫抖的雙手接過這把劍不禁仰天長歎：「天啊，沒想到我爲吳國鞠躬盡瘁，現在卻因爲奸佞小人的幾句話，夫差就要殺我。」說著他就把劍放在了脖子上，忽然又想起了什麼事情，放下劍回頭對他的手下說：「我死後你們在我的墳墓上種棵樹，將來好給他們做棺材。另外把我的眼睛挖出來掛在城門上，我要親眼看越國滅掉吳國。」說完之後他就揮劍自殺了。

九年之後越王勾踐滅亡了吳國，殺了夫差和伯嚭。

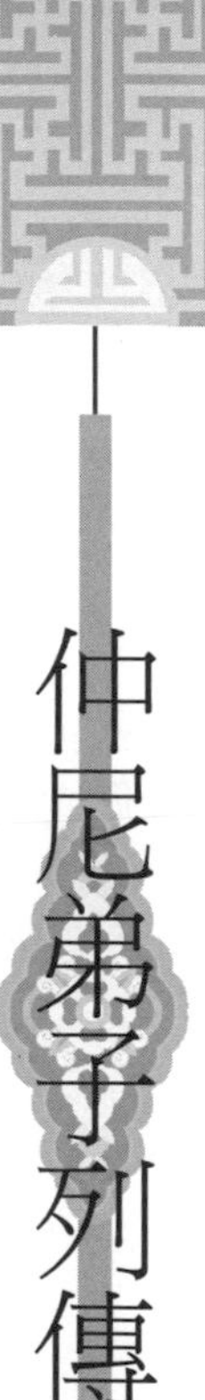

仲尼弟子列傳

爲什麼成績愈好的女生愈難看

孔子有弟子三千，其中特別有名望特別有才能的，並不是通常所稱的七十二賢人，而是有七十七人。「德行」方面有顏回、閔子騫、冉伯牛、仲弓。「政事」方面有冉有、季路。「言語」方面有宰我、子貢。「文學」方面有子游、子夏。

顏回，魯國人，字子淵，小孔子三十歲。

顏回曾經問孔子什麼是「仁」。

孔子回答他說：「克制自己，自己的身體想做的偏就不去做，自己身體不想做的偏偏去做，這樣所有的人都會說你仁德了。」

顏回：「那樣豈不很難受？」

孔子：「傻瓜，想當聖人哪有那麼容易的。」

孔子曾經跟人誇顏回：「顏回真是賢德啊，每頓飯就只是一碗飯，一碗湯，對住的地方也不講究，忍受的都是別人無法忍受的痛苦，他卻還在追求學問。如果每個學生都這樣，學校的開銷就不用那麼大了。顏回是我們的楷模，大家要向他學習。」

顏回聽講的時候就像個傻孩子一樣，眼睛直勾勾的看著前面，嘴巴微微張開，孔子經常以爲顏回睡著了或者是傻了，就不時地叫他回答問題，每次顏回都能讓孔子聽到滿意的答案。

顏回二十九歲的時候頭髮就全白了，不是染的，而是因爲太用功吃得又少的緣故。三十多歲的時候顏回就活活累死了，孔子哭得非常傷心：「回啊，自從你出現之後學生們都知道親近我了，都知道爲我考慮而節約伙食費了，你怎麼可以這麼早地死去！」

魯哀公有次問道：「你那麼多學生，其中哪個是好學的？」

孔子說：「好學的那個已經死了，名叫顏回。他從來不嫌學校條件差，從來不發怨氣給別人，可惜太短命了。」

不遷怒，不貳過

【解釋】不將怒氣發在別人身上，也不重複犯錯。不將怒氣發在別人身上，免得被人扁；不犯同樣的錯誤，免得被人罵豬頭。

【原文】回年二十九，髮盡白，蚤死。孔子哭之慟，曰：「自吾有回，門人益親。」魯哀公問：「弟子孰為好學？」孔子對曰：「有顏回者好學，不遷怒，不貳過。不幸短命死矣，今也則亡。」

（《史記・卷六十七・仲尼弟子列傳第七》）

閔損，字子騫，小孔子十五歲。

孔子曾經說：「閔子騫真的非常孝順，從來不打他的父母兄弟，家裏有什麼好吃的也都自己先吃了，免得父母兄弟爭搶造成家庭不合。」子騫不願意做官，喜歡過自由自在的日子，他曾經說：「如果有人再來叫我做官，我一定會不在。我去了哪裏呢？騎著鶴去雲遊四方了。」

冉耕，字伯牛。孔子也覺得他非常有德行。

有次冉耕得了重病，孔子前去探望他，隔著窗戶跟他握手說：「命運啊，這就是命運，你這樣的人卻得這樣的病，命運啊！」

別人問孔子爲什麼不進去探望伯牛，跟他當面握手。

孔子說：「如果他得的是傳染病的話，那我不玩完了？」

冉雍，字仲弓。

仲弓一直都想當官，他詢問孔子關於政事方面的問題。

孔子：「出門時好像去接見神仙一樣謙恭，使喚百姓就好像去請他們吃飯一樣熱情，這樣就行了！」

仲弓：「那不是要一直保持下賤的表情，跟做傭人有什麼區別？」

孔子：「區別在於你手中有權力，每月都領不少的銀子。」

仲弓的父親是個粗俗的人，孔子是這樣形容的：「雜種牛卻生了一個純種的小牛，神奇啊！」

仲弓曾表示對於孔子的這一比喻感到非常遺憾。

冉求，字子有。小孔子二十九歲。做過季家的家臣。

季康子曾經問孔子：「冉求有仁德麼？」

孔子：「我不知道。」

季康子：「那子路有仁德麼？」
孔子：「他和冉求一樣！」
季康子：「……靠，秀逗！」
冉求問孔子：「一聽到該做的事情就應該去做麼？」
孔子：「上她！……錯了，是做她！」
子路又問孔子：「一聽到該做的事情就應該去做麼？」
孔子：「有父母兄長在，讓他們去做。」
有人問孔子：「同樣的問題，爲什麼你給他們倆的回答卻不一樣呢？」
孔子：「他們的性格不一樣，冉求遇事退縮，而子路遇事衝動。如果有個美女他們兩個想泡，冉求肯定是扭扭捏捏不敢上去，必須要鼓勵他才能成功；而子路有可能立馬衝上去霸王硬上弓，必須要拉著他才能避免他犯法。」

仲由，字子路，卞地人，小孔子九歲。

子路生性粗俗，一直都很幼稚，喜歡腰裏掛著劍，頭上頂著雞毛，脖子上掛金項鏈。惹是生非是他的特長，調戲婦女是他的專業。有次孔子走在大街上，子路竟然從背後把孔子認成了女的。走上去就調戲，孔子扭過頭來，嚇了子路一跳，給子路留下了心理陰影，從那以後他再也提不起興趣調戲良家婦女了。不

久之後他就換了一身儒生衣服前來拜孔子為師，因為他帶來的學費不少，孔子立刻就收留了他。

子路喜歡跟著孔子出遊，孔子也樂意帶上他，畢竟子路以前是個惡人，而且又會些拳腳功夫，帶著他很有安全感。見識多了子路就想當官，經常詢問孔子怎樣才能當官，孔子回答說：「必須要自己帶頭工作，哪裏苦哪裏髒你就往哪裏鑽！」

子路：「那還當官幹嘛？我見過的當官的都不是這樣的！」

孔子：「我說的是當官之前！」

子路後來果然當了官，他做了衛國大夫孔悝的家臣，替孔悝管理封地。後來孔悝幫衛國太子蕢聵奪取了衛國政權，子路聽說後連忙從封地上趕回國都。孔悝和蕢聵正在高臺上喝酒慶祝。

子路：「讓我殺了這個背叛先君的無恥小人孔悝！」

蕢聵出面阻攔，子路便要放火燒高臺，蕢聵命令衛兵上前攻擊子路，子路雖然能打，卻也無法抵抗幾十個人的攻擊，打得帽子都掉了。

子路忽然大喊道：「停！你們讓我戴好帽子先。君子不可以不戴帽子，即便是死也應該將帽子戴得端端正正。」

戴好帽子之後，子路從容地死在了高臺下。

宰予，字子我，口舌靈便，善於言辭。

宰予畢業的時候對孔子說：「終於要畢業了，不用怕被你開除了。今天我要問你一個問題，你不覺得三年的喪禮太久了麼？三年不學習禮儀，禮儀必定敗壞；三年不演奏音樂，音樂一定荒廢；三年不泡妞，整個人都會變得沒有生命力。我覺得服喪一年就足夠啦！」

孔子：「可是只守一年的喪你心安麼？」

宰予：「心安！」

孔子聽宰予這麼說，撲上去就要搶他剛剛頒發給宰予的畢業證書，卻不料宰予早有準備，孔子撲了個空。

朽木不可雕

【解釋】朽壞的木頭無法雕刻。比喻人不上進，無法成材。意同「爛泥扶不上牆」，都指先天遲鈍，後天懶惰，沒治！

【原文】宰予晝寢。子曰：「朽木不可雕也，糞土之牆不可圬也。」（《史記・卷六十七・仲尼弟子列傳第七》）

孔子：「出去之後不要說你認識我！」

宰予：「不說認識你怎麼找工作啊？人們都認定你是聖人，你的學生才吃香。」

說完他就大笑著離去了。

孔子大罵宰予是朽木，是糞土。

幾年之後宰予和田常一起叛亂，失敗而被滅族，孔子因爲宰予是他的學生而羞愧不堪。

端木賜，衛國人，字子貢，小孔子三十一歲。

子貢非常喜歡說話，孔子煩得受不了，經常打斷他說話，弟子們於是認爲孔子說不過子貢。

孔子曾經問子貢：「你覺得你和顏回誰更好？」

子貢：「顏回做學問能做到一夜白頭，我比不過他。」

陳子禽曾經問子貢：「孔子的學問從哪裏來？」

子貢：「周文王和周武王的思想流傳人世間，無處不在，先生無論在什麼地方，圖書館、飯館、路上甚至公厠裏面都可以學習知識。」

齊國的貴族田常打算在齊國叛亂，但懼怕齊國大臣們的勢力，於是決定召集軍隊攻打魯國以此來提高在齊國的地位。孔子聽說後非常著急，如果魯國陷入戰火之中的話，學校就沒辦法辦下去了。

孔子：「唉，怎麼辦？齊國的田常想來進攻魯國了，怎麼辦？」

子貢：「先生不是教育我們說讀書人應該深明大義，隨時準備爲國家捐軀麼？」

孔子：「說得好！那就派你去齊國周旋吧！」

子貢：「……能不能當我沒有說過剛剛那句話？」

孔子：「君子怎麼可以出爾反爾，一言九鼎言出必行是身爲君子的基本素質。」

子貢只得坐著馬車去了齊國，到齊國後他找到了田常。

子貢：「人們都說國家的憂患在內部的時候就進攻強大的國家，在外部的時候就進攻弱小的國家。現在你的憂患在內部，應該進攻強大的國家。如果你進攻魯國的話肯定可以拿下，那個時候你們的國君更加自大，大臣們更加胡來，對你只有害而沒有利。不如你去進攻強大的吳國，打不贏的時候大臣們的地位就會衰落，國君就會被孤立，你可以乘機控制大權……」

田常：「果然好計。不過我都已經跟所有的人說了我要去攻打魯國，現在忽然改成吳國，有點說不過去啊！」

子貢：「到時候你能不能說你走錯路了？」

田常：「……會被人鄙視死的。不如你再去趟吳國，說服吳國出兵幫魯國的忙，那樣一來我就可以名正言順的攻打吳國了。」

子貢於是又跑去了吳國，對夫差說：「現在你去搭救魯國的話，諸侯們都會覺得你樂於助人是個好老大，另外還可以得到很多的銀子和女人哦！」

夫差：「好！說得好！好是好，不過越國這兩年發展太快，我怕這個時候派兵出去的話越國會乘虛而入，等我滅了越國先吧！」

子貢：「……滅了越國？那個時候魯國都不知道死了多少遍了。要不我再跑趟越國，讓他們也出兵搭救魯國，這樣你就可以放心啦！」

夫差：「有勞了！」

路上，子貢吃著大餅感歎道：「真是累，不到一個星期跑了三四個國家。我現在這種生活條件應該比得上顏回了……」

到越國，子貢立刻去見勾踐，他跟勾踐說：「夫差準備攻打越國，那樣就非常危險了。不如你給吳國送上厚禮，然後再派兵和吳國一起進攻齊國，到時候你就可以坐收漁翁之利了。」

勾踐答應了。吳王收到勾踐的禮物之後放心的去攻打齊國了。魯國終於免除了一場災難。

子貢回來之後孔子當著全體學生的面給他頒發了一個榮譽證書。子貢畢業後邊當官邊做生意，最後富甲一方，可以算得上是孔子學生裏面最有錢的一個了。

言偃，吳國人，字子游，小孔子四十五歲。

畢業之後的子游做了武城的官吏。孔子有次巡遊經過武城，去子游哪裏做客，正在吃飯的時候聽到了遠處傳來管弦樂的聲音。

孔子嘲笑道：「子游你真笨，殺雞嘛嗎要用宰牛刀，治理這麼一座小小的縣城哪裏用得到禮樂教化。」

子游：「君子懂得道理就會愛護他人，小人學習了道理就會容易役使，這不是先生您以前說過的麼？」

孔子：「……其實剛剛我是跟你開玩笑的，哈，來喝酒！」

殺雞焉用牛刀

【解釋】殺隻雞哪裏用得上宰牛的刀。比喻小題不必大作。可避免雞看到牛刀後嚇得雞飛蛋打。

【原文】子游既已受業，為武城宰。孔子過，聞弦歌之聲。孔子莞爾而笑曰：「割雞焉用牛刀？」子游曰：「昔者偃聞諸夫子曰，君子學道則愛人，小人學道則易使。」孔子曰：「二三子，偃之言是也。前言戲之耳。」

（《史記・卷六十七・仲尼弟子列傳第七》）

卜商，字子夏，小孔子四十四歲。

子夏：「美人微妙的笑容多好看啊，美麗的眼睛真明亮呀，彷彿潔白的生絹染上了絢麗的多彩吶……這幾句是什麼意思？」

孔子：「意思就是你發春了。」

子夏：「……」

子貢問孔子：「子張和子夏哪個更賢能？」

孔子：「子張有點過分，子夏有點欠缺。」

子貢：「那就是說子張強過子夏了？」

孔子：「這就看是什麼事了，如果是說交學費的話，子張的過分強過子夏的欠缺；如果說是在食堂吃飯的話，子夏的欠缺就強過子張的過分了。」

澹台滅明，武城人，字子羽，小孔子三十九歲。

子羽長得非常難看，但他卻有一顆誠摯的心，他想伴隨在孔子左右伺候他，孔子怕整天盯著他看晚上會做惡夢，於是就不接受，子羽傷心地哭了。

孔子：「……一哭起來更加難看了！」

子羽畢業之後卻有很高的德行，追隨他的人非常多，他的仁義也在諸侯國中傳揚。

孔子聽到後說：「我終於知道爲什麼成績愈好的女生愈難看了。」

顏無繇，字路。是顏回的父親，他們父子兩個都曾做過孔子的學生。

顏回死的時候，顏路因爲貧困而無法安葬他，於是請求孔子賣掉他的車來安葬顏回。

孔子：「我也爲顏回的死而感到非常難過，但我是當官的，身爲當官的怎麼能步行呢？」

顏路聽後哭得非常傷心，想去問孔子要回他和兒子交的學費來安葬兒子，可已是不可能的事情了。

商君列傳

頸椎病患者

商鞅原名公孫鞅，乃是衛國國君姬妾所生。少年時代他就很喜歡研究各類刑罰，為了研究商紂王的炮烙之刑，他將自家的羊趕到燒紅的銅柱子上走來走去，沒走幾趟那羊就被烤熟了。家人為免得浪費，將這頭被烤熟的羊拉回來洗洗吃了，一吃之下竟是非常美味，從此之後公孫鞅再研究炮烙之刑的時候他們都強烈要求他帶上調味品並不停地撒在羊身上，於是烤全羊就被發明了。成年之後公孫鞅在魏國宰相公叔痤手下當侍從，公叔痤一直都覺得公孫鞅非常有才華，想將他介紹給魏國國君，可回回都被耽誤了：

第一次是在大殿上，他剛要站出來向國君舉薦公孫鞅的時候，忽然有一隻大老鼠跑出來站在大殿中央手舞足蹈，國君帶著大臣們一起湧上去群毆這隻老鼠，事後大家都在討論剛剛那一場群毆，一直沒有給他舉薦的機會。

第二次是在大街上，那天陽光明媚。他在街上碰到了魏國國君。就在他要開口談論公孫鞅的時候，天上忽然出現了一隻飛碟，大家都吵吵嚷嚷的去追飛碟了——包括國君。公叔痤只得垂頭喪氣地回家。

第三次他乾脆將國君請到了家中。

「這次應該不會再有什麼事情打擾了吧！」公叔痤心道。

酒酣耳熱之際，他剛要開口向國君介紹站在他身邊的公孫鞅，忽然從外面衝進來一個太監，邊跑邊大喊：「娘娘早產了，娘娘早產了！」

公叔痤迎上去抓住那太監道：「不會這麼巧吧?!娘娘能不能晚點早產！」

太監：「你家早產還挑時間麼？」

太監甩開他就撲向國君，拉著他的手一路跑回宮中去了。

公叔痤看著遠去的魏國國君，又看看身邊的公孫鞅，大噴一口鮮血，從此病倒在床上。宰相病重的消息傳到了國君那裏，他親自前來探望公叔痤。

魏國國君：「前幾天還活蹦亂跳的你，怎麼忽然病成這樣了？」

公叔痤只是流著滿臉委屈的眼淚鼻涕不說話。

魏國國君：「如果宰相你掛了的話──我是說如果，誰能接替您的位子呢？」

公叔痤：「公孫鞅。媽的，我總算把這個名字告訴給您了！」

魏國國君：「公孫鞅？這個名字怎麼這麼陌生？是哪個大臣？」

公叔痤：「不是大臣，是我的一個侍從，現在就站在你身後……」

魏國國君向公叔痤所指的方向看過去，公孫鞅正望著房頂回憶前兩天看到過的刑罰。魏國國君以爲房頂上有什麼好看的，便也擡頭一樣，卻什麼都沒發現。他心下便覺得這個公孫鞅即便不是個白癡至少也是個頸椎病患者。爲了給宰相一個面子，他還是答應了他的要求。隨便問候了幾句之後國君便要離去了，公叔痤拉住國君，屏退了左右。公孫鞅一直擡著頭思考，國君眼睜睜的看著他出門的時候還撞了幾下。

公叔痤：「那個公孫鞅的確是個有才能的人，更重要的就是他聰明伶俐，反應極快……」

魏國國君：「你說的是剛剛一直都仰著頭，出門的時候還撞了幾下的那個人麼？」

公叔痤：「沒錯，就是他！他聰明伶俐、反應極快，是接替宰相之職的最佳人選。如果您不讓他當宰相的話就殺了他，以免他去別的國家工作。」

魏國國君：「……明白了！」

魏國國君回宮之後只說了一句話：「原來病是真的可以讓人變得神經錯亂的！」便沒有再理公叔痤了。

魏國國君走後，公叔痤叫來了公孫鞅。
公叔痤：「剛剛我給國君說了，讓你接替我的位子當魏國宰相。」
公孫鞅：「好啊好啊，我一定不會忘記宰相您的大恩大德。」
公叔痤：「後來我又跟他說，如果不讓你當宰相的話，就一定要做掉你！」
公孫鞅：「靠！這麼黑，伺候了你這麼多年沒有功勞也有苦勞，你怎麼忍心這樣對我……」
公叔痤：「所以啊，我將這個消息告訴你了。你趕緊跑路吧，晚了就來不及了。」
公孫鞅：「你放心吧，如果他不重用我的話就說明不重視我，不重視我又怎麼會來殺我呢？」
公孫鞅便一直待在魏國，果不出他之所料，魏王完全當他不存在，既沒有重用他也沒有派人來殺他。不久之後公叔痤就死了，恰好此時秦孝公在召集人才，企圖重振秦穆公之霸業，公孫鞅收拾了東西跑去了秦國。

到了秦國後他首先拜會了秦孝公的寵臣景監，景監決定誓死也要將他舉薦給秦孝公。爲什麼景監對素未蒙面的公孫鞅這麼好呢，他又銀子又沒女人的。有以下幾種可能：

一、景監被公孫鞅的才華打動了，他覺得如果有公孫鞅輔佐的話，秦國一定可以強大起來。

二、景監中了公孫鞅的化骨綿掌之毒，如果沒有公孫鞅爲他解毒的話，數天之後他將化爲血水而死。

三、景監在外雖然非常風光，可在家中卻活得非常悽楚，他的老婆仗著自己是秦孝公的親戚和自己身

強力壯，經常欺負景監。那天正當她拿出皮鞭來準備打景監的時候，公孫鞅忽然前來拜訪，景監因此而免受了皮肉之苦，他打從內心深處感激公孫鞅。

……

總之，景監向秦孝公推薦了公孫鞅。秦孝公抽時間見了公孫鞅，公孫鞅一上來就給秦孝公講五帝之道，秦孝公起初是不停的打盹，後來直接趴在桌子上睡著了。事後他狠狠的批評了景監薦人不淑。景監將秦孝公的話轉述給了公孫鞅。

公孫鞅：「看來他不喜歡五帝之道，麻煩你再推薦一次吧！」

在景監的舉薦下，秦孝公又一次見了公孫鞅。這次他雖然沒有睡覺，卻也根本聽不進去，一會兒看著窗外的小鳥發笑，一會兒趴在桌子上畫母雞。景監又一次挨了秦孝公的罵。

公孫鞅：「看來他對三王之道也沒興趣，我知道他喜歡什麼了，你再舉薦一次吧！」

景監：「還來？……」

景監雖然很怕挨秦孝公的罵，可是在公孫鞅說了一番話之後，他還是答應第三次前去舉薦他了。公孫鞅說的話有可能是「你不去？哼，三天之後你就會化爲血水了。」也有可能是「往後你老婆再拿皮鞭的時候我再也不會衝進去跟你聊天了！」……

秦孝公：「又是那個白癡公孫鞅？你這樣堅定的要把他推薦給我，是不是因爲你欠他很多錢，還是……你和他有一腿？」

景監：「大王明察，我絕對是一名性取向非常正常的男子。我之所以這樣死乞白賴地要把公孫鞅舉薦給您，真的是因爲我覺得他很有才能，肯定可以幫秦國成就霸業！」

秦孝公：「好，這是最後一次了，如果你再舉薦他的話，別怪我用鞋子丟你！」

公孫鞅又一次去見了秦孝公，這次他談論的是霸業，秦孝公不但沒有聽不進去，而且聽得廢寢忘食。幾天之後，他拉著公孫鞅的手從房間裏面走了出來，決定重用公孫鞅。

同奶牛搏鬥

被秦孝公任用後，公孫鞅當即決定變法，對秦國現有的制度進行徹底的改頭換面。

秦孝公：「大家當國君的時候，這些制度都是一代一代保留下來而從沒有改變過的，我現在改變之，別人會不會罵我變態啊？」

公孫鞅：「做大事的人不會在意別人怎麼說的，因爲普通人都是沒有遠見只滿足於現狀的，等您成功之後他們就會了解了。不管是什麼制度法規，都要以國家強大爲最終目的，只要有利於國家強大的事情，

就應該不顧一切的去做。」

秦孝公：「有道理！」

甘龍：「我反對！聖賢的人不靠改易民俗來教化人民，而聰明的人也不會蠢到用改變國家法令來治理國家，隨便亂改法令和禮節會讓人民覺得不方便的，而且祖宗之法豈可隨意更改？」

公孫鞅：「看到沒有，甘龍就屬於那種沒追求的滿足現狀的人的代表！」

甘龍聽小小的一個公孫鞅竟然敢當著秦孝公的面這樣侮辱他，衝上去就要扁公孫鞅，幸好秦孝公眼明腦快身體棒，他直接飛身下來擋在兩人中間。經過激烈的辯論，最終公孫鞅勝出，秦孝公任命公孫鞅爲左庶長，負責變法事宜。

商鞅變法的主要內容有：

鼓勵生產，但凡有勞動能力的人必須幹活，男耕田來女織布，如果因爲好吃懶做而家庭貧困，政府不但不救濟還會沒收其妻兒去別人家當奴隸，身爲戶主的男子則可能會被掛上上書「我不是男人」的牌子遊街示衆。如果有人亂扔肥料的話，不但會被當作好吃懶做的那一類人處理，還會被責令一月之內製造出幾噸的肥料。這一法令的頒佈從根本上杜絕了隨地大小便的情況，大家即便再急也會跑回自己家上廁所。一個家裏面如果有兩個或兩個以上青壯年男子則必須分家，每個人都自立門戶，而且都必須要上稅，否則這戶人家就要交幾倍於別人家的賦稅。

加緊軍事訓練，加大獎懲力度。所有的老百姓都必須要參加軍事訓練，即便是殘疾人，瞎子可以訓練為專門派去偷聽敵人的探子，而聾子則訓練為專門被派去偷看敵人情報的間諜。殺一個敵人升一級，見到強壯的敵人扭頭就跑的，直接砍頭。凡是打架鬥毆的，不管有沒有理由，都要判處死罪，包括家庭暴力在內。

每五家聯為一保，每十家互相結聯，一家犯了錯，另外九家都要上報，隱情不報的，判死刑。

所有人都要絕對服從新法，不得有哪怕一點點的反對意見，否則就要被判刑。

……

新法制定出來之後，甘龍竟然依舊跟別人指指點點公孫鞅。公孫鞅將甘龍和那個人處理了——革了他們的職，降為平民。

那人：「不關我事啊，是甘龍指指點點你的，也是他在不停地說新法不好，我一句話都沒說，也沒有對你豎中指。」

公孫鞅：「那你為什麼不把甘龍押送到官府呢？」

那人：「甘龍好強壯的……」

公孫鞅：「不管對方再強壯，為了新法的順利實施，你也應該與之做堅決的鬥爭！」

在新法完全頒佈之前，公孫鞅為了取得老百姓的信任，讓他們相信他是說話算話的。便在國都市場的

南門口立了一根柱子，又在柱子旁邊擺了十錠黃金，聲稱如果有人將這根柱子搬到北門，這十錠金子就屬於他。對於這樣的好事大家議論紛紛。

南門立木

【解釋】用具體事實來證明新的法令、制度一定會推行。多用於形容取信於民。也指在南門立個木頭，人蹲在旁邊等著兔子撞上來。

【原文】令既具，未布，恐民之不信，已乃立三丈之木於國都市南門，募民有能徙置北門者予十金。民怪之，莫敢徙。復曰「能徙者予五十金」。有一人徙之，輒予五十金，以明不欺。卒下令。

（《史記・卷六十八・商君列傳第八》）

路人甲：「天下哪有這樣的好事，他們肯定是想騙人玩兒！」

路人乙：「那根看似普通的柱子肯定不是普通的木頭，而是重達幾萬幾千斤重的金箍棒，除了孫悟空根本就沒有人能抱得動——要麼就是路上已經被挖了好多陷阱。官府最喜歡捉弄咱老百姓玩了。」

路人丙：「以我的觀察看來，問題並沒有出在木頭和路上，而是出在金子上。表面上那是十錠上好的金子，而實際上卻是大便刷了一層金漆……」

衆人還在議論紛紛的時候，公孫鞅又宣佈將賞金提高到五十錠黃金。這時從人群中擠出一個粗人。

粗人：「給不給金子到時候再說，反正扛這麼小根的木頭過去也費不了多大勁。」

說完他就扛起柱子一溜煙跑去了北門。事後果然得到了貨真價實的黃金五十錠，現場頓時炸開了，有很多女子當即要求要嫁給他替他生兒育女和他一起白頭偕老。從那以後，老百姓經常來這個地方打探，雖然這樣的好事再也沒有發生過，國都市場的南門卻成了秦國最熱鬧的地方。

新法實施一年後，百姓們紛紛前來首都數落新法的不是。

百姓甲：「我因爲被人點了睡穴睡了半年，家裏也變得家徒四壁。已經凄涼得肝腸寸斷了，官府竟然又沒收了我的老婆和女兒，還讓我遊街，這日子沒法過了，我要上吊自殺！」

百姓乙：「難道和自己家不聽話的反抗意識很強的奶牛搏鬥也算是打架鬥毆麼？太過分啦……」

百姓丙：「雖然那個敵人很強壯，但我那並非是逃跑——我只是想將他引誘到我軍的埋伏圈而已。這樣都被判刑，我不服！」

就在老百姓鬧得水深火熱的時候，太子又違反了新法。原來，各階層的人應該穿什麼衣服也是新法所規定好的，如果衣服穿得不對就要被懲罰。太子這天晚上穿著沒有任何標誌的睡衣，被人看到並報告給了

公孫鞅。

公孫鞅：「新法之所以不能好好實施，就是因爲沒有做到王子犯法與庶民同罪。太子這次一定要被治罪！」

秦孝公：「啊……太子是未來的國君，對他治罪恐怕不太合適吧！」

公孫鞅：「您以前也說過要全力支持我的變法，不管是誰犯了錯都由我來處置的嘛，怎麼您想說話不算話？」

就在秦孝公左右爲難的時候，忽然看到了立在太子旁邊的兩個老師。

秦孝公：「太子之所以犯了這個錯，都是他的老師的責任，他們沒有好好的教導他。要處置也應該處置他的老師才對。」

老師：「啊……這樣也行？」

公孫鞅：「看來也只有這樣了。那麼在抄寫《論語》十萬遍和臉上刺字中間，你們選擇哪一個？」

長的帥一點的那個老師選擇了抄寫《論語》。

另一個老師道：「十萬遍，即便胳膊不斷也被煩死了。我選擇被臉上刺字。」

公孫鞅：「好。刺字官，這是整本《孫子兵法》，你照著刺他臉上。」

老師：「啊?!不是刺一個字麼？」

公孫鞅：「有誰告訴你是刺一個字了？」

老師：「……」

這兩個老師被重罰之後，所有百姓們都回家去好好執行法令了。新法執行了十年之後，秦國變得國富民強，人民的素質也提高了很多，強盜、小偷這些職業完全銷聲匿跡了。人民又來首都歌頌新法。

秦孝公：「人民來歌頌你了，你換身帥一點的衣服出去接見他們吧！」

公孫鞅：「十年前來說新法不好的是他們，現在來歌頌的也是他們。這幫人沒有長遠目光只知道說三道四和阻礙首都交通，應該法辦！」

於是那些民眾連同他們的家庭都被發配到了邊境去了。從此之後不管是數落還是讚揚再也沒有人敢對新法發表任何看法了。

秦國富強了之後，打了好幾場勝仗，在諸侯中間的地位也大大的提高了。秦王將於、商等十五座城池封給了公孫鞅，從此人們稱他爲商鞅。

新法執行十年，觸犯了很多貴族們的利益，他們深深地恨著商鞅，可一直都不敢說出來。秦孝公死後，太子繼位。他們覺得機會來了，就聚集在一起密謀剷除商鞅。

大臣甲：「公子虔，去年我送給你的那個木頭鼻子還好用吧？」

公子虔：「除了流鼻涕時沒有知覺會流到嘴邊才能發現，和抽煙時容易失火之外一切都好。」

大臣乙：「時間過得真快啊，眨眼間你沒有鼻子已經六年多了。當年因爲你犯了小小的一個錯誤，公孫鞅就削掉了你的鼻子，簡直太過分了。」

公子虔：「這件事情我一直都沒有忘記，因爲我經常在早晨起床照鏡子的時候被自己嚇到。好在現在太子繼位了，公孫鞅的末日到啦……」

公子虔連同這些大臣一起誣告商鞅密謀造反，並派了官兵前去捉拿商鞅。商鞅一路逃遁，到了關口的時候天色已晚，找了一家旅店準備入住。

老闆：「商鞅的法律規定不能接收沒有身分證的人。」

商鞅：「……我就是商鞅啊！」

老闆：「那又怎麼樣？即便你是商鞅，你也是沒有身分證的商鞅，依舊不能入住。」

商鞅：「我現在終於體會到變法的不利之處了。」

他只得在路邊蜷縮了一夜，天一亮便逃去了魏國。魏國懼怕秦國的強大又將他遣送回了秦國。回秦國後商鞅立刻跑去自己的封地，招兵買馬之後攻打鄭城。被秦國大軍打得大敗，商鞅本人也被殺了。秦惠王依舊覺得不夠保險，又將他的屍體五馬分屍了，接著還殺了商鞅全家。

作法自斃

【解釋】自己制定的法律使自己受害。比喻自作自受。也指江湖道士做法的時候發生意外而斃命。

【原文】公子虔之徒告商君欲反，發吏捕商君。商君亡至關下，欲舍客舍。客人不知其是商君也，曰：「商君之法，舍人無驗者坐之。」商君喟然歎曰：「嗟乎，為法之敝一至此哉！」

（《史記‧卷六十八‧商君列傳第八》）

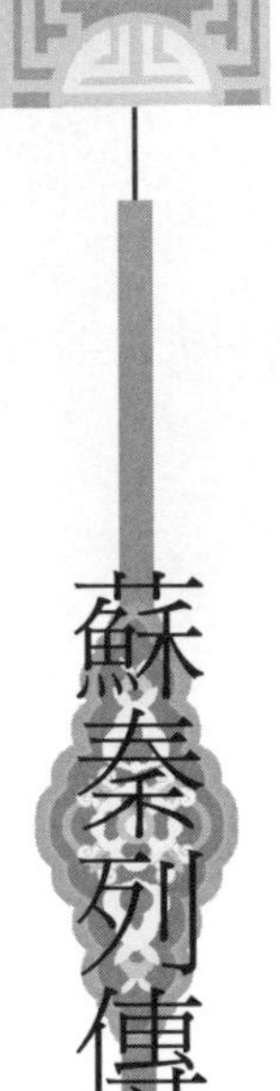

蘇秦列傳

養豬，從入門到精通

蘇秦乃是東周洛陽人，他曾經在齊國求學，拜於鬼谷子門下，畢業以後他就開始遊歷四方。他遊歷的不是森林山川，在這些地方餓了可以吃野果子或喝西北風，睏了可以找個山洞直接住進去，指不定還會發現一本武林秘笈或是……一頭野獸。他穿梭往來的是各大城市，這就不一樣了，吃飯要錢，住店要錢，去泡妞更得花錢，蘇秦沒有武功，沒辦法街頭賣藝；沒有身材，即便當脫線舞男也沒人看他；沒有嗓音，賣唱這條路也走不通，他只有靠他的一張嘴到處演講，希望能夠賺到點錢讓他生活下去。可男人們都忙著賺錢養家，根本不可能有時間站在街上聽他唧唧歪歪，女人們倒是很閑，可是她們又都沒念過什麼書，根本聽不懂蘇秦在說什麼，性格豪放一點的公然用言語調戲蘇秦，看著蘇秦窘迫的樣子哈哈大笑……

就這樣幾年之後，蘇秦已經將身上能當的東西全都當了，肚子還是空空如也，爲了保住命只得回了老家。包括他的兄長、弟弟、嫂子、妹妹、妻妾等所有人都嘲笑他：「男人應該做生意賺錢養家。他卻放棄該做的事情去到處閒逛，妄圖用一張嘴來養活自己，真是可笑，可歎，可悲！」

蘇秦實在受不了了，霍地一下站起來，雙目圓睜道：「你們……你們……你們知道哪裏有吃的麼？」

衆人又是一陣大笑，大笑之中他妻子給他端來一碗剩飯，蘇秦暗自流著淚吃了這碗飯。從那以後蘇秦將自己關在一個房間裏面閉門不出，將所有自己的書通通又讀了一遍。

蘇秦：「讀書可謂是很苦的事情了，可是讀這麼多書卻賺不了錢當不了官，有什麼用呢？縱是滿腹經綸，卻吃不飽，穿不暖，照舊要被人看不起。還是看點有用的書吧！」

蘇秦於是找出一本《養豬，從入門到精通》看了起來。看了一天之後，蘇秦掩卷長歎：「堂堂蘇秦難道從此之後要與豬爲伴？」

不甘心的他又將所有的書翻了一遍，終於給他找到一本周書《陰符》，從這裏面可以看到國君們的思想，以及從什麼方面切入可以說服國君，蘇秦看了一年之後，感覺已有所成，某一天他忽然打開房門大笑著跑了出去。

蘇秦的老婆端著飯看著他的背影道：「啊……徹底地瘋了，看來我得準備準備改嫁了。王二好呢還是

韓冬好？這是個問題……」

蘇秦一路跑到宮裏，周顯王正在和大臣們開會。

周顯王：「怎麼又是你？」

蘇秦：「錯，不是我！」

周顯王：「你不是蘇秦麼？」

蘇秦大笑著說：「我是蘇秦，但我已經不是以前的那個蘇秦了！」

周顯王和大臣們面面相覷一陣後齊聲喊道：「守衛，來將這個瘋子扔出去。」幾個高大威猛的守衛衝進來架著蘇秦就走，蘇秦大喊：「你聽我說，你先聽我說嘛……」蘇秦的聲音終究是愈來愈遠了，周顯王和大臣們都鬆了一口氣，對於遊手好閒、無所事事的蘇秦，他們都是早就見識過並非常了解的。

蘇秦感覺受到了莫大的羞辱，他決定回家繼續研讀。回去的時候，他老婆正在收拾東西準備搬到老光棍韓冬家去住。

蘇秦：「你在幹嘛？」

蘇妻：「你不是瘋了麼？怎麼又回來了？」

蘇秦：「誰說我瘋了，我只是由悲觀主義改爲樂觀主義，以改變以往我對事務的看法。怎麼？說我瘋了想找別的男人啊？」

蘇妻：「啊，你都知道啦？」

蘇秦看著正在收拾東西的他的老婆，明白了一切，歎了口氣淡淡地說：「給我那條繩子再拿個錐子到我房間裏。」

蘇妻：「看來他要自殺，等他自殺了我再走也不遲。」

蘇秦的老婆從那天開始就等著蘇秦因爲沒臉面對家人而自殺，可蘇秦卻遲遲不肯對自己下手，還天天三頓飯吃得非常按時。一天夜裏，蘇妻悄悄溜到蘇秦房間外面偷看蘇秦到底在做什麼，卻看蘇秦正捧著書本在苦讀，一根繩子栓著他的頭髮吊在房樑上，右手拿著錐子不時的戳他自己的大腿，這樣他便能時刻保持清醒的頭腦讀書。

蘇妻：「頭懸樑，錐刺骨……這樣上進的男人去哪裏找啊！」

韓冬：「我也很上進啊！」

蘇妻：「一邊兒去！」

從那以後，蘇秦老婆再也沒有想過改嫁的事情，盡心盡力的照顧著蘇秦。忽然有一天他們聽到一聲巨響從蘇秦的書房傳來。衆人跑出去看，看到蘇秦手持鐵扇，一身長衫，頭髮鋥亮，擺著書生常用姿勢瀟灑的站在門外。蘇秦面露微笑，看著大家，等待著所有人發出讚歎的聲音。

蘇秦的大哥大叫道：「蘇秦……你幹嘛穿我的新衣服？」

蘇秦的老婆大叫道：「死人，你手裏拿著鍋蓋做什麼啊？」

蘇秦的嫂子大叫道：「啊，你頭上抹的是不是我的慕絲……」

衆人喊著便衝上去搶奪各自的東西，蘇秦躲閃不及被壓倒在地，傳來了「哎喲，哎呀！」的慘叫聲。

頭懸樑，椎刺骨

【解釋】頭髮懸掛在房樑之上，用錐子刺自己的大腿，形容刻苦學習。其中要注意的是，掛在房樑上的是頭髮而不是脖子，拿來刺大腿的是錐子而不是匕首。

【原文】乃發書，陳篋數十，得太公陰符之謀，伏而誦之，簡練以為揣摩。讀書欲睡，引錐自刺其股，血流至踵。曰：「安有說人主不能出其金玉錦繡，取卿相之尊者乎？」期年，揣摩成。

（《史記‧卷六十九‧蘇秦列傳第九》）

雖然出關情況不太順利，不過此時的蘇秦的確已經不同往日了。此次閉關期間，蘇秦研究了各國的人文、地理、風俗等知識，又研讀了各國的發展歷史及現狀，對各國國君的脾氣秉性也進行了悉心揣摩。他胸有成竹，意氣風發地出門了。首先他去了秦國，卻沒有被秦王看上，蘇秦不氣餒，又去了趙國。趙國都城的大街上，蘇秦急著去宮中，卻始終攔不到上面標著「TAXI」的馬車，他看到前面有個瘦弱的男子攔到了一輛，衝上去將那個男子一拳打倒在地，搶上了這輛計程車。

蘇秦：「趕快開車，去宮中。」

馬車司機關切地看了躺在地上的男子幾眼之後，這才開車。路上。

蘇秦：「看你那麼關心的樣子，怎麼，剛剛那個男人你認識？」

司機：「都城裏的人都認識他啊！」

蘇秦：「這麼屌？他是誰啊？」

司機：「他就是當今趙王的弟弟！」

蘇秦：「……不去宮中了，改道去燕國吧！」

到燕國輾轉反側了一年多後，蘇秦才見到燕文侯，蘇秦立刻拿出地圖開始分析局勢：「燕國作爲一個小國家卻這麼多年來一點事都沒有，這全靠趙國在前面擋著。秦國要想攻打燕國必須要跨過趙國，這是不可能的事情。所以對燕國來說重要的不是防範秦國，而是同趙國搞好關係，只要有趙國在，就有安全的燕國在。」

燕文侯：「這些我老早就都知道啊！」

蘇秦：「……」

燕文侯：「不過你能說出來也算是知音一個了。看你這麼能言善辯，對局勢又了解得這麼清楚，不如給你金銀珠寶和馬車去趙國一趟，好讓我們兩國結爲百年之好吧！」

蘇秦：「啊……讓我去趙國？」

燕文侯：「莫非你在趙國有仇家？」

蘇秦只得將一年前發生在趙國大街上的那件事情完整的講給了燕文侯聽。正在這時有探子彙報說趙國國君去世了，新繼位的是趙肅侯。蘇秦這才放心的去了趙國。見到趙肅侯之後，蘇秦照例又拿出地圖來開始給他分析局勢：「秦國現在是天下最強大的諸侯國了，大家都很怕他。不過看看地圖就可以知道，崤山以東的土地是秦國的五倍，兵力更是秦國的十倍。如果大家能夠聯合起來，到時候十個打一個還怕打不贏秦國麼？現在大家都只考慮自己，甘願當秦國的附屬國，這樣很容易被秦國逐個擊破的。趙國是這邊最大個的，完全可以帶頭聯合其他國家起來抗衡秦國。這樣一來秦國就不敢隨便往這邊來了，趙國也就有機會成就霸業成爲霸主了。」

趙肅侯非常讚賞蘇秦的合縱之計，封他爲宰相又給了他很多馬車，很多金子，很多金銀財寶綾羅綢緞，讓他去說服各國組成聯盟。蘇秦先後去了韓國、魏國、齊國、楚國，向各國國君闡述他的合縱之計，所有的人都非常贊同，同意加入這個聯盟。蘇秦成爲六國宰相，後面跟著無數的車馬和護衛，拉風至極。

路過家裏的時候他進去吃了頓飯。所有的家人都趴在地上伺候他，連看都不敢看他一眼。

蘇秦：「嫂子，你以前不是這樣的啊！」

蘇秦嫂：「以前是因爲你窮嘛，因爲你靠我們生活。現在你是大官，又有錢，當然不同了！」

蘇秦聽後不禁唏噓感歎：「這個世道啊，現在已然是這樣了，不知道兩三千年之後會是怎樣呢！」

他將所有的金銀分給了親戚朋友。之後去了秦國，將六國合縱的協定給秦王看，自那之後的十五年，秦軍沒有敢過函谷關。

後來秦國也採取了行動，他們派人去欺騙齊、魏兩國聯合出兵攻打趙國。趙王罵蘇秦說他辦事不利，蘇秦怕趙軍吃了敗仗後將罪過都算在他頭上，那樣的話就小命不保了，於是閃去了燕國。蘇秦辛辛苦苦張羅起來的合縱聯盟就此瓦解了。燕王非常器重蘇秦，蘇秦爲了報答燕王的知育之恩去齊國當臥底。這個時候齊國的國君是剛剛繼位的齊湣王。

蘇秦：「您剛剛繼位，皇宮應該拆了重建，方能顯示萬象更新的局面。還有，這些樹也應該砍掉重栽。還有還有，都城的街道也應該全部拆掉，拓寬之後最好能用金子鋪出來，那樣才能顯示齊國的強盛，顯示大王你的威猛……」

蘇秦提出來很多類似的建議，都是讓齊國大把花錢的工程。他的目的就是讓齊國大把花錢好消耗齊國的財力，以此給燕國造成可乘之機。

很多齊國大臣嫉妒蘇秦得到齊湣王的寵愛，於是暗中找了殺手去刺殺蘇秦。殺手是個鬥雞眼，看錯了心臟的位置，只將蘇秦刺成了重傷而沒能要了他的命。蘇秦噴著血跑了幾公里的路總算跑到了宮裏，齊湣王立刻宣了太醫，同時下令捉拿兇手。蘇秦都要死了，兇手還是沒有能捉拿到，蘇秦臨死前說：「只要你昭告天下說我是燕國派來的臥底，你要獎賞殺蘇秦的兇手，兇手就會出來了。」

果不出蘇秦所料，齊湣王照他的話做了之後，兇手自己送上門來。齊湣王殺了兇手替蘇秦報了仇。

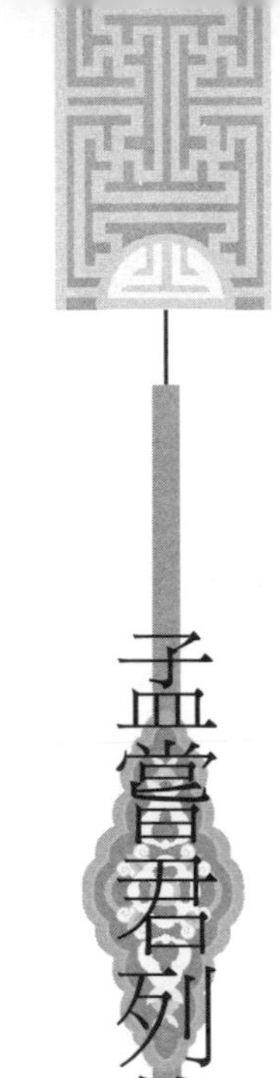

孟嘗君列傳

公雞的春天

孟嘗君名文，姓田，是史上著名的「戰國四公子」之一。他父親名叫田嬰，是齊威王的小兒子，齊宣王的同父異母弟弟。在田文還沒有出生的時候，田嬰就已經有四十多個兒子了，有很多他都不認識。田嬰有個小妾，不受田嬰的寵愛，田嬰就那麼不小心了一下就搞得她懷孕了。田嬰因爲不喜歡她，所以根本沒將她懷孕這件事情放在心上，既沒有給她補鈣也沒有給她買孕婦裝。懷胎十月之後這個孩子降生了，那天是五月五日。田嬰命他的小妾將這個孩子扔掉，她卻沒有聽田嬰的，悄悄的將這個兒子養大。

一天，田嬰將他所有的兒子和妻妾集合起來開會，站了整整的一屋子。

田嬰：「你旁邊站的那個孩子是哪裏來的？」

小妾：「就是五月五日生的那個啊，瞧他長得多水靈！」

田嬰：「這麼大了，我怎麼都沒見過。我不是告訴過你把他扔掉麼？」

小妾：「……」

田文：「爲什麼要扔掉我，爲什麼，難道就因爲我一生出來身上就有紋身，你就覺得我往後會是黑社會？」

田嬰：「因爲你是五月五日生的，五月五日生的兒子會長得比家門還高，這樣會撞壞家門的，五月五日生的孩子還會剋父剋母！」

田文：「還不是由你亂說，我說你出生那天的人來世變蟑螂，你又怎麼說？」

田嬰：「……啊，你給我住口，滾出去！」

從那以後田嬰更恨這個兒子了，過年過節都不給他買新衣服，也不給他發壓歲錢，而且從來不給他正規的教育，不過田文還是慢慢的長大了，並且長得亭亭玉立的。人老了之後，戾氣就會消失，漸漸的田嬰對田文也不是那麼壞了。

一天田嬰和田文在葡萄架下聊天。

田文：「兒子的兒子叫什麼？」

田嬰：「孫子。」

田文：「孫子的孫子叫什麼？」

田嬰：「玄孫。」

田文：「玄孫的孫子呢？」

田嬰：「……你直接說吧，你難倒我是爲了侮辱我的智慧，還是問我要什麼東西？」

田文：「那就是說你不知道咯！既然不知道，幹嘛還要爲玄孫的孫子霸佔財產呢？現在你霸佔的財產已經夠養活好幾輩子的了，而整個齊國卻日漸衰落。有能力的人在外面吃不飽穿不暖，不能發揮自己的聰明才智，只能去種田、殺豬、打劫來養家糊口，這樣下去齊國永遠不會有發展的。」

田嬰聽了田文的話覺得非常有道理，從此開始另眼看待田文，並讓田文主持家事接待門客。田家的門客愈來愈多，聲名遠播。各國諸侯都希望田嬰能立田文爲世子，田嬰答應了，他死後田文繼承了田嬰的封地，被大家稱爲孟嘗君。

孟嘗君性格豪爽，將他父親留下來的所有家產都拿出來招待客人，因此各國的人但凡沒有工作的或者犯了罪的都跑來他家作客，他家的食客動輒達到好幾千人。孟嘗君對每個門客都很關心，找門客聊天的時候他都會讓一個寫字很快的人躲在屏風後面做記錄。門客一走他就拿著錢去給門客解決現實問題。一天傍晚孟嘗君請一個門客吃完飯，另一個門客爲了吸引孟嘗君的注意就在他們中間扭來扭去的跳舞，還不時的

做一些非常猥褻的動作，擋住了打向孟嘗君的燈光。

食客：「我不吃了，我走了！」

孟嘗君：「你剛剛不是說很餓麼？」

食客又送了一大勺飯進口中說：「餓，餓我也不吃了。都說孟嘗君你好客，說你性格豪爽，沒想到給我吃蛋炒飯，你卻吃火腿炒飯。」說完他又送了一勺飯到口中：「不吃了，不吃了！」

孟嘗君將他的飯端到這位食客的面前，居然也是蛋炒飯。原來是因爲跳舞的那個人擋住了燈光他沒有看清楚。這位食客覺得非常對不住孟嘗君，拔出劍來就自盡了。臨死前他說：「爲什麼，爲什麼你吃的不是火腿炒飯呢？……」大家聽說這件事之後都道孟嘗君對待門客非常好，來投奔他的人更多了。

秦昭王聽說孟嘗君非常賢能，就邀請他去秦國。孟嘗君想去，他的門客都勸阻他。

蘇代：「今天早晨我從外面回來的時候，見到一個木偶人和一個土偶人在聊天！」

孟嘗君：「木偶人和土偶人聊天？那一定是幻覺了，蘇先生。」

蘇代：「不是，他們真的有聊天，你聽我說完先。木偶說『天一下雨，你就會被化了。』」

孟嘗君：「土偶肯定是說『我躲，我躲，我躲到孟嘗君家裏去。』好啦，蘇先生你的意思我知道了，你想要歌頌我，連土偶人木偶人都想要到我家來做客，還因爲我而開口說話。」

蘇代：「不是，這次我是要教育你。土偶說的是『我本來就是泥土，化了之後我只是回歸泥土。而你下雨的時候卻要被飄到不知道什麼地方去，慘啊！』木偶聽後大哭。」

孟嘗君：「這個木偶膽子太小了，四處飄蕩總好過沒命！」

蘇代：「……我是在暗示你不要去秦國，根本不是在講木偶和土偶什麼亂七八糟的東西！」

孟嘗君：「可木偶和土偶跟我去秦國沒有關係啊，就像嫦娥和火星沒有關係一樣。蘇代你的表達能力愈來愈差了！」

蘇代：「我還是直說了算了。秦國現在國力強盛，一直想要吞併其他國家，哪裏的人也像虎狼一樣的兇殘，萬一你回不來那不玩完了！」

孟嘗君聽了蘇代的話，便打消了去秦國的念頭。幾年之後齊湣王收了秦王的禮，還是派了孟嘗君去秦國出差。孟嘗君一到秦國境內，立刻有一隊人馬衝將上來直接開始脫他的衣服。

孟嘗君：「啊，救命，你們要做什麼？非禮啊，我沒有身材的！不要……不要脫我的鞋子，我的襪子上有幾個破洞，我不好意思的。」

那些人卻閉口不語，只是一味的做自己的事情，孟嘗君見聲嘶力竭的呼喚根本不起作用，於是停了叫喊任憑他們處置。那些人給他脫了衣服之後又把他丟進一個洗澡的木桶裏頭給他洗了澡，之後給他換上了乾淨的一身衣服，替他梳好頭髮化妝好之後，戴上了一頂奇怪的帽子。這一切處理完之後，那些人忽然跪下來齊喊：「拜見宰相！」

秦昭王這才滿面春風的走出來笑著說：「你已經被任命爲秦國宰相了！」

孟嘗君：「這一切……這一切真是太讓人不可思議了，短短的時間之內我經歷了人生的大起大落。」

孟嘗君當宰相的時間連孵小雞都不夠，就有人在秦昭王的跟前說孟嘗君的壞話了：「孟嘗君很有才能，有才能的人都很忠貞，『好女不嫁二夫』是他們的口頭禪。齊國是他的故國，他只會一心想著齊國，這樣秦國就會很危險了！」

秦昭王這人覺得很有道理。

這天孟嘗君來上朝，剛剛走進大殿的門，又衝上來一群人，像上次一樣二話不說開始脫他的衣服。

孟嘗君：「又來！」

有了上次的經歷之後，孟嘗君已經不似上次那樣慌張了，心下想道：「難道他們又要給我升官？宰相再上去就是國君了，秦昭王真的這麼大方？」

孟嘗君心裏嘀咕的時候，那些人已經做完工作了，孟嘗君低頭一看，自己穿的竟然是一身囚服。秦昭王一聲令下，孟嘗君就被打進了大牢。

打聽了好久之後，孟嘗君才知道原來秦昭王是因爲怕他危害到秦國的統一大業而將他關了起來，而且還要殺了他。經過商量之後，他們打算從秦昭王最喜歡的妃子那裏下手。

孟嘗君：「這個妃子喜歡什麼呢？金銀首飾、化妝品還是精壯的男子？我們都可以給她！」

黑衣人：「她說這些她都不缺，她就喜歡那件白狐狸皮做的貂皮大衣！」

孟嘗君：「靠！真是最毒婦人心，她明明知道那件大衣普天之下只有一件，而且我已經送給秦昭王了。要不弄條羊皮大衣來化妝成白狐狸皮大衣送給她？」

黑衣人：「這是要給你救命的東西，還敢造假。更何況女人的心是很細的……」

這時從他們背後走出一個門客來，他正是前些年聞名諸侯國的「神偷俠侶」其中的一半。他說他可以去偷回那件白狐狸皮大衣。孟嘗君欣喜的衝上去擁抱了他。當天晚上，這個人就溜進秦王的倉庫裏面將那件白狐狸皮大衣從箱子裏面偷了出來，又放了幾塊磚頭進那個箱子之後鎖好。秦昭王的那個愛妃收到孟嘗君派人送來的大衣之後，當即開始在秦昭王面前說孟嘗君的好話，還說如果他不放孟嘗君的話，就不讓他上床睡覺。秦昭王於是放了孟嘗君。

孟嘗君一行人深深知道危險還在他們左右，一出監獄就開始往齊國狂奔。路上。

門客甲：「聽說要想出秦國，必須要通過函谷關，那邊檢查很嚴的，要有通行證才行。」

孟嘗君：「……啊！那不是死定了。」

這時又從門客中走出一個人（門客乙）說：「這有什麼難的？我以前就是專門辦假證的！」

孟嘗君：「以前辦假證的時候，你的電話號碼是多少？」

門客乙：「1311946ＸＸＸ，很好記的一個號碼！」

孟嘗君：「啊！原來是你。那個在我家圍牆上亂寫亂畫廣告的那個人就是你。我頭一天刷了圍牆，第二天你又給寫上去了。當時我恨不得抓住這個人，吃了他的肉喝了他的血！」

門客乙：「好啦，不說那麼多了，還是來讓我給大家辦理通行證吧。站成一排我來畫像……」

有了證件之後，他們就繼續放心的往函谷關方向奔去。這時的秦國都城，秦昭王一下床就後悔了，立刻宣佈追捕孟嘗君。

小妾：「完了，被騙了！」

卻說孟嘗君一行人終於奔跑到了函谷關跟前，卻見關門緊閉。旁邊牆上掛著一個牌子上書「開關時間：第一聲雞叫。閉關時間：最後一聲雞叫。」現在時間還早，所有的雞都還在睡覺。孟嘗君怕追兵來到，著急的手舞足蹈。這時門客中又走出一個人（門客丙）道：「讓我來！」

說著他就擺出一隻漂亮的母雞的架勢，學起了漂亮母雞的叫聲。所有的公雞聽到之後，立刻睜開眼睛大叫起來，都想吸引這隻漂亮母雞的注意。守門的人聽到雞叫之後，迷迷糊糊的就去打開了關門。孟嘗君一行這才算安全的逃回了齊國。

雞鳴狗盜

【解釋】會學雞叫，能裝扮成狗，而不被人認出來，從而行竊。指微不足道的本領，也指偷偷摸摸的行為。

【原文】乃夜為狗，以入秦宮臧中，取所獻狐白裘至，以獻秦王幸姬。幸姬為言昭王，昭王釋孟嘗君。孟嘗君得出，即馳去，更封傳，變名姓以出關。夜半至函谷關。秦昭王後悔出孟嘗君，求之已去，即使人馳傳逐之。孟嘗君至關，關法雞鳴而出客，孟嘗君恐追至，客之居下坐者有能為雞鳴，而雞齊鳴，遂發傳出。

（《史記・卷七十五・孟嘗君列傳第十五》）

有飯吃是趕緊吃，莫等無飯空悲切

一個叫馮諼的齊國人，一直想做俠客流浪天下，結果非但沒有做成反倒窮困得活不下去了，於是托人將他介紹到孟嘗君門下當門客。

孟嘗君：「他有什麼優點？」

介紹人：「好吃懶做，遊手好閒，沒有優點。」

孟嘗君：「他有什麼才能？」

介紹人：「沒有才能，如果會拿著劍敲碗要飯不算才能的話。」

孟嘗君：「……那他長得帥不帥？」

介紹人：「小眼睛，大嘴巴，實在找不出他哪裏帥！」

孟嘗君：「……收下吧。」

幾天之後，馮諼身上穿著一套破破爛爛的衣服，手中拿著一把生了鏽的長劍前來報到，儼然一副乞丐中的窮人模樣。

孟嘗君：「你爲什麼要來投奔我？」

馮諼：「因爲餓得受不了了，聽說你這裏什麼人都收所以來投奔你。」

孟嘗君歎了一句：「好直接的男子啊！」之後將他編入了下等門客的行列。

十天之後，孟嘗君問管理員：「馮諼做了些什麼？」

管理員：「整天吃飯，一到吃飯時間就醒，非常準時，吃完飯就開始用他的鐵劍敲著桌子唱歌。」

孟嘗君：「唱歌？那說明他很有天賦嘛！對了，這幾天經常會隱約聽到從下等門客宿舍那邊傳來鬼哭狼嚎的聲音，是不是門客中有人養鬼當寵物？」

管理員：「那就是馮諼在唱歌了！」

孟嘗君：「……哦，那他唱的是什麼歌啊？」

那名平日裏很少說話的中年管理員忽然邊扭邊唱起了馮諼經常唱的歌，在場的人都被嚇了一跳，歌詞是這樣的：「長劍啊長劍，長劍呀長劍，咱們還是走吧，住在這裏連魚都吃不到，啦啦啦啦啦……」

孟嘗君：「果然有夠難聽的，那將他調整到中等門客那邊吧！」

又十天之後，孟嘗君找來中等門客的管理員。

孟嘗君：「馮諼到了你那邊之後是不是天天唱歌？」

管理員：「你怎麼知道的？」

孟嘗君：「因為那個鬼哭狼嚎的聲音變成從你那邊傳過來了。他現在唱什麼歌？」

管理員：「長劍啊長劍，我們還是離開吧，住在這裏出門連專車都沒有！」

孟嘗君於是將馮諼調為上等門客，天天有魚吃，出門有車坐。這次孟嘗君沒有等到十天就找來了上等

門客的管理員，因為上等門客住得離他很近，他實在無法忍受那歌聲了。

孟嘗君：「馮諼又敲著劍唱什麼呢？」

管理員：「長劍啊長劍，我們還是走吧，在這裏家人都不能頓頓吃肉，周周去旅行。」

孟嘗君：「告訴馮諼，如果他再敲著劍唱歌的話，就沒收他的劍和他的嗓子。」

從那以後再也沒有聽到馮諼唱歌。

一年過去了，這個時候的孟嘗君已經是齊國宰相了。齊王賜給他住著一萬戶人家的薛地給他。當時孟嘗君的門客有三千多人，而且都是飯量大並且喜歡挑食的，孟嘗君聽說人一缺鋅就容易多動和挑食，多動容易餓，挑食造成浪費，這兩樣都是伙食費上漲的主要因素。孟嘗君決定給他的門客集體補鋅，可是只靠薛地的收入連支付伙食費都困難，別說補鋅了，孟嘗君於是於一年前在薛地放了很多債。一年過去了，不但沒有人前來還債，連利息也沒有人前來償還。家裏眼見就要斷糧了，孟嘗君非常著急。一天他在大家吃飯的時候說：「有誰願意去薛地替我收債的，請停止吃飯站起來！」

飯堂裏面鴉雀無聲，所有的人都只知道往口中餵飯，全都假裝什麼都沒聽到。孟嘗君歎了口氣，回到了房中。他找來所有的管理員商議此事。

孟嘗君：「你們看門客之中，有誰能替我去薛地收債呢？」

管理員：「馮諼看上去能說會道，而且看他的樣子應該辦事非常穩重。他來了這麼久都沒什麼貢獻，就讓他去收債吧！」

孟嘗君：「可是他會不會不願意去啊？讓不願意做一件事情的人去做那件事情，最終的結果只能是將事情搞砸！剛剛在飯堂我讓願意去的人站起來，都沒見馮諼有任何動作！」

管理員：「您還不知道吧，馮諼的人生宗旨是『有飯吃時趕緊吃，莫等無飯空悲切』……可能是以前挨餓的日子給他留下了太深的印象吧！」

孟嘗君於是招來了馮諼，向他陳述了目前府裏的情況。馮諼也表示願意去薛地收債，並保證會堅決完成任務。

馮諼一到薛地，就號召所有借了孟嘗君錢的人都到廣場上集合，先來的人將會得到精美小禮品。所有的人都湧到了一個廣場上，這次他收到了利息十萬錢，送出去了一百個小禮品——可愛的小老鼠。他將這十萬錢全部買了美酒和肥牛，又一次通知所有的人前來會餐，不管是有沒有錢償還債務。白吃白喝當然高興了，所有的人聚集在一個廣場上大吃大喝，場面非常壯觀。大家喝得正酣的時候，馮諼拿出契約站上高臺說：「有能力償還利息的請在十天之內償還利息，沒有能力償還的我會燒掉他的契約，就當什麼事都沒有發生過。」

所有人都驚得張大了嘴巴：「難道是幻覺？」

「是不是這人喝醉了？」

「會不會是宰相得罪了他？」

所有人都覺得這是不可能的事情，馮諼卻繼續說道：「宰相借錢給大家，是爲了讓沒辦法生活的人能有本錢生活下去。之所以要利息，是爲了養活他的門客，說來說去都是爲了人民群衆。你們有沒有能力償還利息我都已經調查清楚了，現在我就將沒能力償還利息的那部分人的契約燒掉。遇到宰相這麼好的人，大家一定不能辜負他啊！」

衆人一起向都城方向口頭致謝，這次拜的是孟嘗君而不是齊王。

孟嘗君：「馮諼真的燒掉了借據？」

探子：「真的，這件事情已經傳遍全齊國了！」

孟嘗君：「把馮諼給我找回來！」

馮諼回來的時候，渾身上下依舊散發著濃濃的酒氣。孟嘗君氣得臉都腫了，是以看上去有點頭變大了的感覺。

孟嘗君：「馮諼你幹的好事。爲了養活門客，爲了給你們補鋅，我才放的債才要收利息，現在府上都要斷糧了。你卻請債務人大吃大喝，一頓飯就吃掉十萬錢，還燒掉借據，你是不是想搞死我啊？」

馮諼：「不請吃飯就聚不齊所有的債務人，所以我請他們大吃大喝。有錢還債的那些人我已經和他們約好了還債期限，沒錢還債的人你怎麼逼都不可能還得了，還有可能逼得他們遠走他鄉，到時候你就會落得個見利忘義的名聲，還不如燒掉那些如同廢紙的借據，讓所有人感激你，敬仰你呢！」

孟嘗君一想，還真是這麼回事，直誇馮諼會辦事。

秦、楚兩國爲了搞定齊國，派人實施了離間計，齊閔王上當了，覺得孟嘗君現在名聲比他的還大，百姓們只記得一個孟嘗君，根本已經忽視了他的存在，於是他罷免了孟嘗君宰相的職務，並且收回了他的封地。門客們見孟嘗君倒了，爭先恐後地離開他。

門口。

孟嘗君：「連你也要走？自從那次你學母雞叫救了我之後，我一直都對你很好啊！」

雞鳴：「我也不想走啊，可是剛剛接到信說我家的母雞難產，我要去助她一臂之力，我閃先了！」

孟嘗君不禁搖頭歎息，卻見上次幫他偷白狐狸皮大衣的那個人，正好從他的書房出來，懷裏插著他的高檔毛筆。

孟嘗君：「臨走還要A我一樣東西？」

狗盜：「我和辨假證的那小夥商量好了，我們決定合夥幹，幹出一番大事業。這條毛筆質量不錯，適合長時間在牆上寫廣告，你已經不是宰相了，留著也沒用了吧！」

狗盜說完就使出土遁之術跑了。孟嘗君更加失落了，就在這時馮諼向他走了過來。

孟嘗君：「要走就走吧，不需要跟我告別了，也不用費心思找理由了！」

馮諼：「我決定留下來幫你！」

孟嘗君：「啊……你的人生宗旨不是『有飯吃時趕緊吃，莫等無飯空悲切』麼？現在我這裏已經沒飯了！」

馮諼：「因為我出去也找不到飯嘛，還不如留下來幫你，或許還會有轉機的。」

孟嘗君看著這個曾經他非常看不起的男人，內心湧上一陣陣的悸動，不知是感激還是欣喜，許久許久之後，他將馮諼抱在懷中大哭了起來。大難臨頭時，門客們的表現實在讓他太難過了。

馮諼：「別這樣了，給美眉看到我會泡不到妞的。你現在給我一輛車子，我到秦國走一趟，一定會讓你重新拿回你失去的東西。」

馮諼駕著車去了秦國，見到秦昭王後說：「路上到處都是駕著馬車的有識之士奔走的身影，有往東走的也有往西走的，往西的是奔向秦國的，他們都希望秦國強大而齊國被削弱；往東走的都是奔向齊國的，他們希望齊國強大，大過秦國。現在的兩大強國也就是齊國和秦國了，誰成為霸主，誰就可以擁有天下。」

秦昭王慌忙詢問馮諼怎樣才能讓秦國強過齊國。

馮諼：「齊國之所以強大，受到天下人的尊重是因為孟嘗君的存在。齊王現在腦子秀逗而罷免了孟嘗君，大王可以乘這個機會將孟嘗君請到秦國來。那樣秦國就會強大起來，不過要趕緊，免得齊王醒悟過來。」

秦昭王聽後覺得很有道理，立刻派了車隊拉著金銀珠寶出發去齊國請孟嘗君來。馮諼又趕回了齊國對齊閔王說：「現在能夠爭奪天下的也就秦國和齊國了。誰成爲霸主誰就能得到天下。聽說現在秦昭王已經派了車隊拉著滿車滿車的金銀珠寶來請孟嘗君去秦國當宰相，如果孟嘗君去了秦國的話，天下人都會歸附秦國，到時候秦國就是霸主了，齊國就有滅亡的危險啦！」

齊閔王：「那我現在該怎麼做呢？」

馮諼：「恢復孟嘗君的宰相官位。並給他認錯，下跪就不必了，敬杯茶就可以了。」

齊閔王暗中派人去邊境打探，秦國是不是真的帶了那麼多金銀珠寶前來邀請孟嘗君。探子回報是真的之後，齊閔王立刻敬茶認錯，恢復了孟嘗君的宰相官位，而且還擴大了他的封地。

廉頗藺相如列傳

藺相如是誰，很拉風嗎？

趙惠文王時期，趙國得到了楚國的和氏璧。說起這個和氏璧，在諸侯國中間它是非常有名的，即便是擁有無數奇珍異寶的諸侯國國君們也都對這塊名璧非常垂涎。秦昭王聽說趙惠文王得到了和氏璧，就派人去趙國說他願意拿出十五座城池交換和氏璧。

趙惠文王：「十五座城池？好像很划得來啊……不過你們說的那十五座城池會不會都是一毛不長還經常鬧鬼的荒夷之地啊？」

使者：「全都是有著肥沃土地，盛產糧食和美女的中心城市。」

趙惠文王：「不錯，不錯！可是我不明白的一點是，什麼是和氏璧？是不是和家的牆壁的簡稱？」

使者：「……趙王你就不要裝了，難道和氏璧不是在趙國麼？」

趙惠文王：「我連和氏璧是什麼東東都不知道，和氏璧怎麼可能在趙國，我看你真是愛說笑。」

趙惠文王又邊使眼色邊問殿上的一個大臣：「你知道和氏璧是什麼嗎？」

那大臣搖搖頭道：「不知道！」

就在這時趙惠文王的大兒子舉著和氏璧跑了進來，邊跑邊說：「父王，父王，和氏璧在這裏，我給你找來了！」

趙惠文王：「……傻瓜，這哪裏是什麼和氏璧，明明是掛在咱家寵物狗脖子上的玩具嘛，快點收起來拿回去還給狗狗。」

使者：「好了趙王，你就不要再企圖侮辱我的智商了。現如今和氏璧已經在現場了，你到底答不答應就請直接說吧！」

趙惠文王：「呃……能不能給我點時間考慮一下？」

使者：「你需要多長時間？」

趙惠文王：「三五十年吧！」

使者：「靠，你還真會想。就給你三天時間，三天之後我回去覆命。」

趙惠文王狠狠的打了他兒子一頓後，招了衆大臣前來商議此事。

趙惠文王：「一塊和氏璧換十五座城池倒是很划得來，不過就怕秦昭王晃點我，秦國國君都是出了名的說話不算話，尤其是秦昭王，最喜歡騙人，大家說怎麼辦啊？」

大臣甲：「那就不要答應他們唄！」

趙惠文王：「秦國那麼強大得罪不起，不答應的話我怕他們派兵馬來攻打趙國，那樣的話後果更加嚴重。」

大臣甲：「那就答應他們唄！」

趙惠文王：「和氏璧給他們後，他們不給我們城池，我們拿他們怎麼辦？」

大臣甲：「那就不要答應他們唄！」

趙惠文王：「……」

大臣甲：「那就答應他們唄！」

趙惠文王：「來人啊，把這個神經錯亂的傢伙給我拖出去剁碎餵狗。」

大臣乙：「我覺得爲今之計只有派一個能幹的使者去秦國了，希望這個使者能夠妥善的處理這件事情，既不會得罪秦國，也不要白白失了和氏璧。」

趙惠文王：「這麼高難度的事情該派誰去呢？」

這時太監總管繆賢站了出來說：「我覺得可以派藺相如出使秦國，相信他一定會妥善的搞定這件事情的。」

趙惠文王：「藺相如是誰？他很拉風嗎？」

繆賢：「他是我家的一個門客，此人雖然是個文弱書生，但是他足智多謀而且非常勇敢。請看事件重播。」

繆賢做爲太監總管，不但管理著宮中的太監們，同時也擔任招收新太監的工作。他因爲收了錢而將一名男子沒有淨身就招進了宮中工作，並且給這名男子取名叫小冬子。一次趙惠文王在散步的時候，發現小冬子竟然在偷看黃色圖片。

趙惠文王：「好啊，上班時間不好好上班，竟然在這裏偷看黃色圖片……黃色圖片？你不是太監嗎？」

小冬子：「我是啊……」

趙惠文王上上下下打量了小冬子一遍，立刻發現了不對的地方。他找了人來驗了小冬子的身，發現他果然並非太監。立刻宣佈將小冬子砍頭。

據說小冬子死前的最後一句話是：「兄弟們啊，千萬不要穿太窄的褲子！」

繆賢聽說這件事情之後自知罪孽深重，欲要收拾東西逃往燕國。

藺相如：「你怎麼知道燕國會接受你？」

繆賢：「當初我曾經跟隨趙王同燕王在邊境上見過一面。私下裏燕王拉著我的手說願意和我成為好朋友。」

藺相如：「你為人大方嗎？」

繆賢：「可以說是非常小氣。」

藺相如：「你為了朋友可以兩肋插刀麼？」

繆賢：「我覺得朋友是用來出賣的，當然，我絕對不會給別人去出賣！」

藺相如：「就是啊，既然你這麼下流，燕王幹嘛說要跟你作朋友呢？還不是因為趙國強大而燕國弱小，而你又是趙王的寵臣，所以他巴結你才那麼說的。現在你得罪了趙王卻逃去燕國，他肯定不敢收留你。現在擺在你面前的唯一一條路，就是拿出個好的認錯態度，爭取寬大處理。」

後來繆賢赤裸著上身，腰裏別了兩把斧頭前去向趙惠文王認錯，趙王果然原諒了他。

繆賢：「從這件事情就可以看得出來，藺相如辦事很有條理，思維非常嚴密。」

趙惠文王：「原來上次那件事情是他給你出的主意，我就說你怎麼會忽然那麼開竅的。那就趕快叫他來見我吧！」

藺相如答應趙王出使秦國，如果秦國真的有誠意拿十五座城池換和氏璧，他就把和氏璧交給秦王，如果秦王沒有誠意的話，他就完璧歸趙。趙惠文王聽了非常開心。幾天之後他擺了酒宴給藺相如送行。

秦王在章台宮接見了藺相如。藺相如用雙手將和氏璧奉上之後，秦王即刻拿在手中把玩起來，玩完之後又在嬪妃之間傳遞觀看，好像那和氏璧是他家的一樣。要不是藺相如盯得緊，有妃子還差點將和氏璧裝進自己的腰包裏面去。

藺相如：「大王，和氏璧雖然是稀世珍寶，可是上面依然有瑕疵，不如讓我來指給你看吧！」

秦王：「哈哈，想騙回和氏璧然後不給我是吧？哼哼，完璧歸趙這篇課文，小學的時候我就學過了，你別指望我會上當了。」

藺相如：「……哇，這樣也行？太過分了吧！」

秦王：「趕緊回家去吧，別指望著完璧歸趙了，更別指望會得到我們的十五座城池了。」

秦王說完就摟著他的嬪妃們大笑起來，樣子猖狂之極。

藺相如：「你學過完璧歸趙，我也不是吃素的，你看……」

說著藺相如從口袋裏面拿出一樣東西，閃閃發光的。秦王定睛一看，竟然和他手上的和氏璧一模一樣，不過藺相如手上的更加炯炯生輝。

藺相如嘿嘿一笑道：「你手上拿的那塊是假的，我手上的這個才是真的。」

秦王：「……竟然敢晃點我！」

他說著就將手上的和氏璧向藺相如投擲過去，藺相如飛身撲救，被拋擲過來的和氏璧安全地落到了他手中。

藺相如：「我早就聽說你有一生氣就用手上的東西砸人的習慣，哈哈，真的和氏璧終於又回到了我手上。」

秦王：「……」

藺相如後退幾步占到柱子跟前說：「看來您是根本沒有誠意拿十五座城池換這塊和氏璧了，您也別想白白得到這塊和氏璧，如果您動粗的話，我就連人帶璧一起在這個柱子上撞個粉碎！」

秦王：「等等……我們有話好說嘛！你也看得出來我有多麼喜歡這塊璧了，我一定會將十五座城池交給你的。」

藺相如：「我來之前，我們趙王洗了澡、換了乾淨衣服，然後五天之內都不吃肉，之後才將和氏璧交給我。您也要這樣辦，我才會將和氏璧交到你手上，而且下次不能再在這樣的偏殿裏面接待我了，不然我一樣同和氏璧同歸於盡。」

秦王實在太喜歡那塊和氏璧了，答應了藺相如的所有要求。回到驛館之後，藺相如找來同他一起來秦國的飛毛腿同志，將和氏璧交給他，讓他帶回了趙國。

五天之後秦王果然穿著乾淨衣服，在大殿上舉行了隆重的儀式接待了藺相如。

秦王：「和氏璧呢？」

藺相如：「我已經派人送回趙國了！」

秦王和大臣們都驚訝得說不出話來，從來都是他們晃點別人，還沒有出現過他們被別人晃點的情況，而且這個人竟然還大大方方的站在他們面前。

藺相如：「很生氣是吧？現在你知道被人騙的感覺了吧？秦國國君沒有一個能夠信守諾言的。我實在怕被你騙所以派人送回了和氏璧。秦國這麼強大，如果真的將十五座城池交給趙國的話，趙國一定不敢不將和氏璧奉上。從我決定騙你的那一刻開始，我就已經將生死置之度外了，想怎麼樣我隨便你吧！」

怒髮衝冠

【解釋】憤怒的頭髮將帽子頂掉，通常是在頭髮和帽子之間發生了重大矛盾的時候。形容極端憤怒。

【原文】相如因持璧卻立倚柱，怒髮上沖冠。（《史記・卷八十一・廉頗藺相如列傳第二十一》）

大臣甲：「砍了他，砍了他！」

大臣乙：「不，砍了他太便宜他了，應該將他送去給天下最醜的女子們凌辱……」

秦王：「殺了他也得不到和氏璧，反而會傷害秦趙兩國的關係。趙國應該不會為了一塊小小的和氏璧

欺騙我們大秦吧！」

秦王於是好好地招待了藺相如，並將他護送回了趙國。因爲藺相如光榮的完成了趙王交給他的任務，並且爲趙國掙足了面子，趙王任命藺相如爲上大夫。

完璧歸趙

【解釋】送出去的時候是塊玉，拿回來時還是那塊玉而不是玻璃。比喻把原物完好地歸還本人。

【原文】相如曰：「王必無人，臣原奉璧往使。城入趙而璧留秦；城不入，臣請完璧歸趙。」

（《史記・卷八十一・廉頗藺相如列傳第二十一》）

不久之後，秦國進攻趙國，侵佔了石城。第二年又進攻趙國，殺了趙國兩萬多人。秦王這個時候約趙王到澠池進行友好會談。

趙王：「什麼友好會談，分明就是想騙我去然後綁架我，我決定不去！」

廉頗：「不行啊大王，你不去的話，趙國會很沒面子的。」
趙王：「總不能因爲趙國的面子讓你們老大去白白送死吧，藺相如你說呢？」
藺相如：「你應該去！」
趙王：「……連你也這麼說，那你陪我去吧！」
他們出發的那天，廉頗帶著大軍前來給他們送行。
廉頗：「你如果被秦王綁架了的話，我就立太子爲趙王，免得秦國以你來做要挾……」
趙王：「啊，你的意思是我就不用救了？太誇張了吧！」
廉頗：「在國家利益面前，個人的得失是微不足道的……」
趙王：「唉，好吧，不管怎麼樣，還有個藺相如跟我陪葬。」
澠池，秦王和趙王喝酒喝得非常開心。
秦王：「今天我們喝得這麼開心，不如搞點小玩意來娛樂一下吧。據說趙王你音樂造詣很高，請為我彈瑟吧！」
趙王抱著瑟就彈了起來。秦王立刻命史官記錄：「某年某月某日，秦王和趙王會面，趙王為秦王彈瑟。」
藺相如：「聽說秦王你很擅長打擊樂器，不如給我們趙王打擊一曲吧！」

秦王：「我偏不！」

藺相如拿起一個凳子腿走到秦王面前道：「如果你不打擊的話，休怪我手中的凳子腿無情……」

秦王的手下想衝上來幫秦王的忙，也被藺相如圓睜的怒目給嚇退了。秦王只好隨手敲打了幾下，趙國的史官對此也做了記錄。

秦國大臣：「過兩天就是我們大王的生日了，請你們拿出十五座城池給大王做賀禮吧！」

藺相如：「這麼巧？過幾天也是我們趙王的生日，我們不要十五座城池那麼多，隨便給我們一座咸陽城吧！」

秦國大臣：「……你生兒子沒屁眼！」

藺相如：「你媽沒有肚臍眼，你老婆是鬥雞眼，你兒子屁股上長雞眼！」

秦國大臣：「……」

雙方你來我往文爭武鬥了好多回合，秦王始終沒能占到趙王的便宜。加上廉頗帶領著重兵就等在不遠處，秦王也沒有敢輕舉妄動，趙王終究是安全地回到了首都。

一隻愛吃荊條的羊

藺相如在澠池會上給趙王和趙國賺回了面子，趙王非常高興，愈發地欣賞他了。他封藺相如為上卿，負責管理文武百官，其中趙國著名將領廉頗也在被藺相如管理的行列。廉頗乃是趙國最有名的大將，他驍勇善戰，身體強壯，曾為趙國立下了汗馬功勞，在諸侯國中間也非常有名。被藺相如管理這件事情讓他非常憤怒。

廉頗：「我征戰沙場，斬敵無數，現在卻要被藺相如這小子領導。他除了會說話一點，皮膚白一點，實在看不出還有什麼能耐。更何況他先前只是個別人家的男傭。如果有機會見到他，我一定要好好地侮辱他一番。」

手下：「你打算怎麼侮辱他？」

廉頗：「掰手腕還是單挑由他選擇，如果他都不敢的話，我就用他的帽子當夜壺……」

藺相如聽廉頗這麼說後，開始故意避開他。上朝的時候他說自己臉上起了青春痘而推辭，開會的時候他說他吃飯的時候咬斷了舌頭，正在家中縫補舌頭而缺席。他還在他的馬車上設立了一個觀察哨，這個觀察哨的主要工作就是盯著左右四周看，一旦發現廉頗出現就立刻改道而行。廉頗為了能當面侮辱藺相如，

做了很多工作。一次他假裝成賣肉的在藺相如必經之路的街邊擺了一個攤子，又一次他假裝成一個移動性的垃圾桶慢慢向藺相如的馬車靠近，但卻都被藺相如馬車上的那個觀察哨發現了，原因就在於他的鬍子實在太拉風了，在趙國沒有人能有那麼長那麼雪白的鬍子——除了他。廉頗知道原因後，回家忍痛割愛的用開水燙掉了他的鬍子，剛一出門就遇到了他老婆。

他老婆大喊一聲：「啊……鬼哇！」就暈了過去。

廉頗：「這麼帥你說是鬼，沒見過世面！」

這次他假裝的是街邊賣藝的，就在藺相如車隊走過來的時候，他正在表演胸口碎大石。人們聽說藺相如過來了，都跑去圍觀了——包括那個他花錢雇來的搭檔。廉頗仰面躺著被一塊大石頭壓著，無論怎麼掙扎都站不起來。眼見藺相如的車隊就要過去了，他大喊：「藺相如，你給我站住！」

藺相如一聽是廉頗的聲音，立刻快馬加鞭。跟在他的馬車後面的門客跑回家的時候個個都累得要吐血。

門客：「我們之所以放棄家中安逸的環境來跟隨你，並不是因爲我們找不到工作生活不下去，而是因爲敬仰你的才華和你的膽量。現在廉頗那樣侮辱你，三番四次的找你的碴，你卻只知道一味的躲避，今天還把我們累得要死要活的，看來我們離完全理解你的才華還有一定的距離，請允許我們離開吧！」

藺相如：「不要這麼衝動嘛，其實我並非是你們所以爲的那麼軟骨頭的。你們說秦王和廉頗誰更厲害？」

門客：「無論權力還是身手自然都是秦王厲害了！」

藺相如：「這就對了，秦王那麼厲害我都敢當面訓斥他，侮辱他，晃點他，難道我會害怕廉頗不成？」

門客：「對啊，你爲什麼那麼害怕廉頗呢？難道是因爲你被他抓到了什麼把柄，還是賭博的時候欠了他很多錢？」

藺相如：「你們也知道我是個沒有不良嗜好的好青年，怎麼可能會有把柄在他手上。我這樣做全都是爲了國家，在趙國文有我藺相如，武有廉頗，這就是爲什麼秦國一直不敢侵略趙國的原因。如果我們兩個鬧彆扭的話，秦國一定會乘虛而入的。你們千萬別將這些話傳出去啊，特別是千萬別告訴廉頗……記住，不要告訴哦！」

門客們還是領會了藺相如的意思，他們將藺相如的話傳得滿城風雨，廉頗聽說後深感慚愧。他脫了上衣，背上捆了兩根荊條，牽著一頭羊前來藺相如府上認錯。雖然在路上那頭羊總是搶著吃廉頗背上的荊條，不過廉頗最後總算是安全的負荊到了藺相如府上。

廉頗一見藺相如就淚流滿面的撲了上來：「小藺子，我錯了。我心胸狹窄，我小肚雞腸，你原諒我吧！」

藺相如看著眼前的廉頗也百感交集，這麼長時間以來，他爲了避開廉頗東躲西藏，今天廉頗終於了解他的良苦用心了。他張開雙臂撲將過去，人未到，淚先流，他一路向廉頗奔跑過去——經過了廉頗直接跑

到院子裏面。

藺相如：「天哪，我種了五年的藍玫瑰，全都被你的羊吃了！」

廉頗：「……」

廉頗賠償了藺相如的藍玫瑰之後，他們成了生死之交的好朋友。

負荊請罪

【解釋】背著荊條去請罪，背上的荊條用來餵對方的羊或者給對方抽打自己。如果對方的確浪生自己的氣的話，建議不要背太結實的荊條。

【原文】廉頗聞之，肉袒負荊，因賓客至藺相如門謝罪。

（《史記・卷八十一・廉頗藺相如列傳第二十一》）

趙惠文王去世後，他的兒子孝成王繼位。趙孝成王七年，秦軍和趙軍在長平相持，這個時候趙國的大將趙奢已經死了，藺相如又病得要死要活，趙王只好派老將廉頗上場，到了長平之後，廉頗根據現實情況採取了堅守不出的戰術，任憑秦軍怎麼在陣前謾罵，怎麼侮辱趙軍，他始終都不出去迎戰。趙王對於廉頗的這種龜縮的做法非常不滿。秦國又派了人去趙國實施離間計。

趙國都城的大街上。

秦國間諜：「廉頗老了，只知道躲著不出來。其實秦軍最害怕大將軍趙奢的兒子趙括了。」

路人：「……神經病。我只是買菜路過，你忽然拉住我跟我說這些幹嘛？」

那個去買菜的人雖然掙脫了秦國間諜並對他表示了不齒，他還是忍不住在買菜的時候將這個消息散布給了賣菜的和周圍的人。就這樣一傳十十傳百的，趙孝成王也聽到了這個消息。終於他決定派趙括去代替廉頗。

這時忽然有一名婦女衝進大殿來大喊道：「我反對！」

趙孝成王：「你反對？你是誰啊？」

趙括他娘：「我是趙奢的老婆，趙括的老娘。趙括他生性懦弱，沒有才華，小肚雞腸，有組織無紀律，而且長得也難看，千萬別派他去帶領軍隊！」

趙孝成王：「啊……趙括是不是你撿來的？哪有這樣說自己兒子的。你們家趙括從小學習兵法，在諸侯國中間都是有名的，連秦國都怕他，你卻這麼說他。這件事情我已經決定了，反對無效！」

趙括他娘：「你非要派他去也成，不過如果他帶領軍隊去全軍覆沒了，可不能找我的麻煩！」

趙孝成王答應了趙括他娘。果然趙括直接帶著部隊去全軍覆沒了，趙國損失了四十幾萬的大軍，元氣大傷。趙括也死於亂軍之中。

紙上談兵

【解釋】在紙面上談論打仗。比喻空談理論，不能解決實際問題。也比喻空談不能成為現實。

【原文】王以名使括，若膠柱而鼓瑟耳。括徒能讀其父書傳，不知合變也。

（《史記・卷八十一・廉頗藺相如列傳第二十一》）

幾年之後，燕國乘趙國元氣還沒有恢復，前來攻打他們。

趙王：「沒天理了，連燕國這樣的小國家都來欺負我們……」

有人向他舉薦了老將廉頗，趙王於是重新啓用他。廉頗一到燕軍就被打得大敗。趙王重賞了廉頗。先前離開廉頗的門客們也紛紛回來重新跟他。

廉頗：「我被免職的時候，你們閃得比閃電還快，我當了將軍，你們又要回來跟我。這樣只能共享福不能共患難的人我不要！」

門客：「這是很自然的事情啊。我們都只是普通人而已，跟你也不熟，沒有理由跟著你吃苦，況且在你沒落的時候我們離開還可以給你節省伙食費。身爲相國，你怎麼連這一點都想不通呢？」

廉頗聽了覺得有道理，就又收留了他們。後來的日子裏廉頗帶兵攻打魏國，佔領了不少魏國的縣城。

趙孝成王死後兒子悼襄王繼位，他嫌廉頗太老而讓樂毅代替了他，廉頗一氣之下帶著部隊去投奔了魏國。魏國國君也嫌他老而沒有用他。廉頗待在魏國整天就是打太極拳和養鳥，非常無聊。就在他坐在夕陽之中的房頂上懷念以前征戰沙場的時光時，趙國國君也因爲被秦國圍困而想起了廉頗。趙王於是派遣了使者去魏國看望廉頗，看他還能不能帶兵打仗。廉頗知道這名使者前來的目的，就在他面前吃了幾盆大米飯，幾十斤肉，又穿上盔甲騎上戰馬耍了幾趟大刀，接著脫了上衣擺出各種姿勢展現了他結實的肌肉。使者騎著大馬回趙國向趙王稟告廉頗的情況。

使者：「廉頗將軍老當益壯，不但吃飯吃得多，而且大刀也耍得虎虎生風！」

趙王：「好啊，有能力的老將軍，我們也應該大膽起用嘛！」

使者：「不過他在跟我聊天的不到一頓飯的功夫，就大了三次便……」

趙王：「……這怎麼上戰場？」

使者：「廉頗將軍說他已經改造好了一個馬鞍，那個馬鞍本身就是一個馬桶，他可以騎在那個上面帶兵打仗。」

趙王：「靠，哪有坐在馬桶上指揮軍隊的將軍，那還不被其他諸侯笑話死我。」

廉頗一直在等趙王召回他的消息，卻一直沒能等到。他不知道在那個使者出發之前就已經收了別人的

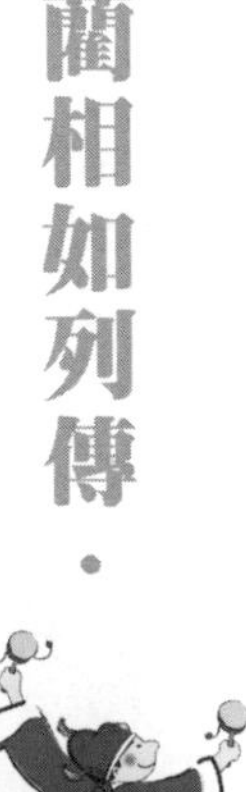

錢了，他更不知道那名使者在趙王面前說他是個馬桶將軍。

廉頗老矣，尚能飯否

【解釋】廉頗已經很老了，還能上戰場不，比喻老當益壯。能吃飯的老人家依舊是好老人家。

【原文】廉頗居梁久之，魏不能信用。趙以數困於秦兵，趙王思復得廉頗，廉頗亦思復用於趙。趙王使使者視廉頗尚可用否。廉頗之仇郭開多與使者金，令毀之。趙使者既見廉頗，廉頗為之一飯斗米，肉十斤，被甲上馬，以示尚可用。趙使還報王曰：「廉將軍雖老，尚善飯，然與臣坐，頃之三遺矢矣。」趙王以為老，遂不召。

（《史記・卷八十一・廉頗藺相如列傳第二十一》）

楚國國君聽說廉頗在魏國閒得發瘋，就派人去將廉頗接到了楚國替他們指揮軍隊。廉頗的趙國口音太重，楚國士兵根本聽不懂他說話，是以廉頗在楚國並沒有立什麼戰功。

爲了掩蓋他方言太重這一點，廉頗經常說：「我想指揮的是趙國士兵啊！」再強壯的身體也頂不住時間的摧殘，幾年之後，廉頗在楚國鬱鬱寡歡地病死了。

屈原列傳

淒涼的屈原

屈原，名平。生於西元前三四〇年，卒於西元前二七八年。他是楚國人，並和楚國王族同姓。因爲他見識廣博，記憶力超強，年輕的時候就因爲才高八斗、學富五車而聞名遐邇。很多女子都希望能和他紅塵做伴活得瀟瀟灑灑，可是屈原一心只想著從政，想著建設楚國，沒有心思去談兒女私情，於是，這些女子後來就成了屈原的學生或是知己。

屈原喜歡政治，他希望能當官，用手中的權力建設楚國，爲百姓謀福利，從這裏也可以看得出來屈原

是個理想主義者，政治哪裏可能是那麼簡單的事情，太多太多的事情是你預料不到的。他曾經自己推薦自己給楚懷王，跟楚懷王談論了他的很多見解和治理國家的方法，楚懷王非常喜歡，任命他爲左徒。屈原當了左徒之後工作兢兢業業，得到了楚懷王的賞識。被兩類人賞識是非常危險的，一類是老大或者上司，一類是美女。被第一類人賞識，就有可能招來別人的嫉妒，不知不覺之間你就成了妨礙別人升官發財的角色而被人恨；被第二類人賞識，更加會招來別人的嫉妒，不知不覺之間就成了別人的情敵，可能會被拍黑磚或者潑硫酸。

上官大夫非常記恨屈原吸引了楚懷王的絕大部分目光，一直想著整倒屈原。一次屈原在起草一份法令，還沒有最後定稿，上官大夫跑來了，非要搶著看，屈原不給他，他就罵屈原小氣，到後來他開始哭，再到後來他假裝哭得暈倒過去，屈原卻始終都沒有給他看。一氣之下他就跑到了楚懷王處說屈原的壞話：「你委派屈原去制定法令，屈原卻以此作爲炫耀，說法令只能請他來制定，別人都制定不了——包括大王您。還說他的聰明前無古人後無來者……」

楚懷王覺得屈原傷害了他的自尊，於是開始疏遠屈原。

屈原：「大王，只是因爲我不給上官大夫看一份我正在起草的法令他才誣陷我的。他罵我小氣，我沒有給他看，後來他開始哭，我也沒給他看，大王你也知道法令頒佈之前是絕密的。」

楚懷王：「上官大夫那麼老的同志，怎麼可能做出因爲你不給他看而躺在地上哭這樣荒誕的事情，你

不要說了，我什麼都知道！」

楚懷王更加排擠屈原了，並且罷免了他。

屈原簡直不敢相信自己的眼睛和耳朵，他努力工作，盡心盡力建設楚國卻被罷免，上官大夫那樣只知道爲自己謀福利的人卻青雲直上，活得那麼滋潤。眼前發生的事情讓他開始覺得生活的並非人間，現實使他難於呼吸和視聽，那裏還能有什麼言語？長歌當哭，他一氣之下寫出了《離騷》這篇流傳千古的名作。屈原最令人敬仰的除了他的文采之外，更重要的還在於他的心志，他在詩中要求自己要像蟬一樣超脫塵世，像荷花一樣出污泥而不染，事實上他也是這麼做的。被貶之後他依舊時刻想著國家，想著某天楚懷王能夠摒除對他的偏見再讓他回去繼續建設國家。可是等啊，等啊，等到荷花都謝了，他也沒有等到那一天。等來的卻是楚懷王要和秦昭王通婚，並且要應秦昭王的邀請去秦國進行座談這個消息，他知道這是一個陷阱，連忙又跑回國都去勸諫楚懷王。

楚懷王：「屈原？你怎麼來了……」

屈原：「秦國乃是狼虎之國，那麼多次騙我們，你怎麼還會相信他們。上次，就是說要給我們六百里地，卻只給六里那次，你難道這麼快就忘了？」

楚懷王：「我罷免了你的官，你幹嘛還對我這麼好？」

屈原：「……因爲你是楚國國君，而我不想看著楚國滅亡。」

楚懷王：「聽上去好感動的感覺。放心吧，現在不一樣了。我和秦昭王是親家了，親家還會害親家不成。」

楚懷王的小兒子子蘭說：「父王別聽屈原的，如果你不去秦國的話，會破壞我們兩國的良好關係的。」

楚懷王最終還是去了秦國，結果一去就被親家公秦昭王給扣留了起來，最終死在了秦國。

楚懷王死後他的長子頃襄王繼位，任命他的弟弟子蘭爲宰相。屈原痛恨所有害了楚懷王的人——奸佞的上官大夫、豬頭的子蘭等人，又寫了詩來發泄自己心中的憤懣。子蘭看到這首詩之後氣得臉都綠了，於是聯合上官大夫在頃襄王面前說盡了屈原的壞話，將天下所能想到的壞事全都加在了屈原的頭上，比如在路上挖陷阱，而且在陷阱裏面放上大便；搶小朋友的棒棒糖，小朋友不給他就往死裏打；替盲人引路，故意將盲人引到河裏面去……頃襄王聽信了他們的話，恨不得將屈原貶到火星上去，可是火星不屬於他們的領地，他只得將屈原貶到了最遠最荒涼的汨羅江一帶。

新國君頃襄王比昏庸的楚懷王有過之而無不及，這讓屈原心情更加沈重。那天他走到了汨羅江邊，整個人披頭散髮，衣冠不整，非常憔悴。

漁翁：「哇！你是三閭大夫本人，還是他的鬼魂啊？」

屈原：「本人和鬼魂又有什麼區別呢？這是人間還是地獄已是分不清楚了。」
漁翁：「還有影子還會作詩，看來是本人了。你怎麼把自己搞成這個樣子了？」
屈原：「世人皆濁我獨清，世人皆醉我獨醒。這種感覺是很難受的！」
漁翁：「那你爲什麼不和世人一樣呢？真正的聖人應該懂得變通，能夠健康快樂地活在這個世上。世人皆濁，你可以在泥潭裏面打幾個滾把自己也濁了；世人皆醉，你可以喝上幾杯讓自己也醉了啊！」
屈原：「但凡不是懶人中的極品的話，洗完頭之後都會拍拍帽子上的灰塵才戴上去，洗完澡都會抖抖衣服再穿上去。誰願意弄髒自己冰清玉潔的身體呢？你會不會游泳？」
漁翁：「會，而且游得很好！」
屈原：「待會兒你不要救我，不然我會恨你，非常恨你的！」

屈原在江邊寫了一篇《懷沙》賦之後便舉身赴了汨羅江。那個漁翁果然聽了屈原的話沒有去搭救他，漁翁明白，如屈原這樣的人，活著其實比死更痛苦。漁翁將自己所有吃的東西扔進了汨羅江，希望魚兒們吃了他的東西之後就飽了，不會再去咬屈原的身體。相傳屈原投江的那一天是五月初五，那天成了一個端午節。每到端午節的時候人們都用包粽子、賽龍舟來紀念他。悲觀厭世並且選擇跳江作爲自殺方式的人也都願意選擇那一天作爲結束生命的日子，希望能夠追隨得到屈原。

舉世皆濁我獨清，眾人皆醉我獨醒

【解釋】世風敗壞，只有我一個人保持高風亮節；所有的人都醉了，只有我一個人清醒。很難受的一種狀況，通常這樣的人不是瘋掉就是自殺。

【原文】屈原至於江濱，被髮行吟澤畔。顏色憔悴，形容枯槁。漁父見而問之曰：「子非三閭大夫歟？何故而至此？」屈原曰：「舉世混濁而我獨清，眾人皆醉而我獨醒，是以見放。」漁父曰：「夫聖人者，不凝滯於物而能與世推移。舉世混濁，何不隨其流而揚其波？眾人皆醉，何不餔其糟而啜其醨？何故懷瑾握瑜而自令見放為？」屈原曰：「吾聞之，新沐者必彈冠，新浴者必振衣，人又誰能以身之察察，受物之汶汶者乎！寧赴常流而葬乎江魚腹中耳，又安能以皓皓之白而蒙世俗之溫蠖乎！」

（《史記・卷八十四・屈原賈生列傳第二十四》）

戀愛過的人才會成熟

卻說伍子胥逃到吳國後，請吳王僚攻打殺了他父親和哥哥的楚國，並對吳王僚講了吳國拿下楚國之後的種種好處，吳王僚正準備答應他的時候，公子光卻站出來說話了：「伍子胥之所以這麼著急著攻打楚國，只是因爲他和楚國有仇，現在攻打楚國並不是最好的時機。」

伍子胥見公子光睜著眼睛說瞎話，而且說得頭頭是道，心下開始思量：「莫非他傻了麼？不像啊，他今天依舊像往常一樣內褲外穿將自己打扮成一個超人似的，莫非他收了楚國人的禮？也不可能，楚國從來沒有看起過吳國，而且公子光又那麼有錢，根本沒有必要收別人的禮。這麼看來他一定是另有所圖了……」

公子光：「伍子胥，你這樣盯著我看幹嘛？想嚇唬我啊，難道我說得不對麼？」

伍子胥：「沒有，我只是在想你剛剛說的話……非常有道理！」

吳王僚：「這麼巧？正好我也覺得有道理耶！那就暫且先不攻打楚國了。」

伍子胥回家後立刻派了狗仔隊出去打探公子光的身世、他的妻妾的身世以及他家那條寵物狗的身世，以期對公子光的圖謀有一個了解，經過多方打聽，他總算知道了公子光的陰謀。原來公子光的父親是以前的吳王諸樊，按說諸樊死後就是公子光做吳王了，可是諸樊卻喜歡上了他的三弟季札，因此遲遲都不肯立公子光爲太子。如果他不立太子的話，最終將由他大弟余祭繼位，而余祭一副短命相肯定很快就死了，之後就是他二弟夷昧繼位，而夷昧更是一副短命相，夷昧一死季札就可以繼位了。

公子光十歲時。

公子光：「父親，請立我爲太子。」

諸樊：「等你發育完整再說。」

公子光十五歲時。

公子光：「父親，我已經不尿床了，請立我爲太子。」

諸樊：「等你初戀了再說。」

公子光：「……立太子跟初戀有什麼關係？」

諸樊：「戀愛過的人才會成熟。」

公子光十八歲時。

公子光：「父親，我已經初戀了，為了避免你說讓我變成非處男之後再說，我順便將生米煮成了熟飯。」

諸樊：「……我兒真強。等你有了孩子之後再說。」

公子光：「怎麼又跟孩子有關係了？」

諸樊：「有了孩子之後你才會有愛心，做君王一定要有愛心才可以。」

還沒等到公子光有孩子諸樊就掛了。於是他的大弟余祭繼位，果不出諸樊所料，沒多久余祭就掛了，二弟夷昧繼位，之後沒多久夷昧也掛了，於是終於輪到讓季札做君王了。季札卻死活不做這個君王，而且還逃跑了。吳國人於是立夷昧的兒子僚為吳王。這讓公子光非常不平，是以他一直在暗中準備做掉吳王僚，好讓自己當吳王。不過刺殺吳王僚並不是一件容易的事情，尤其是他那個聞名全國的大山一樣的大力士兒子慶忌總是伴隨在他的左右，十分的難搞。

伍子胥知道了這些之後便想助公子光一臂之力，助他登上王位，正所謂「吃人家嘴軟，拿人家手短」。公子光欠了他的人情一定能幫他滅了楚國，雪恥他的深仇大恨。伍子胥有天在街上遊逛的時候，看到一個衣著破爛的屠夫正盯著擺在他面前的案子上的一盆豬血發呆。伍子胥立刻衝上去握住那人的手說：

「勇士啊勇士，我總算找到你了！」

那人：「什麼事？發生什麼事了？誰是勇士？勇士在哪裏？」

伍子胥：「說的就是你啊！你的衣著這麼破爛便知道你的人生非常慘澹了，你卻還可以面對慘澹的人生努力奮鬥，刻苦經營，扼住命運的咽喉；而且你還盯著那盆淋漓的鮮血在看。真的勇士敢於面對慘澹的人生，敢於正視淋漓的鮮血。你已經具備了勇士的基本特徵了！」

那人：「我不是勇士，我只是殺豬的專諸而已。」

伍子胥：「別謙虛了勇士，趕快跟我回去吧！我有好工作介紹給你。」

伍子胥於是不由分說的拉著專諸回到了他家。好吃好喝的招待專諸，並拿出很多銀子安頓好了專諸的家人。專諸見伍子胥這麼真誠的對待自己，便也決定替他賣命了。伍子胥將專諸帶到了公子光府上。

伍子胥：「這次我來是給你推薦一位勇士的，就是他——勇士專諸。」

公子光：「專諸？怎麼以前都沒有聽過，他有些什麼事蹟呢？」

伍子胥：「他每天都去森林裏面狩獵，至少每日殺一頭青面獠牙的野豬，每逢節假日還會多殺幾隻，可以稱得上是真正的勇士了。」

公子光一聽非常開心，便將專諸留在了府中，像招待尊貴的客人那樣招待他。

九年之後楚平王死了。吳王僚想乘楚國守喪的機會進攻楚國，公子光這次非常同意，並且建議吳王僚派他的兒子慶忌前去，吳王僚也想讓他的兒子露一手，所以就派了慶忌隨大軍前往楚國。卻不想此次出兵非常不順利，吳國大軍被堵在了楚國進退不得。公子光覺得這是個好機會，立刻招來專諸商議刺殺吳王僚的事情。專諸沒有來卻來了一個肥胖男，公子光以為是新來的下人，便沒有在意。

公子光：「專諸怎麼還沒來？你去催催他。」

肥胖男：「我就是專諸啊！才九年不見你就不認識我啦？」

公子光：「啊，你怎麼長這麼胖？」

專諸：「九年時間，只是吃喝睡覺，什麼事都不幹，能不胖麼？主要是你招待我太好了。」

公子光：「我打算乘現在部隊被圍困在楚國，刺殺吳王僚，你有沒有問題？」

專諸：「沒問題。我也覺得這是個很好的機會，即便你不找我來，我也要找你呢！」

公子光又上下打量了專諸一番：「真的沒問題？」

專諸自信的說：「沒問題，放心吧，保證完成任務。」說完專諸就走了。他肥胖的身體難於移動，而且走幾步路就要停下來喘幾口氣歇一會兒。公子光看得目瞪口呆。此刻換人卻已是來不及了，「專諸，加油啊！」公子光心中默念道。

吳王僚喜歡吃魚這是公子光所知道的，於是他就派人去請吳王，說他家新近請到了一個廚師，乃是做魚的高手，能將上帝賜給人類的魚做得出神入化。

吳王僚：「平日裏那麼吝嗇，連一塊果皮都捨不得請我吃的公子光，今天怎麼變得這麼大方？這裏面一定有什麼陰謀，可是魚我所欲也，如果他家真的有一個能將魚做得出神入化的廚師，而我又沒有去的話，豈不是大大的可惜。」

吳王僚於是決定多帶點兵馬保護他去公子光家吃魚。保護他的侍衛，從宮裏一直排到公子光家的客廳。公子光見這種情況也是吃了一驚，不過他在地窖裏面埋伏的士兵也不少，想到這一層他心下稍安。這頓飯吳王僚吃得非常開心，正在盡興的時候公子光說：「哎喲，不好了，不好了！」

吳王僚：「怎麼了？你拉肚子了？」

公子光：「我的腳忽然疼得受不了了，不行，我得去抹點藥水去，好疼好疼。」

公子光說完就站起來，飛也似的跑出了客廳去安排武士們了。

吳王僚：「腳疼得受不了，還跑得那麼飛快，這小子在玩什麼花樣？」

正在吳王僚沈思的時候，專諸假扮的廚師已經將鮮美的魚端上來了。

吳王僚：「一看你的身體就知道你是個好廚師，一看這條魚就知道非常好吃，端過來我聞上一聞先！」

專諸將魚端到吳王僚面前，忽然從魚肚子裏抽出一把鋒利的匕首，貫全身體重於匕首向吳王僚刺過去，雖然吳王僚反應過來了，可是怎躲得過殺了好幾年豬的專諸；雖然他身上穿著天蠶寶甲，可是怎經得

住那麼胖的專諸的衝力。吳王僚飈血於大廳之上，立刻就掛了。侍衛們見狀，衝上來對著專諸就是一陣亂砍，以專諸今時今日的體格，實難逃脫，而且本來他也沒有打算逃脫，就那樣他被躲成了肉醬。公子光帶著埋伏在地窖中的衆武士衝將出來，殺了所有不投降的侍衛。之後他自立爲王，這便是吳王闔廬。

那身名牌衣服

豫讓，春秋時期晉國人，起先他曾經在晉國的大臣范氏和中行氏家工作過，這兩個人都很不重視他，讓他做的都是看大門、打掃這樣工作，到中行氏讓他做奶媽的時候，豫讓終於受不了了，他打了中行氏一頓之後離開了他家。後來他去了晉國另一位大臣智伯家，智伯覺得豫讓是個人才，重用了豫讓，這讓豫讓非常感動，決心今生今世對智伯不離不棄。智伯去聯合了晉國的另兩位大臣韓康子和魏桓子去討伐不聽他話的趙襄子，卻不想這三人聯合起來搞定了他

趙襄子非常痛恨智伯，他將智伯殺了之後，砍下了他的頭，用一個勺子將智伯腦袋裏面的東西一股腦兒刮了下來，又用漏勺將裏面的固體物質全都打了出去，現在一個腦袋裏面就剩非常補身子的糊狀液體

了，放在火上熱了熱就喝了下去。現在這個腦袋就變成中空的了，他命人仔細的將中空的腦袋裏外塗了油漆，再經過一系列的工藝處理，智伯的腦袋就變成了一個非常好的容器。他經常拿這個容器裝酒請韓康子和魏桓子一起喝。

智伯被這三家陰了之後，豫讓本已經跑到山上了，聽說趙襄子殺了智伯並用他的腦袋做酒壺之後，豫讓長歎道：「有道德的人應該爲賞識自己的人賣命，哪怕那個人是大壞蛋；女子應該爲欣賞自己的人打扮得漂漂亮亮，哪怕那個人是強姦犯。別人當我是根草，智伯當我是個寶。別人讓我當奶媽，智伯讓我當軍師。智伯那麼欣賞我，我一定要爲他報仇。即便爲報仇而死，也至少有臉去見他了。」

老虎：「說得倒是很感人，不過你已經沒機會了。誰讓你跑到我的山頭來，今天我就要用你做我的午餐。」

豫讓：「讓我走，我報了仇再回來給你吃好不好？」

老虎：「又想騙我，說你這話的人不在少數，一個都沒有回來的，你們人啊，就是不講信用！」

豫讓：「我跟一般的人不一樣的！」

老虎：「在我眼裏，你除了瘦一點沒什麼肉之外，跟別人沒什麼兩樣。好了，不說了，再說話我就沒有威嚴了……」

那隻大虎說完之後，大吼一聲就向豫讓撲了過來，剎那間狂風大作。只見豫讓站在原地動也沒動，那隻兇猛的老虎已倒在了他面前，脖子上插著一個匕首，血，染紅了土地。

老虎：「沒想到，沒想到有人敢用匕首插我。你知不知道我是受保護的稀有動物？你完蛋了！」

老虎說完就死了。豫讓被抓了起來，判勞改一年。

士為知己者死，女為悅己者容

【解釋】男人為明白自己的人去死，女人因為別人喜歡自己而整容，甚至獻出一些不該輕易獻出的東西。指人在頭腦發熱時做出的一些不理智行為。

【原文】豫讓遁逃山中，曰：「嗟乎！士為知己者死，女為悅己者容。今智伯知我，我必為報讎而死，以報智伯，則吾魂魄不愧矣。」乃變名姓為刑人，入宮塗廁，中挾匕首，欲以刺襄子。襄子如廁，心動，執問塗廁之刑人，則豫讓，內持刀兵，曰：「欲為智伯報仇！」左右欲誅之。襄子曰：「彼義人也，吾謹避之耳。且智伯亡無後，而其臣欲為報仇，此天下之賢人也。」

（《史記．卷八十六．刺客列傳第二十六》）

一次分配任務的時候，豫讓申請去給趙襄子家刷廁所。他懷揣著好不容易才弄來的一把刀，邊刷廁所邊觀察周圍環境。經過仔細的觀察，豫讓明白了這是一個除了上廁所的人之外沒有人會來的地方，雖說不上山明水秀，卻也別有一番風味。終於，他看到趙襄子提著褲子口中念念有詞急匆匆的往這邊跑了過來。

豫讓心道：「果然是晉國有名的才子，連來廁所的路上都在背課文。」

趙襄子經過他身邊的時候，他清楚地聽到了趙襄子在念叨什麼：「不行了，不行了，忍不住了，快出來了……」

豫讓微微一愣，跟著趙襄子閃進了廁所，開始刷起了廁所內部的牆壁。他右手伸進胸口衣服裏面握著那把刀，雙眼緊緊鎖定趙襄子。心狂跳，汗直流。

趙襄子這時體內壓力已緩解，也注意到了這個右手抓著自己胸部，眼睛直直地盯著他，不停地刷同一塊牆同一個地方的人。他的眼神裏面分明充滿了恨。

「難道是因爲我的便便太臭的緣故？」趙襄子心道。他不好意思的向豫讓笑了笑，表達自己的歉意。

豫讓心道：「他爲什麼要對我笑，而且是那麼淡然的笑。莫非他已經發現了我的圖謀。看得出來他一點都不緊張，難道在他眼裏我對他就那麼沒有威脅麼？」

豫讓想到這裏更加緊張了，盯趙襄子盯得更緊了。趙襄子被豫讓這樣盯著，根本沒辦法正常排泄，到最後他實在受不了了，一聲大喊之後，衝進來好幾個人將豫讓抓了起來。

豫讓見自己已經被抓起來了。報仇已是無望了，便大喊道：「我要爲智伯報仇，打倒趙襄子，智伯萬

歲！」

趙襄子：「雖然你要刺殺我，而且影響了我上廁所的心情，不過我還是要放過你。因爲你是個志士。」

手下：「萬一往後他再來行刺您怎麼辦？還是殺了他吧！」

趙襄子：「我已經認清他了，往後我會離他遠一點的。」

趙襄子不但沒殺豫讓，還將他從監獄裏面保了出去，給了他一些本錢讓他去做生意。

豫讓拿了趙襄子給他的錢去買了一大桶油漆，一大筐火炭。他用油漆塗滿了自己的全身，又吃了很多火炭。幾天之後他全身長滿了毒瘡，嗓子也變啞了。再也沒有人認得他就是那個曾經玉樹臨風、風度翩翩的豫讓了。一天他在街上走著觀察地形，他老婆迎面走了過來，沒見他的嬌妻已經有一陣子了。

豫讓：「她又瘦了，一定是想我想的。」

豫讓心頭一暖就走了上去拉起了他老婆的手。他老婆一拳打出，豫讓鼻血直流，緊接著又是一個過肩摔，豫讓結結實實地摔在了地上。豫讓的老婆衝上來一頓亂踩，豫讓的臉上就無端端多了幾個三寸金蓮的腳印。

豫讓老婆邊踩邊罵：「臭乞丐，竟然敢吃我的豆腐！」

豫讓大喊：「不要踩了，不要踩了，我是你老公啊！」

豫讓老婆停下來，仔細看了看豫讓，豫讓給她一個微笑，因爲此刻豫讓的臉上已滿是水泡，那笑看上去非常恐怖。豫讓老婆大喊道：「竟然還敢輕薄我。你是我老公，我就是你老娘！」豫讓迎接到的是比剛剛更狠的飛腿……

豫讓在街上邊走邊自言自語：「雖然挨了老婆一頓打，至少可以證明我的易容非常成功。終於可以爲智伯報仇了……」

這時忽然有人拉住他喊他的名字：「豫讓，豫讓，你怎麼變成這樣了？」

豫讓回頭一看，是他以前的一個朋友。忙說：「你認錯人了，我不是豫讓！」

朋友：「還說不是，你化成灰我都認得你！」

豫讓：「……搞成這樣連我自己都認不出我自己來，你竟然還能認出來。」

朋友：「當然了，你欠我錢的嘛！當然我要認準你了。不過說實在的，我們是那麼多年的朋友，你不想還錢也不用把自己搞成這樣人不人鬼不鬼的啊，弄得我心裏很愧疚哪！」

豫讓：「我又沒說不還你錢，只不過是事情比較忙忘了而已。我絕對不是因爲你將自己弄成這樣的。這裏不是說話的地方，借一步說話……」

豫讓拉著他的朋友開始跑，一直跑到城外一座橋下。他朋友已是累得氣喘吁吁了。

朋友：「你借的這一步也太遠了吧……」

豫讓道：「因爲滋事大條，所以必須要到沒人的地方說。」

豫讓向他朋友講了整件事情的經過，以及他爲智伯報仇的信心和決心。

朋友：「哦，原來是這回事，其實不用這麼曲折的。以你的才華和容貌，你可以去趙襄子那邊找工作，他一定會重用你的，到時候你可以瞅個機會手起刀落……不過你現在已經沒有容貌了，唉……」

豫讓：「即便現在我仍舊是以前那麼帥，我也不會暗藏殺機地去伺候趙襄子的。那是不忠誠的行爲，是我最看不起的。之所以我要這樣做，就是想教育那些對主人不忠心的人，希望他們可以從我身上看到人性的光輝。」

兩人正在說話的時候，趙襄子的隊伍卻往這邊走來要經過這座橋。豫讓忙拉著他朋友躲到了橋下。

豫讓：「真是踏破鐵鞋無覓處，得來全不費功夫啊！」

朋友：「不關我事，我閃先了，祝你成功！」

他朋友說完就一溜煙兒跑了。豫讓又一次手握匕首靜靜地等待著時機。馬的眼睛長在兩邊，視場比較廣闊。趙襄子的馬先看到了躲在橋下的豫讓，這是一匹沒有見過世面的馬，在牠的記憶中從來沒有人醜陋如斯，嚇得擡起前腳大叫一聲，險些將趙襄子從牠背上扔下來。

豫讓趁馬沒有站穩的時候，手拿匕首衝了出去。

趙襄子：「豫讓！」

豫讓：「……靠，你又認出我來了。難道這世上只有我老婆認不出我來不成？」

就在他們對話的時間裏，趙襄子的手下已經衝上來將豫讓團團圍住了。趙襄子站在包圍圈外道：「為什麼你非要殺我呢？你也曾經在范氏和中行氏家工作過啊，智伯殺了他們，你怎麼不去找智伯報仇？」

豫讓：「因為只有智伯覺得我是人才，在他那裏我實現了自己的人生價值。」

趙襄子：「雖然我也覺得你是個有義之士，不過今天我不能放過你了。左右，一起上，給我砍了他。」

豫讓：「等等……」

趙襄子：「又要幹嘛？」

豫讓：「聽天下人說你是個賢人。今天我是必須要死了，而且被你殺了我也無怨無悔。不過我臨死前希望你能脫下你的衣服給我，讓我砍上幾刀，也算我給智伯報仇了！」

趙襄子：「這樣也行？……可是我這身名牌……」

趙襄子的老婆早已經被豫讓的這種大無畏精神感動了，正蹲在一旁哭得肝腸寸斷，她這時說話了：「給他砍吧，完了我再給你買新的，一個臨死之人的小小要求我們怎麼忍心不答應呢？」

趙襄子於是脫了衣服給豫讓，豫讓將之扔到地上衝上去踩了幾腳，又砍了幾刀之後自盡了。臨自盡前他大喊道：「智伯，我給您報仇了！」

殺手之王

聶政，著名的勇士。殺了人之後帶著母親和姐姐一起逃到齊國，到了齊國之後所做的依舊是白刀子進紅刀子出的工作，不過殺的不是人，而是牛、羊等牲畜。

嚴仲子，濮陽人，在韓哀侯家工作，爲了英雄救美打了一個中年男子一頓之後，才知道那是韓國宰相俠累。他怕被俠累報復，就逃離了韓國，開始了四處流亡的生活。要命的就是爲了在那美女面前表現自己的孔武有力，他那次將俠累打得特別慘，拉著那個美女離開之前還拔光了俠累的鬍子。

「俠累一定是恨我入骨，非得要我的命不可了。」嚴仲子心道。

事實上的確是這樣，那天回家之後俠累就召集了他手下的高手們出去追殺嚴仲子。他下達的命令是：「活要見嚴仲子的人，死要見嚴仲子的屍。」

這樣整天像隻老鼠一樣東躲西藏也不是個辦法，最好的防守就是進攻，嚴仲子決定不等俠累的人殺了他，他要先做掉俠累。然而就憑他自己，顯然是不可能做掉俠累的，於是他開始用重金尋找勇士刺殺俠累。因爲他拿出來的錢多，他的招聘消息剛一在黑道發出，就有很多人來找他，有的是幫會，有的是個人，擠滿了整個大廳。

斧頭幫特派員：「我們斧頭幫已經有幾十年的歷史了，我們以毒辣，幹活乾淨利索而聞名於殺人界。我們的幫主更是殺人的鼻祖，早在幾十年前他就因爲砍死了一個和他搶柴火的人並且肢解了那人而爲世人所稱頌。而且斧頭是一種民用工具，非常便於隱藏，如果正在行兇的時候被官府的人看到，我們可以立即假裝砍樹，暴露身分的可能性非常小。所以選擇我們斧頭幫去替您做這件事是明智的選擇。」

飛刀門幫主：「我是飛刀門幫主，我這次親自前來足以表明我對這件生意的重視了。我們飛刀門殺人的特點是遠距離攻擊，動手的人不用現身出來。在安全性上絕對沒有任何幫派或個人能跟我們相媲美的，從根本上避免了連累到嚴先生您。我們的飛刀沒有統一的規格，時而用小李飛刀的飛刀，時而用柳葉門的飛刀，有時候還會直接飛菜刀出去，官府根本沒有可能知道是我們幹的。」

斧頭幫特派員：「你們飛刀門在安全性上的確是很好，不過技術就差了一點兒。上次那件生意，你們足足在被殺者身上扎了三十二把刀，有扎在腳上的，有扎在胳膊上的，還有扎在耳朵上的，可就是扎不中心臟和腦袋。最後那個被殺者是流血流死的，根本不是你們殺死的！」

飛刀門幫主：「……我那次是鍛鍊新手，這次我一定會派幫中最高的高手出馬的，絕對一刀斃命。」

殺人不眨眼：「我的名字想必大家都聽過了。我殺人的方式很直接，就是拿著刀直接衝上去砍，直到砍死爲止。而且我還提供肢解服務，出錢的人可以要被殺人身上的任何部位，我只根據部位重要性的不同收不同的錢。一個人行動免除了人多嘴雜，洩露秘密的可能，而且我的口中還時刻咬著一塊毒藥，一旦被

官府抓了，我會立刻服毒自盡。」

殺手之王韓冬：「你的毒藥咬了多久了？早就過期了吧！」

殺人不眨眼：「不可能，我經常換藥的。一旦咬破絕對在幾分鐘之內斃命。」

殺手之王韓冬：「哪有那麼厲害的毒藥，你別騙人了。嚴先生您別信他胡謅！」

嚴仲子：「我也沒聽過有這麼厲害的毒藥，就我們這個時代的毒藥來說，要想毒死人，即便是最好的毒藥至少要吃個兩三公斤的，所以絕少有人服毒自盡的，因爲受不了肚子那麼撐……」

殺人不眨眼：「你不信我？我生平最受不了的就是別人不信我，我現在就咬給你看！」

只見殺人不眨眼用力一咬牙，剎那間他的臉就變成了黑色，不一會兒就七竅流血而亡了。

殺手之王韓冬：「哈哈，這人是我的一個仇人，今天我終於殺了他，而且還殺得不關我事。我的殺人本領想必大家剛剛也都看到了，我殺人都是用腦子的。比如下毒，比如讓他自殺，比如挖陷阱下圈套等等，比起你們那些笨拙的方法來說孰優孰劣一看便知。而且我正在舉辦有獎殺人活動，不但可能全免殺人費用，還可能獲得韓國一日遊的大獎哦！」

嚴仲子：「韓國一日遊？我不能去啊！」

殺手之王韓冬：「爲什麼不能去呢？韓國美女多風景又好，是個休閒旅遊的好去處啊！」

嚴仲子：「我這就要跟大家宣佈呢，此次我要殺的是韓國宰相俠累……」

嚴仲子剛剛說完，只覺得眼前一花，剎那間剛剛還擠滿人的大廳就空無一人了。他還聽到外面有人議論：「神經病，竟然讓我們去殺宰相。那不等於去送死麼？」這是飛刀門幫主的聲音。

「就是，擺明了是在玩我們，回去我要稟告幫主，殺了這個姓嚴的，搶了他的金子。」這是斧頭幫特派員的聲音。

嚴仲子聽他們這麼說，慌忙收拾了東西，逃去了齊國。

一到齊國，嚴仲子就聽到了聶政的威名。無論走到哪，都能看到討論勇士聶政的群衆。

嚴仲子自言自語道：「勇士聶政？聽上去很不錯的樣子，去拜訪他看看，也許他可以替我殺了俠累也不一定啊！」

嚴仲子剛想要拉住一個人問聶政的住處，忽然一群群衆湧了過來往一個地方跑去，有人邊跑邊喊：「聶政上班啦！」所有的人聽到這喊聲之後都像觸電了一般，正在做生意的人扔下攤子就跟著人群跑了；正在生小孩的婦女孩子也不生了，忽然從床上跳下就跟著人群跑了，邊跑邊喊「晚點再生了」；所有公廁裏面的人都提著褲子衝了出來，他們中間該有多少沒有擦屁屁啊……一時間少女的尖叫聲，孩子的哭聲，鍋碗瓢盆打翻在地的聲音交織在了一起，交匯爲一個共同的聲音「聶政」。嚴仲子擡頭看天，天上的雲彩也幻化成了光輝的兩個字「聶政」。他隨著人群一同跑到聶政工作的地方的時候，聶政還未上場。少女們激動的擦著自己怎麼擦也擦不乾的激動的淚水，攝影師們準備著自己的畫板和毛筆，婦女們已將煮雞蛋滷豬腳捧在了手中……

忽然人群又爆發出一陣尖叫，聶政出場了。

風乍起，他的衣衫和秀髮在風中飛揚。

白鴿、破舊綢緞、無數桃花在他四周盤旋飛舞。

他冷酷而多情，他高傲而宅心仁厚……

少女們已經哭乾了眼淚，喊破了喉嚨，聶政卻從未向這邊看過——哪怕是翻一個白眼……

人們還未看清楚是怎麼回事，雪亮的尖刀已在聶政的手上。一刀捅出，鮮血四濺……

連見多識廣的嚴仲子也不禁暗自驚詫：「好快的刀！」

聶政對面的那頭豬，痛苦的掙扎了幾下便不動了。這時衝上來好幾個人爲聶政擦汗、漱口、換衣服……嚴仲子悄悄的離開了，他已經下定決心了：就找聶政去殺俠累。

聽說聶政的老母要過大壽。他抱著一箱黃金親自到聶政家祝壽，在大家吃喝得正開心的時候，他忽然打開那個箱子，黃金的光芒刺得現場的人睜不開眼睛。

聶政：「是誰拿著銅鏡亂晃？趕快收起來！」

嚴仲子：「不是銅鏡，是黃金。這是我獻給伯母的壽禮！」

聶政：「……這麼多黃金?!」

聶政跑上來將嚴仲子拉到一邊道：「老實說！你是不是跟我姐姐有一手，或者是想要泡她？看你這麼有誠意，我可以幫你！」

嚴仲子：「其實，我是來找你的！」

嚴仲子於是跟聶政說了他和俠累的恩怨，以及他來找聶政的目的。

聶政聽完後說：「以我的才能我爲什麼要當一個屠夫呢？就是因爲我老娘還活著，我要伺候她，而且要安安全全的活著不能讓她擔心。目前我還不能答應你！請將黃金收回吧……隨便留下幾十兩銀子當賀禮就好了！」

嚴仲子一再請求，聶政卻始終不從，無奈之下嚴仲子只得抱著黃金離開了。

很久之後聶政的母親死了，他姐姐也在之前就嫁人了。聶政此時已經了無牽掛並有點無所事事的感覺了，他想起了嚴仲子：「嚴仲子是個身分很高的人，竟然跑來給我送黃金，也算是很看得起我了，現在我這麼無聊，是該去找他的時候了，看看他有什麼好介紹的。」

嚴仲子對聶政的到來非常開心，好吃好喝好玩的招待了聶政好些日子。

聶政：「你說吧，讓我去幹什麼？」

嚴仲子：「去殺一個人，韓國的宰相俠累！」

聶政：「啊！韓國的宰相?!」

嚴仲子：「怎麼？聶先生你也懼怕……？」

聶政：「不，不怕，我是個勇士嘛，有什麼好怕的！不過這件事情還得要從長計議才是！」

嚴仲子一拍了拍手，忽然衝進來幾個彪形大漢，他們手上都抱著一個巨大的箱子。

嚴仲子：「他們抱的箱子裏面全都是黃金。」

聶政：「啊……這麼多黃金我實在是不好意思收啊！」

嚴仲子：「我是爲了給你看他們多麼的強壯，派這些人去協助你應該沒有問題了吧！」

聶政：「哦，原來是給我看人，不是看黃金。現在要刺殺的是宰相，人愈多洩露機密的機會就愈大，我一個人去就可以了！不能告訴更多的人！」

嚴仲子：「好的，明白了。我一定不告訴任何人！」

接著嚴仲子又跟下面那些壯漢喊道：「刺殺韓國宰相俠累的事情，就由聶政聶勇士一個人去做了，你們可以回家去了！」

聶政：「……」

聶政一個人拿著寶劍去了韓國。到都城之後，他才發現他不知道宰相府所在。於是攔了一輛上面標著「TAXI」的馬車，那馬車拉著他足足跑了一天，中間還換了好幾匹馬。到宰相府門口的時候已經快晚上了。車費是十兩黃金。

聶政：「……十兩黃金，你搶錢啊？」

車夫：「你沒有看到拉著你跑了一天嗎，中間還累死了好幾匹駿馬。你想賴帳不成？小心我告官，你這個外鄉人！」

此刻造事顯然不是一個明智的選擇，聶政沒有爭辯什麼，服了車費後，逕自走進了宰相府。

宰相府守衛森嚴，五步一哨十步一崗，聶政揮舞著手中的寶劍一陣廝殺，衝進了大殿之中俠累的身邊。

聶政大喊一聲：「殺你，是我自己的主意，不關別人的事情！」

說完便一劍砍了俠累的頭。

士兵甲：「他剛剛喊的是什麼？」

士兵乙：「沒聽懂，好像是齊國方言……」

士兵甲：「真是瘋子，喊口號都不用普通話！」

所有的士兵都湧上了大殿，將聶政團團圍住。聶政看著殿上黑壓壓的士兵，心下已經明白，脫身是絕對沒有可能的了。便舉起寶劍在自己臉上劃了幾刀，又挖出了自己的眼睛，然後切開了自己的肚子，扯出了腸子，最後才砍了自己的頭自盡。

韓國政府為了捉拿幕後主使，將聶政的屍體扔在街上示衆，以期知情人會前來認領。很久時間過去

了，屍體都已經開始發臭了，卻還沒有人前來。聶政的姐姐回娘家的時候才發現弟弟不見了，又聽說韓國街頭扔著一個示衆的屍體，便跑到韓國去看，一看之下大吃一驚，那果然是自己的弟弟聶政。她撲到屍體上大哭：「弟弟啊，我的好弟弟，你為了我和母親屈就在市井之間甘心做一個屠夫，現在卻被人暴屍街頭。為了不讓姐姐認出你，你臨死前還不忘毀容。可是姐姐怎麼會認不出你來呢，你的腿上那麼大塊的胎記。都是嚴仲子，嚴仲子害死了你啊……」

聶政的姐姐又大哭了幾聲，就傷心過度而亡，死在了聶政的身邊。

人們聽說這件事之後，都說聶政是個有責任感有擔當的真正的勇士，他姐姐是個貞烈的女子。

風蕭蕭兮易水寒

荊軻，衛國人，他的祖先是齊國人。衛國口音稱他為慶卿，後來到了燕國之後，燕國口音又稱他為荊卿。在這兩個國家經常有人用方言呼喚荊軻的名字，包括同荊軻談戀愛的女子，荊軻卻每每反應不過來而沒有應答，搞得別人都以為荊軻非常高傲，時日一久便沒有人願意再搭理他了，連那個女子，也因為輕輕地用方言呼喚荊軻很多次而荊軻卻毫無反應而離開了他。

荊軻長歎：「看來普通話的普及勢在必行啊……」

荊軻愈來愈孤獨了，孤獨的人很容易成為哲學家、詩人、俠客或者是神經病。荊軻成了詩人和俠客。他整天背著一把劍朗誦詩歌，在非常孤獨的這段日子裏。他對兵法和謀略也略有所成。無聊的他去求見了衛國國君想在那裏謀得職位，為國家做點貢獻。

衛國國君：「你都會些什麼啊？」

荊軻：「兵者，國之大事，死生之地，存亡之道，不可不察也……」

衛國國君：「《孫子兵法》啊？我也會背啊，不戰而屈人之兵，上之上也……有沒有新鮮點的？」

荊軻：「鵝，鵝，鵝，曲項向天歌，白毛浮綠水，紅掌撥青波。」

衛國國君：「……你念這些沒用的詩歌有什麼用啊？你說，有什麼用啊到底？」

荊軻見國君對兵法和詩歌都沒有興趣，便抽出劍來對著旁邊的一棵鐵樹耍了一套獨孤九劍，剎那間刀光劍影樹葉紛飛，非常拉風。荊軻耍完劍站在原地等待著衛國國君的讚揚。只見衛國國君的臉慢慢地變紅又變白，最後卻流出了眼淚……

衛國國君：「我的鐵樹啊，我養了幾十年的鐵樹。不料今日卻毀於一旦……來人啊，把這個傢伙給我扔出去！」

不久之後衛國就被秦國滅亡了，荊軻只得逃離衛國，背著劍四處遊蕩了。

遊蕩到山西榆次的時候，他去找當地著名的劍客蓋聶談論劍術。兩人都是著名的劍客，對於用劍自然都有很多高深的見解。他們還未開始論劍，周圍已經圍滿了慕名而來前來旁聽的觀衆。

荊軻：「劍應該用來捅，不但可以聽到『噗哧』的劍插入對方身體的聲音，還可以看到對方驚恐的眼神。如果一下沒有捅死的話，你還可以左右上下用力，必能將對方的五臟六腑都攪個稀巴爛。」

蓋聶：「錯！劍應該用來砍，鋒利的劍刃可以將對方砍做兩段，至少也可以毀了他的容。」

荊軻：「應該捅！」

蓋聶：「應該砍！」

……

兩人就這樣爭論不休。忽然間蓋聶停了說話，用眼睛瞪著荊軻，荊軻一言不發地離開了。別人問蓋聶荊軻爲什麼離開的時候，蓋聶告訴他們：「我用眼神戰勝了他！」大家去荊軻住處也沒有找到他，看來他已經收拾包袱遠遁了。

荊軻遊蕩到邯鄲的時候，又見了當地的劍客魯勾踐，這次他們沒有論劍，而是下棋。下到最後荊軻想悔棋，魯勾踐卻不讓，兩人發生了激烈的爭執，幾乎要動起手來了。

魯勾踐狠狠的說：「你小子再這樣，我就找人砍了你！」

荊軻又一次一言不發地離開了，再也沒有來找過魯勾踐。據說事後有人問荊軻爲什麼不與蓋聶和魯勾踐爭論下去卻嚇得逃跑了？荊軻說他們兩人的境界不夠。

荊軻終於遊蕩到了燕國，他和街上一個殺狗的屠夫以及一個擅長擊筑的高漸離好上了。從此以後不但有新鮮的狗肉吃，還有音樂聽。他們過得都是一人吃飽全家不餓的光棍漢生活，經常在街上喝酒，荊軻酒量太差，每次都會喝醉。喝醉之後就隨著高漸離的音樂唱歌，兩人一會兒哭一會兒笑，完全不理別人受得了受不了。一時間路上所有經過這裏的行人都會用棉花塞上耳朵，馬車的喇叭聲也聽不到，車禍時有發生。不鬧的時間荊軻繼續念詩練劍。他結交的都是些豪爽大方會經常請他吃飯之人。燕國的名人田光非常賞識他。

不久之後燕國發生了一件事情，在秦國當人質的太子丹歷盡艱難從秦國逃了回來。曾經太子丹和秦王嬴政一起出生在趙國，兩人一起長大，嬴政被人欺負的時候太子丹經常幫他出頭。可是太子丹的命太背了，嬴政回秦國當國君了，他卻又去了秦國當人質。他原以爲嬴政會念在他們多年的感情好吃好喝好玩的招待他，卻不想嬴政卻讓他衣不遮體食不果腹，連請女朋友吃頓餃子都沒錢。他乘看守不注意的時候逃離了秦國回到了燕國。整天想著如何搞定秦王，一來爲自己報仇，二來免除燕國被滅的危險。

秦國大殿。

秦王嬴政：「樊於期，你能不能不要穿這件綠色的衣服？我討厭綠色！」

樊於期：「可是我喜歡綠色啊，綠色給人生機勃勃的感覺！」

秦王嬴政：「少跟我拽文，滾回去換衣服。」

樊於期只得回家去換衣服，他直接換上了夜行衣逃出了秦國，跑到了燕國。他知道嬴政很小氣，得罪了嬴政指不定哪天自己的腦袋就不見了。太子丹收留了樊於期。太子丹的老師鞠武忙前來勸他。

鞠武：「樊於期得罪了秦王，你怎麼敢隨便收留，況且他本身又沒有智謀，也不勇猛，這樣的人收留來幹什麼啊？」

太子丹：「他是我朋友，而且是從秦國逃出來的，我恨秦國，所以收留他。」

鞠武：「以我們的實力，現在還不是和秦國挑明了幹的時候。我們現在應該乖乖的，不給秦國進攻我們的藉口，然後派人去聯絡諸侯，再派人去聯絡匈奴，如果進行順利的話，三五年之內應該可以聯絡得起來，到時候再抵抗秦國方為上策啊！」

太子丹：「……三五年？燕國不知道被秦國滅了多少回了。重新想辦法！」

鞠武於是給太子丹介紹了田光。太子丹迎接田光的時候是倒退著走路的，並且跪下來為田光檢查席子上有沒有圖釘、冰魄銀針等危險物品，可謂是做足了功夫。

太子丹：「可以開始了，田先生！」

田光：「開始吃飯？」
太子丹：「……啊，現在還沒有到飯點。請您先講講怎麼才能滅掉秦國。」
田光：「沒錯！我年輕的時候是很拉風，又帥又有才華，不過現在已經老了。難道說你沒有聽過千里馬老的時候劣馬也能跑過牠麼。我沒有辦法……不過我想我的朋友荊軻可以幫到你。」
太子丹：「荊軻？」
田光：「對！荊軻！」
幾道閃電在天空炸開，千古第一刺客荊軻就要上場了。送田光出門的時候太子丹在他耳朵邊說：「今天討論的都是國家大事，屬於國家機密，希望先生您千萬不要泄漏出去。」
田光微微一笑道：「放心吧，太子！」
田光回去一見荊軻就開始抱怨：「都說人老的時候不能被人信不過，沒想到太子丹卻信我不過。我還能活在世上麼？不能！」
田光情緒非常激動，抽出劍來就結果了自己。荊軻撲在田光身上大哭。田光卻又忽然轉醒過來。
荊軻：「哇……詐屍啊！」
田光：「shit，剛剛太衝動了，忘了給你交代一些重要的事情了。我把你介紹給了太子丹，現在時間還來得及，你可以趕在吃飯之前去見他。好了，我去了！」

田光說完就又死了。荊軻又一次撲在他身上大哭，哭完之後去見了太子丹。

荊軻：「田先生剛剛自殺了，他讓我告訴您讓您放心，死人是不會泄漏秘密的。」

太子丹聽完又是一頓大哭。之後他先給荊軻講了秦國的禽獸行徑，又敍述了燕國危急的現狀，最後向荊軻講了他的想法：「派一個人去刺殺秦王嬴政，即便刺殺不了劫持他也可以，那樣一來秦國就大亂了，各諸侯國肯定可以結成同盟，消滅暴秦。我一直都找不到合適的人，現在只有靠你了！」

荊軻：「這麼大的國家大事我實在勝任不了，你還是找別人吧！」

太子丹聽荊軻這麼說，先是苦苦哀求，繼而一陣大哭，還拿荊軻的衣服擦鼻涕、眼淚。荊軻撐不住了，便答應了太子丹。太子丹封荊軻爲高官，給他無數的銀兩和女人。

很久之後，荊軻還沒有啓程。這期間秦國已經滅了趙國，逼近了燕國邊境。太子丹慌忙去找荊軻。

太子丹：「秦國已經兵逼易水了，再過陣子燕國估計也就要滅亡了，我也很想繼續給你銀子和女人，恐怕給不了了。」

荊軻：「我正要去找你呢。你說我憑什麼去靠近秦王呢？我又不是美女，手上也沒有什麼東西是秦王喜歡的。現在我需要一樣東西去晉獻給秦王，那就是樊於期的人頭，據說秦王很想看到這個。」

太子丹：「樊將軍是走投無路才來投奔我的，他又是我的朋友，我下不了這個手。別人的頭行不行？」

荊軻：「你的？」

太子丹：「……」

太子丹一言不發的就離開了，這等於他已經答應了荊軻的要求，只是自己不願意說出來而已。荊軻於是前去找樊於期。

荊軻：「想不想做掉秦王？」

樊於期：「昨晚我還夢見我做掉了他，拿著他的腦袋當球踢，那種感覺真是開心啊！笑醒來之後才發現——這是一場夢！」

荊軻：「我現在有個辦法可以殺掉秦王。就是我去給秦王獻上將軍的人頭，趁他召見我的時候我用左手抓住他的袖子，右手用匕首猛捅他的胸口，一捅斃命。這樣將軍的願望可以達到，而燕國也就安全了。」

樊於期聽完荊軻的話，開心得不得了，上前一步，拔出寶劍自刎。荊軻取下他的頭裝到了一個盒子裏面。

太子丹以重金為荊軻訂製了一把鋒利的匕首，又聘請五毒教的用毒高手給這把匕首煨了劇毒。他們找來一頭大象，用那匕首輕輕刺了一下，大象便轟然倒地而亡了。

太子丹：「大象都能毒死別說是秦王了。我還要給你介紹個助手，他就是我國著名的勇士秦舞陽，他

十三歲就殺人，多年來屢次被評為燕國第一勇士。他的目光非常威嚴，別人都不敢盯著他看！」

荊軻：「我看，我看，我看看看……」

荊軻說著盯著秦舞陽使勁地看，看得秦舞陽都不敢看他了。其實荊軻心目中有一個合適的助手，可是那人因為住得遠——可能在外國，可能在西方極樂世界，也可能根本不存在，因為關於這個人各類史書上都沒有記載——那人卻遲遲不能到來。等啊等啊，太子丹以為荊軻害怕了不敢去了，於是對荊軻說：「再等下去樊將軍的人頭都變成骷髏了，要不我先派秦舞陽去？」

荊軻聞言大怒道：「難道你覺得我是那種無信之人麼？我只不過是想等一個人前來，勝算可以大一點。既然你這麼說，那我現在就出發給你看！」

荊軻終於要上路了，大家都知道此次前去非常兇險，十有八九荊軻是回不來了。於是所有送行的人都穿著白色的素裝前去送行。高漸離一路擊筑擊的都是哀樂，荊軻合聲而唱：「風蕭蕭兮易水寒，壯士一去兮不復返……」

到了秦國後，荊軻用重金賄賂了秦王的寵臣蒙嘉。蒙嘉在秦王面前說了很多好話，秦王隆重地在咸陽宮召見荊軻。那天氣氛非常肅靜，荊軻捧著內裝樊於期人頭的盒子走在前面，秦舞陽捧著內裝地圖的匣子走在後面。秦舞陽在路上已是緊張得瑟瑟發抖了，秦國大臣們都奇怪地看著他。

荊軻回頭笑道：「出發前不是給你說了讓你上個廁所麼？再忍一會兒吧！」

樊將軍的人頭秦王已經看到了，看得非常開心。荊軻將內藏匕首的地圖放到了秦王面前，慢慢地展開地圖，到最後圖窮匕現之時，左手拉住秦王的袖子，右手拿起匕首向秦王猛刺過去。秦王一驚，猛地向後一掙扎，左邊的袖子應聲而斷，荊軻刺了個空。殿上所有的大臣們都吃了一驚，可惜身上沒有兵器無法上前相助，而殿下的衛兵們沒有得到命令又不敢上來，所有人就這樣眼睜睜的看著荊軻拿著匕首追著秦王繞著柱子轉圈。秦王緊張之下劍又拔不出來，非常狼狽。就在這時太醫忽然將自己的箱子扔向荊軻。「哎喲」一聲，荊軻的額頭上就被砸了一個大包，就在這電光火石之間秦王已經拔出了劍，用力一揮，荊軻的

圖窮匕現

【解釋】比喻事情發展到最後，真相或本意顯露了出來。也指落魄畫家的生活——圖畫都賣光了，只好拿著匕首去打劫。

【原文】荊軻顧笑舞陽，前謝曰：「北蕃蠻夷之鄙人，未嘗見天子，故振慴。原大王少假借之，使得畢使於前。」秦王謂軻曰：「取舞陽所持地圖。」軻既取圖奏之，秦王發圖，圖窮而匕首見。因左手把秦王之袖，而右手持匕首揕之。

（《史記・卷八十六・刺客列傳第二十六》）

左腿就被砍斷了。荊軻倒在地上將匕首向秦王奮力飛去，舞劍他擅長，飛刀卻不是他所熟悉的，匕首插入了柱子，而沒有插中秦王。

荊軻：「如果秦王是那根柱子，該多好啊！」

秦王又揮著劍衝上來，剎那間荊軻身上又多了好幾道傷。侍衛們全都衝了進來，將荊軻和秦舞陽殘忍殺害。秦王因此而大怒，派重兵攻打燕國，接近六年後滅了燕國。

李斯列傳

老鼠又見老鼠

李斯，楚國上蔡人，年輕的時候曾在郡中做小官。有次上廁所的時候閒著沒事左右亂看，就看到了幾隻老鼠在吃大便。

「牠們會不會咬我的屁股呢？」李斯心道。

他大聲咳嗽了一聲，那些老鼠即刻驚恐地四散逃去。後來他去糧倉的時候又左顧右盼，又給他看到了幾隻老鼠。

「怎麼在哪裏我都能看到老鼠呢？難道我長了一雙貓一樣的眼睛……」李斯從袖子裏面掏出小銅鏡扒

開眼睛照了照，發現那是一雙很正常的丹鳳三角眼。他又學上次一樣大聲咳嗽，他咳得都要吐血了，那幾隻老鼠連動也不動一下。

李斯感觸道：「人生活的好壞就像這些老鼠，看置於什麼環境之中了。」

關於糧倉裏面的那幾隻老鼠爲什麼不理睬李斯，後世也有好幾個傳聞：那幾隻老鼠是聾子，根本聽不到李斯奮力的咳嗽聲；那幾隻老鼠因爲常年吃著糧倉裏面的東西，營養補充得很足是以非常聰明，牠們知道李斯咳嗽只是爲了嚇唬牠們，是以根本就不理他；李斯的眼睛的確不是貓眼，可是是個近視眼，他想用咳嗽聲嚇唬走的其實是幾團麻繩。

李斯有了那個感觸之後就爲自己樹立了人生的目標，那就是當官，當大官。他先去學費公道、就業形式很好的荀子處學習帝王之術。畢業之後按說他應該去輔佐楚王建設他的國家，可是這個時候的楚王並不重視人才，只重視美女，於是李斯決定去別的國家。經過一番對比分析，他決定去當時實力最強的秦國，準備在那裏幹一番事業。到了秦國之後他拜在呂不韋門下做食客。所謂食客就是：必須要吃飯，幹不幹活無所謂。當時的人都以養活食客的多少做爲炫耀的資本，在呂不韋家像李斯這樣的食客還有很多。呂不韋經過暗中觀察發現，所有食客裏面就數李斯吃飯吃得少，還喜歡一動不動地看著窗外了。呂不韋也察看過李斯經常盯著的窗外，那裏只是塊空地，沒有美女經過也沒有小鳥飛落，這就說明李斯並不是在打望什麼，而是在沈思。吃飯吃得少說明李斯不是來混飯吃的，喜歡沈思說明他很有內容。呂不韋於是招了李斯前來聊天，一聊之下果然發現李斯是個人才。於是將他推薦給了秦王。

見了秦王之後李斯當即開始談論天下大勢：「現在的周天子已經權力盡失，基本上相當於個擺設，除了開會的時候擺在上面之外一點用處都沒有。其他六國都非常衰弱，即便看上去很有實力的國家也是外強中乾，現在正是秦國一統天下的大好機會。趕緊上啊，大王！」

秦王有這種想法由來已久，只是一直以來都沒有人提出來過，今天被李斯提出來了，秦王覺得李斯是那麼的親切，他說話是那麼的動聽，當即決定重用他。

李斯：「大王，這就對了，對一個國家來說最重要的是什麼？人才！」

秦王：「你的意思是說你是人才，我重用你是應該的？」

李斯：「我的意思是，我們應該去拉攏腐蝕各國人才，拉攏不了的就做掉。那樣各國實力就會大大地消弱。」

秦王聽後大喜，立刻派了大力士抱著金子奔赴各國實施這個計劃。

大力士：「如果你能跟我去秦國效力，那我抱的這些金子就全都是你的了，而且去了秦國之後還會有更多！」

人才：「哇，這麼多錢，傻子才會拒絕呢！」

大力士：「那就上車吧！」

大力士：「如果你能跟我去秦國效力，那我抱的這些金子就全都是你的了，而且去了秦國之後還會有更多！」

人才：「秦國乃虎狼之國，我乃有德之人，我要忠於自己的國家。」

大力士便舉起手中的金子往人才的頭上砸去，人才頓時香消玉隕。

就這樣，各國稍微有點名氣的人才被拉攏消滅了個七七八八。接著秦王又聽了李斯的話派了另一隊人馬去實施離間、反間計，將各國的政局搞得混亂不堪，每當這個時候秦王就乘機派出軍隊攻打。

就在這時韓國派了一個名叫鄭國的人前來秦國做間諜。這個名叫鄭國的人是一個水利工程師，表面上他是來幫秦國興修水利的，實際上他邊爲韓國刺探情報，邊消耗秦國國力。後來他的企圖被秦國發現了，抓起來砍了頭。主要是他做得太明顯了，想不被發現都難。

刺探情報方面，他天天請將軍們吃飯喝酒，吃飯喝酒的時候不談論男人們共同的話題：銀子和女人，而是不斷的詢問他們兵馬有多少，糧草基地在什麼地方。他的記憶力又不好，別人說一遍他記不住，還要反覆的問好幾遍——依舊記不住，最後他乾脆邊聽別人說邊記在本子上。這樣搞了幾次之後，終於被人發現了。

修大渠消耗秦國國力方面：他被任命爲修渠總指揮，爲了能儘可能消耗秦國的銀子，他將這條大渠設計得又寬又長，幾乎相當於一個馬里亞納海溝，而且還在很多部位設計用黃金修建。預算出來之後是秦國國庫裏面所有銀子的好幾倍還不止。因爲他心太黑了，這一下也被人發現了。

鄭國被砍了頭之後，就有大臣對秦王說：「所有從別國來的人全都是間諜，他們想著的都是自己的國家，應該立刻驅逐他們。」

秦王也被那個鄭國嚇壞了，同意了這名大臣的意見，宣佈將所有非秦國國籍的人趕出秦國。李斯是楚國人，也在被趕之列。

李斯立刻上書，分析了逐客令的不當之處及嚴重後果，這就是史上有名的古文《諫逐客書》。這篇文字言辭優美，說理透徹，成爲千古流傳的議論文典範。秦王被李斯說服了，廢除了逐客令，並提升了李斯的官職。在李斯的幫助下，二十多年之後秦王終於統一了天下，是爲秦始皇。李斯被封爲丞相，國家的法律、政策等大多是李斯撰寫的。後來的李斯勢力非常大，他的兒子娶的都是公主，不管多沒能力的；他的女兒嫁的都是皇子，不管多醜的。他兒子三川郡守李由請假回咸陽，李斯在家中設宴，所有的官員都前來祝賀，李斯家的門口車水馬龍。李斯看著這樣的情景感慨道：「我的老師荀子曾經說過『凡事不能太過分』。現在我權力這麼大，奉承我的人又這麼多。將來我會不會沒有好結果啊……」

李斯這個烏鴉嘴果然說中了，他後來的下場是非常悲慘的……

我畫的是蘋果

秦始皇三十七年十月，他出遊到會稽山，沿海而上，往北到達琅琊山。

秦始皇：「怎麼都是山，能不能不是山啊？」

韓冬：「你走的就是有山的地方啊，我也沒辦法。」

卻說他這次出遊帶了丞相李斯、中車府令趙高，趙高除了管車還兼管符璽令的事務，也就是說所有的車，所有的公章都被趙高管著（韓冬這個沒文化的以為中車府就是管車的）。秦始皇有兒子二十多個，大兒子扶蘇非常能幹卻喜歡頂撞秦始皇，始皇一怒之下把他發配去和大將蒙恬一起守邊關去了。小兒子胡亥臉上有兩個小酒窩，長相非常可人，秦始皇很喜歡他，因此出發前胡亥請求一起出去玩，秦始皇立刻就答應了他，其餘的兒子都被留在家裏面看家。

秦始皇坐上皇帝的位子之後，就一直在探求長生不老之方，近年來吃了不少的藥丸。那些被秦始皇高薪請來的術士們怕煉不出丹藥來秦始皇會怪罪，於是就胡煉一氣，有的煉製出烏雞白鳳丸，有的煉製出威而剛，還有的煉製出含笑半步癲，所有這些藥都被秦始皇一股腦兒給吃了下去。他的身體已是每況愈下，加上這一路車子顛簸得厲害，到了沙丘這個地方的時候，秦始皇已經知道自己快要掛了。他本想親自寫信給大兒子扶蘇，奈何連提筆的力氣都沒有了，於是讓趙高給扶蘇寫了一封信：「將兵權交給蒙恬，你回來咸陽參加我的葬禮，然後安葬我。」這封信的意思就是要讓蒙恬接他的位子了。趙高將寫好的信交給秦始皇看。

秦始皇：「這些字怎麼跳來跳去的？」

趙高：「皇上，不是字在跳，是您的眼睛花了吧！」

秦始皇：「哦，那把信封起來……來來來來來來……」

趙高：「什麼來來來來來啊皇上？」

秦始皇卻再不回答，趙高湊近一看，秦始皇已經去世了。秦始皇的去世以及他臨死前留下的那句話只有趙高、李斯、胡亥和秦始皇貼身的幾個侍衛們知道。李斯心想如果現在宣佈秦始皇的死訊，都城一定會出現爭奪皇位的紛爭，於是下令封鎖了秦始皇的死訊，大家還是一如既往的每天對著秦始皇的車子朝見、請示，一日三餐也會送到車上去。

車中的秦始皇被送進來的飯菜所圍繞，眼見那些飯菜各自壞掉，靈魂非常不安：「現在到處都在號召節約，這幫傢伙卻這樣浪費。不行，得托夢去教育教育他們！」

趙高是個奸佞的小人，他之所以能坐到今天的位子全靠讒言和獻媚，正直的扶蘇非常討厭他。趙高也知道如果讓扶蘇坐上皇帝的位子的話自己肯定沒有好日子過，於是他決定篡改秦始皇的遺言立胡亥爲皇帝，首先需要做通的就是胡亥的工作。

趙高：「皇上臨死前說的話你也聽到了吧，有什麼感想？」

胡亥：「你是說來來來來來那句麼？感想就是父皇那個時候已經說不出話來了，唉！我做兒子的不孝，沒能留住他。」

趙高：「……我說的是那句讓扶蘇回來安葬他的，他擺明了是要把皇上的位子交給扶蘇！」

胡亥：「應該的啊。扶蘇是大兒子，接替皇位天公地道。」

趙高：「你怎麼這麼沒腦子，自己當皇帝當然比別人當皇帝使喚你要強多啦！你願意當皇帝麼？」

胡亥：「哇，這跟謀權篡位有什麼區別，你竟然讓我做這麼沒有道德的事情。」

趙高：「你也是先皇的兒子啊，扶蘇當還是你當沒什麼區別的……」

胡亥：「扶蘇那麼有能力，而我只知道玩。皇帝當然他當了！」

趙高實在忍不住了，衝上去便對胡亥開始拳腳相加，邊打邊說：「現在是讓你去當皇帝，又不是讓你去死。你當不當……當不當……？」

胡亥最害怕疼了，於是答應了趙高繼承王位。胡亥雖然在威逼之下答應了，可是此事如果沒有李斯的支持依然不可能做到。趙高又去找李斯。

趙高：「李丞相又在畫屁股玩啊？」

李斯：「……我畫的是蘋果。這麼深的深夜，你找我什麼事？」

趙高：「現在外人都不知道皇上去世了，他臨死前寫給扶蘇的信也在我手上。現在誰當皇帝全憑你我一句話了。我想讓胡亥當皇帝，你有意見沒？」

李斯聽了趙高的話，毛筆一扔衝上來指著趙高的鼻子罵道：「你這個亂臣賊子，怎麼可以說出這樣的話來，你這是私改聖旨。」

趙高：「你有沒有蒙恬帥？」

李斯：「……沒有，幹嘛忽然問這個？」

趙高：「那你有沒有蒙恬能打？」

李斯：「沒有！」

趙高：「你和蒙恬比誰的功勞大，誰和扶蘇得關係好？」

李斯：「我都比他不上。你到底想說什麼？」

趙高：「這就對了，將來如果扶蘇當上皇帝，肯定重用蒙恬，那裏還有你的位子？恐怕你要繼續做廁所裏面的老鼠了！」

李斯陷入了沈思，趙高又是一陣天花亂墜的蠱惑，李斯終於長歎一聲答應了趙高。

他們假借秦始皇的名義，立胡亥爲太子。然後寫了一封信給扶蘇和蒙恬，說他們大逆不道意欲謀反，讓他們自殺。

蒙恬：「這封信好像不是皇上寫的，字寫得這麼瀟灑！」

扶蘇：「父皇經常讓李斯代筆的，好了自殺吧，我選擇用劍自殺，你呢，蒙將軍，上吊還是跳河？」

蒙恬：「沒道理啊，皇上派我們來守邊關，他應該知道邊關的重要性，怎麼可能讓我們自殺呢？」

蒙恬自言自語完的時候，扶蘇早已經自殺了。蒙恬卻非要見秦始皇問問清楚，趙高派去的那幾個人將蒙恬直接做了。派去的人回報了扶蘇和蒙恬的死訊，李斯和趙高欣喜非常，立刻回到咸陽城發佈了秦始皇去世的消息，而後將胡亥推上了皇帝的位子，是爲秦二世。

胡亥本就對自己非常沒自信，繼位之後總怕有人不服他搶了自己的位子。在趙高的慫恿下，他殺了所有的兄弟姐妹，並且制定了嚴酷的法令，所有對他頗有微辭的大臣全都被誅殺了。當上皇帝之後他也學別人過起了荒淫無道的生活，修建大大的房子，裝修得豪華無比，賦稅之沈重已是超過了人民所能承受的極限，於是爆發了陳勝、吳廣起義。陳勝、吳廣一起，農民起義立刻席捲全國。李斯見情況危急經常向秦二世進諫。秦二世根本不聽，反倒怪李斯的兒子李由轄區內起義軍非常囂張。李斯從此之後開始順應胡亥而討好他。

趙高：「斯，皇上現在的情況很讓人擔心。農民起義這麼風起雲湧，而他只知道享樂。我勸他他不聽，你去勸他吧！」

李斯：「我想勸他由來已久了，只是見不到他的人。」

趙高：「放心吧，往後每當他閑下來心情好的時候我立刻派人通知你，到時候你就直接衝進宮去進諫！」

李斯不知是趙高的毒計，滿口答應了他。從此之後趙高經常派人來通知李斯，每次挑的時間都是秦二世玩得最開心的時候。這樣一搞就是好多次，終於胡亥受不了了，大罵李斯一頓。

李斯：「趙高，不對啊，怎麼每次我去進諫的時候都是皇上玩得最開心的時候，有一次我還直接在床上抓住了他和皇后。你是不是晃點我的？」

趙高：「怎麼會，我和你關係這麼好！每次派人去通知你的時候都是皇上閒下來的時候，可能是你在路上跑得太慢了。」

趙高見胡亥厭煩了李斯，就乘機對他說李斯的兒子和起義軍有不可告人的關係，欲要置李斯於死地。胡亥便派人去審查李斯的兒子李由。

李斯見狀才知道他被趙高騙了，於是反守爲攻，跟胡亥說趙高有謀反之意。

胡亥：「趙高，李斯說你有謀反之意，是不是真的？」

李斯：「……」

趙高：「他知道我是您最後一個保鏢，想搞定我之後謀反，皇上明察！」

胡亥聽信了趙高，便下令將李斯和李由抓了起來扔進了監獄。

罪。

趙高審問李斯謀反的事情，李斯當然說沒有了，趙高便對他施以酷刑，李斯最終承受不了痛苦而認罪。

過幾天再審的時候李斯又不認罪，於是趙高再打他，李斯又認罪。就這樣反覆反覆再反覆。到後來李斯一不認罪，趙高就用各種酷刑折磨他。胡亥派人來監審的時候李斯仍舊以爲不認罪就要被打，於是非常流利的說他和他兒子有謀反之意。李斯被判腰斬。

在去往刑場的路上，他回頭跟走在後面的兒子說：「我依舊想和你再牽著黃狗，一同去上蔡東門外追逐狡兔，可是已沒有這個可能了。」父子倆抱頭痛哭後被殺。

淮陰侯列傳

蕭何夜奔

韓信，淮陰人，家境貧寒，年輕的時候以吃白食而聞名遐邇。因爲他經常在腰裏別著一把破劍在街上遊蕩而不幹正事，偶爾還會偷人家的母雞和白菜，所以爲人們所厭惡，沒有人舉薦他去當公務員。有好心人見他可憐，長相看上去還算聰明伶俐，就給了他些銀子讓他當作本錢去做生意，豈料韓信拿了這些銀子去買了很多燒雞吃得精光。從此之後再也沒有人幫韓信了，他也正式開始了自己的白食生涯。天下白食的人何其多，然而像韓信這樣慘無人道的白食者卻是少之又少——他只盯著一個亭長家，一吃就是幾月。平日裏也不幫人家幹活，連倒在地上的油瓶都懶得扶一下，但對開飯時間卻算得很準。時日久了，老實的亭

長也受不了了，便跟他老婆一起商量應對之策。

亭長：「韓信這小子好像不見要走的跡象……」

亭長老婆：「依我看，不如我們乘他睡著的時候往他房間裏面吹上迷藥，然後拿殺豬刀進去宰了他，再然後用剁骨頭的刀將他切成幾塊放在地窖裏面，這些肉再加上他的心肝脾肺至少可以餵一個月的狗，而他的腎呢，就用來給你煲湯補腎！」

亭長的老婆邊說手中還邊比劃著，臉上的表情非常猙獰。她回過頭來的時候床上已經不見了亭長。

亭長老婆：「老公，你幹嘛躲到那麼遠的床腳去，還抱著被子瑟瑟發抖？」

亭長：「……沒事，沒事，我只是感覺今天的你有點嚇人，看來往後我得對你好點了。其實我們希望的只是韓信不再吃我們家的飯而已，跟他也沒有什麼深仇大恨，不用這麼殘忍吧！」

亭長老婆：「只是讓他吃不到咱家的飯？這個簡單！」

半夜，亭長正在沈睡中的時候，忽然聞到了濃濃的煙伴著肉烤焦的味道，夢中他夢到自己的頭髮著火了。被驚醒後他在床上邊跳邊喊：「糟啦，糟啦，我的頭著火了，快救火啊！」

亭長老婆跑上來拉住他說：「別叫得這麼大聲，今天我們吃烤豬頭！」

亭長這才發現鍋竈都被他老婆搬到了臥室裏面，熊熊的爐火上烤著一個香噴噴的豬頭。天亮之前他們一家人就在臥室裏面吃完了飯。韓信醒來的時候自然沒飯吃了。

韓信：「不吃早點對身體危害很大的。」

亭長：「是嗎？」

韓信：「難道你們不餓麼？」

亭長：「我也覺得奇怪，爲什麼今天忽然不覺得餓了。老婆你覺不覺得餓？」

亭長老婆：「不餓啊，可能是消化系統出問題了，現在不但不餓，一想到飯都要吐……不行了，我要吐了！」

韓信：「……」

這時亭長的兒子拿著一個豬耳朵跑了過來。

亭長兒子：「父親，這個豬耳朵太大了，我吃不下。早晨吃太多豬舌頭了……啊，韓信叔叔在這裏啊，我……我只是路過的，我什麼都沒說過。」

韓信：「啊……烤大象耳朵？」

亭長兒子舉著那個烤豬耳就跑了。韓信已然明白是怎麼回事了，他氣憤地離開了亭長家。

爲了能生存下去，他去城外的河邊捕魚。剛開始用釣的，可是釣了一早上也沒能釣半條魚上來；後來他偷來一個網子用網的，淒涼的是網上來的都是破草鞋爛罐子，還有裏面裝著妖怪的瓶子，就是沒有一條魚；再後來他用自製的炸藥炸魚，餓昏了頭的他竟然將點火用的火摺子扔進了水中，已經點著的炸藥仍舊

拿在手上，好在因爲偷工減料，他自製的炸藥威力很小，只是燒焦了他的頭髮而已。在河邊洗紗的大娘實在看不過去了，就請韓信到自己家去吃飯，這一吃又是幾十天。韓信飯量太大了，吃的這個小康家庭不得不去投奔遠方的親戚。他們離開的那天，韓信說：「你們請我吃這麼多天的飯，將來我發達了一定會報答你們的。」

大娘：「我請你吃飯只是可憐你，難道是貪圖你的報答？再說了，等到你發達的時候，我恐怕早就已經掛了。好了，不多說了，你自己保重。」

沒有了吃白食的地方，韓信又開始在街上遊逛。正在他看著一個小孩手中的冰糖葫蘆流口水的時候，一個屠夫帶著幾個小青年擋在了他的面前。

屠夫：「你整天在腰裏別著一把劍，好像很能打的樣子。今天我們來比試比試？」

韓信：「我沒力氣，不跟你打！」

屠夫：「如果不跟我打，就從我胯下鑽過去，不然今天你別想離開。」

韓信：「別玩了吧老大，我要去找飯吃，很忙的。」

屠夫從腰間拿出一個豬腿說：「如果你從我胯下鑽過去，這個豬腿就送給你。否則，今天你別想離開這裏。」

韓信看了看屠夫，又看了看他手中的豬腿，便俯下身來從他胯下鑽了過去。滿街的人都笑韓信沒有膽量，不是男人。

胯下之辱

【解釋】從胯下爬過去的侮辱，形容極大的恥辱。建議爬到中間的時候忽然向上猛地一頂。

【原文】淮陰屠中少年有侮信者，曰：「若雖長大，好帶刀劍，中情怯耳。」衆辱之曰：「信能死，刺我；不能死，出我胯下。」於是信孰視之，俛出胯下，蒲伏。一市人皆笑信，以為怯。

（《史記‧卷九十二‧淮陰侯列傳第三十二》）

韓信用那個豬腿當作乾糧，拿著劍走著去投奔了項梁，項梁兵敗之後又跟著項羽。他多次爲項羽出謀劃策，項羽都不待見他。後來他投奔了劉邦，跟蕭何長談了幾次之後，蕭何徹底的愛上了他，並覺得他是天下難得的奇才。蕭何多次向劉邦推薦韓信，劉邦都不理睬。秦滅亡後，劉邦被封爲漢王，因爲即將要去的地方非常荒涼，很多人就逃跑了，其中就有韓信。蕭何聽說後連外套都沒有來得及穿就跨上馬去追韓信。劉邦安排在蕭何身邊的臥底立刻前來稟告劉邦。

臥底：「稟告漢王，蕭何騎著馬跑了。」

劉邦：「啊？你爲什麼不攔住他。」

臥底：「他忽然從床上跳下來，跑出門，上馬，狂奔。這一系列動作做得乾淨俐落，我根本就追他不上。」

蕭何是和劉邦一起從沛縣出來的，是劉邦的左右臂，他的離開讓劉邦非常憤怒。不想，一天多之後他又回來了，劉邦又怒又喜。

劉邦：「蕭何，你這個死鬼，你爲什麼要逃跑，爲什麼？」

蕭何：「我沒有逃跑啊，我只是去追韓信了！」

劉邦：「追韓信？別騙我了。跑了那麼多將士，那個誰誰曾經帶兵打了很多勝仗，你怎麼不去追？還有那個誰誰誰，能徒手打敗一頭老虎，你怎麼不去追？還有那個誰誰誰，一頓飯吃五斗米，你怎麼不去追？卻偏偏去追一個沒什麼用處的韓信？」

蕭何：「同韓信比起來你剛剛舉的這些人都是微不足道的。如果你想奪得天下就必須要重用他。」

劉邦：「看在你穿著睡衣跑了那麼遠將他追回來的份上，我就任命他爲將軍吧！」

蕭何：「至少也得是大將，而且必須要舉行盛大的儀式來任命他。」

劉邦：「……蕭何，我開始懷疑你是不是看他比較帥，身材又不錯才這樣搞的？」

蕭何：「隨你怎麼想。下次他再逃跑的話我還是會去追的，至於能不能追回來，我能不能找到回來的路，那就不一定了……」

劉邦只得宣佈任命韓信爲大將軍。儀式結束之後他和韓信進行了長談，也被韓信的才華打動了，大有相見恨晚之感。

車載馬桶

成爲大將軍的韓信，爲劉邦制定了奪取天下的戰略部署。不久之後，他帶領著兵馬暗渡陳倉，揭開了楚漢爭霸的序幕。後來他帶著幾千兵馬——對外宣稱幾萬兵馬——去攻打趙國。趙王和成安君陳餘聽說後派了二十萬大軍駐紮在井陘口嚴陣以待韓信的到來。

廣成君李左車勸說陳餘道：「韓信率領的部隊是一路打勝仗打過來的，士氣很高，銳不可擋。現在來井陘口的路又窄又難走，他們的兵馬不能迅速前進，即便迅速前進了也只能是騎著馬的人迅速前進，後面的步行軍和糧草車都沒辦法跟上。我希望你能給我幾千人馬讓我去斷了他們的糧草，讓他們在荒郊野外餓上幾十天，到時候你就等著收韓信等人的人頭吧，哈哈哈，我這個建議是不是很好呢？」

陳餘：「卑鄙，下流！打仗怎麼能這麼陰險呢？況且現在我們人馬這麼多，難道還怕打不過他們不成？韓冬的另一本書《Q版孫子兵法》上都已經說了十倍於敵人的兵力就要包圍他，一倍於敵人的兵力就

要衝上去和他們拚命。現在我們人馬這麼多，當然是應該和他們打硬仗了。這樣才能聞名於天下嘛！」

李左車的建議沒有被陳餘採納，氣憤地離開了陳餘的營帳，跟他一起出去的還有他的一個侍衛。那個侍衛等李左車走遠之後，騎上一匹馬就衝了出去。

守衛：「喂，你出去幹嘛？」

侍衛：「我是去買菜的。」

守衛：「哦，買菜啊……買菜？不是炊事班的工作麼？」

等他反應過來的時候那名侍衛早已跑遠了，想追已是追不上了，報告還會被批評，於是他就乾脆當什麼事都沒發生過，一樣繼續守在門口。

剛剛騎著馬說去買菜的那名侍衛，正是韓信安插在趙軍營中的間諜。他向韓信報告了陳餘和李左車的對話之後，韓信開心的笑了許久許久。

於是韓信帶領著部隊大膽的往前走，走到離井陘口不到三十里的地方駐紮了下來。半夜的時候他挑選了兩千名身輕如燕而又不是色盲的士兵，一人發給了他們一面紅旗，並命令他們扛著紅旗順著小路一路小跑到離敵人駐地不遠的地方埋伏在草叢之中。埋伏是一件很苦的事情，你必須要一動不動的待在某處，還得要保持清醒，這本身就是互相矛盾的兩件事情——一動不動的待著就要犯睏，要想保持清醒就必須要動彈。好在埋伏的地方通常不是樹林就是草叢，裏面都有很多蚊子、老鼠、蛇啊什麼的，牠們通常都會令人保持清醒，這是好的一方面，不好的一方面就是，即便被牠們咬了，也不能衝上去打。士兵們埋伏的無聊就悄悄地聊起了天來。

士兵甲：「你說讓我們一人扛著一杆旗子幹嘛？又不能吃又不能玩，也不能當武器，而且還容易暴露目標……」

士兵乙：「該不會是用我們來吸引敵人射箭，然後別的部隊從另一側進攻吧？那樣的話我們豈不是死定了?!」

士兵甲：「很有可能哦……」

士兵丙：「有可能你個頭，韓將軍那麼愛護士兵，怎麼可能讓我們白白送死，在我看來我們扛旗子的人擔負的肯定是一項非常重要的任務，我們應該感到光榮和自豪才對！」

士兵甲：「什麼任務？」

士兵丙：「……我也不知道！」

士兵乙：「靠，那你在那邊瞎光榮瞎自豪什麼！」

不一會兒命令就下來了，他們要做的就是等趙軍出發去追擊漢軍主力部隊的時候，他們衝進趙營拔了所有趙營的旗子，將他們扛過來的旗子換上，隨命令一起傳到他們手中的還有兩塊燒餅——這是他們的早點。

另一邊，大營之中其餘的將士們也都得到了兩塊燒餅。

韓信：「等打敗了趙軍，我們再大口吃肉大碗喝酒！」

衆將士嘻笑著說：「好耶好耶……」

韓信：「你們的『好耶好耶』能不能說得真誠一點？」

衆將士大笑中，他們都不相信就憑這點部隊能打敗趙軍那麼多的人馬，況且還有兩千人扛著旗子非常開心的不知道跑什麼地方去了。

第二天天一亮，韓信就派了先頭部隊跑到河邊背對著河水擺開了陣勢，他還命令所有的士兵不必緊張的舉著武器，可以互相之間聊聊天聯絡聯絡感情，在河水裏面洗洗衣服，擡頭看著天研究太陽和月亮的運行情況，脫了上衣展現自己的胸大肌……背著江河擺陣已經是兵家大忌了——因爲你有可能會不小心掉進水裏面去，還有可能打敗仗而沒地方躲。更何況擺陣的那些將士們有的在洗衣服，有的在聊天，還有的傻乎乎的望著天上。

趙軍見此情形紛紛大笑起來。韓信帶著部隊去進攻趙營，激戰片刻之後就丟盔棄甲逃跑了，一路跑到了在河邊擺陣的將士中間，趙軍隨後跟了過來。這個時候聊天的已經停下來了，洗衣服的也穿好了衣服，擡頭望天的也拿起了武器，雙方展開了激烈的混戰。因爲背水而戰，逃無可逃，所有的將士都浴血殺敵。趙軍漸漸地撐不住了。

背水一戰

【解釋】比喻決一死戰。背著水打仗，會游泳的人和隨身攜帶救生圈的人尚有退路，否則只有拚死一戰。

【原文】諸將皆莫信，詳應曰：「諾。」謂軍吏曰：「趙已先據便地為壁，且彼未見吾大將旗鼓，未肯擊前行，恐吾至阻險而還。」信乃使萬人先行，出，背水陳。

（《史記・卷九十二・淮陰侯列傳第三十二》）

再說埋伏在草叢中扛著旗子的那撥人，他們見趙軍傾巢而出後，立刻從草叢裏面鑽出來抖落身上的蝨和追老鼠追進他們褲襠裏面的蛇，扛著旗子往趙營奔去。趙營裏面留下的不是文藝兵就是夥頭軍，他們三七二十一就搞定了，接著拔掉了趙軍的旗子，換上了漢軍的大旗。撐不住的趙軍想要退回營部的時候就發現他們的營地上面插著的都是漢軍的旗子，而且迎風飄舞的非常歡快。

趙兵甲：「怎麼都變成了漢軍的旗子？難道是我忽然色盲了？兄弟你看看是不是？」

趙兵乙：「真的全都是漢軍的旗子……看來咱們的主帥已經被抓了！」

趙軍頓時大亂，所有的兵士丟了武器只知道逃命。漢軍前後夾擊將趙軍打得大敗，而且俘虜了前來觀摩的趙王。

置之死地而後生

【解釋】先讓自己絕望，才能過得更好。後比喻事先斷絕退路，就能下決心，取得成功。

【原文】兵法不曰「陷之死地而後生，置之亡地而後存」？

（《史記・卷九十二・淮陰侯列傳第三十二》）

在韓信的不懈努力下，在蕭何、張良等諸多強人的輔佐下，最終劉邦打敗了項羽建立了漢朝。因爲韓信是第一大功臣，他被封爲楚王。韓信的勢力愈來愈大，而且因爲功勞大所以顯得非常狂妄，這讓劉邦很不舒服。恰好韓信又收留了劉邦非常痛恨的項羽那邊的逃亡將領鍾離昧，劉邦就覺得韓信很有可能要造反。陳平給劉邦出了一個計謀，讓他假裝去韓信封地旅遊，當韓信前來朝見的時候就被十幾個壯漢捆了起來押回了都城。

劉邦：「有人告你謀反！」

韓信：「我沒有啊！」

劉邦：「你就別抵賴了，我們都已經掌握了確鑿的證據了。」

韓信：「你當我是沒有審過人啊，都是這麼說的，其實什麼都沒掌握。況且我真的根本就沒有謀反！」

劉邦終究因爲沒有韓信謀反的確鑿證據而不得不釋放了他，不過剝奪了他楚王的稱號，降他爲淮陰侯。

韓信心裏明白劉邦已經對他不滿了，能避開就儘量避開劉邦。上朝的時候他經常托說自己有病而不參加。一個人鬱悶久了，一個人待久了似乎都會有點神經錯亂，怨恨劉邦時日一久，韓信連樊噲和周勃等人也怨恨起來，而且從內心深處開始鄙視他們，覺得他們都是粗人都是武夫，根本沒法和自己相提並論。見了他們頭擡得很高，露出傲慢的鼻毛，還說：「沒想到，我韓信會和樊噲這樣的人一起工作。」這讓衆人非常不滿。

這天，韓信挺著胸仰著頭在街上散步被劉邦看到了。

劉邦：「淮陰侯……正好有個會要開呢，跟我一起走吧！」

韓信：「哎喲，不行了，忽然肚子疼，恐怕我去不了了……」

劉邦：「這麼巧？正好我有一輛車上剛剛裝了車載馬桶，是用來專門來應付你這樣忽然肚子疼的人的。為了不讓車的顛簸影響了馬桶上的人出恭，設計人員還專門設計了防護措施，就是將上面的人牢牢捆在馬桶之上，不過捆人的這個鎖經常一鎖起來就打不開，前兩天就因為打不開鎖有人帶著馬桶一起上朝……」

韓信：「奇怪……忽然又不疼了！」

韓信只得跟隨劉邦去參加無聊的會議。會議完畢後劉邦和眾人閒聊。

劉邦：「曾經最能打的淮陰侯韓信，你說一個將領最多可以帶領多少兵馬？」

韓信：「這個因人而異沒有定數的，不同的人所能領導的兵馬是不同的。」

劉邦：「那你說我能率領多少兵馬？」

韓信：「最多十萬。」

劉邦：「那你呢？」

韓信：「愈多愈好，再多的兵馬我也能帶得動。」

劉邦：「……」

因為韓信當著眾大臣的面說劉邦不如他，劉邦更加懷疑他居心不良了。

韓信將兵，多多益善

【解釋】比喻愈多愈好。兵就像銀子和女人一樣，愈多愈好，再多也不嫌少。

【原文】上問曰：「如我能將幾何？」信曰：「陛下不過能將十萬。」上曰：「於君何如？」曰：「臣多多而益善耳。」上笑曰：「多多益善，何為為我禽？」信曰：「陛下不能將兵，而善將將，此乃言之所以為陛下禽也。且陛下所謂天授，非人力也。」

（《史記・卷九十二・淮陰侯列傳第三十二》）

鉅鹿郡太守陳豨回都城來彙報工作的時候前去拜訪韓信。

韓信：「鉅鹿郡是軍事重地，你在那邊做太守擔子很重吧！」

陳豨：「是啊，非常辛苦。苦得我鬍子都白了……」

韓信：「不如我們一起造反吧，我在京城裏面遙相呼應你。」

陳豨一回鉅鹿郡就宣佈謀反了。

韓信：「……這傢夥可真是猛啊！謀反這樣的事情都要宣佈一下。」

雖然韓信當初也只是那麼一說，可現在已是騎虎難下了。劉邦前去討伐陳豨的時候他就稱病沒有跟著去，而是留在都城裏面支持陳豨。此時此刻的韓信手下已無兵馬了，他組織起來的軍隊都是由牢房裏面的犯人組成的，他準備用這支軍隊去偷襲呂后和太子，現在就專等陳豨那邊的消息了。軍隊裏面的一個飛賊趁韓信不注意飛跑了，他去向呂后稟告了韓信要謀反的事情，呂后慌忙找來丞相蕭何商議。蕭何去對韓信說劉邦帶著兵馬戰勝了陳豨並且帶著陳豨的人頭回來了，讓他去參加酒宴。對於蕭何的話韓信是非常相信的，當初要不是蕭何穿著內衣半夜騎馬追他也就不會有今日的韓信了。他於是跟著蕭何去了宮中，一進門就被呂后的人抓住了，不僅他被殺了，還滅了他三族。

透視眼的苦惱

扁鵲，渤海郡鄭人。他原名叫秦越人。年輕的他曾經做過一家旅店的主管。在這個時候他就很喜歡盯著別人的臉看，根據臉色判斷這人的身體狀況，客人經常會被他看得不好意思而離去。扁鵲還會要求客人出示他（她）的手腕，扁鵲便會替他（她）把脈，比較難把的還會把很久，時常有少女在他手中大叫非禮。旅客登記的時候，他詢問客人的內容也非常讓人想扁他。

客人：「盯著我看完了，也摸過我的手腕了，現在我可以住店了吧！」

扁鵲：「還要登記一下。姓名、性別、年齡、職業、舌頭顏色、體溫、排泄正不正常，全部都要告訴

我……」

扁鵲再擡起頭來的時候客人已經不見了。就因爲扁鵲的存在搞得這家旅店瀕臨倒閉，要不是因爲扁鵲是旅店主人的親戚，他早就被解雇了。

卻說這天來了一個名叫長桑君的顧客，扁鵲看他臉色的時候便被鎮住了，這個長桑君雖然長相一般，可是一般的長相裏面透著一股子不一般，這種不一般只可意會不可言傳。而長桑君此刻也正盯著扁鵲看，從扁鵲的臉上他也看出了扁鵲在他臉上看出的那種不一般。從那以後這個長桑君便經常來店裏住宿，經常找扁鵲聊天，一聊之下知道了扁鵲才智過人，對醫藥非常感興趣而且喜歡問爲什麼，這讓他非常喜歡。一天夜晚，他將扁鵲叫到了他的房間。

長桑君：「秦越人，我是個醫生，而且有祖傳秘方，現在年紀大了，看你人還不錯又肯鑽研，決定把這個秘方贈送給你，你千萬不可外傳。」

扁鵲：「收到！」

長桑君說著將手伸進懷裏，摸了半天終於摸出來了一包藥。

長桑君：「這包藥的服用方法與普通的藥不同……」

扁鵲：「我明白，我也曾在書上看到過需要用童子尿沖服的藥材。」

長桑君：「……我的這包是神藥，要用聖潔的露水沖服。喝上三十天之後你就會了解它的效果了。」

長桑君說完就不見了，扁鵲在床底下、門背後、抽屜裏以及針線盒中尋了個遍都沒有找到長桑君。

扁鵲：「莫非……他是個神仙？」

忽然樓下傳來一聲極其慘烈的喊叫，扁鵲從樓上衝將下去，卻見帳房先生捧著幾塊石頭依舊在大叫之中。

扁鵲：「抱不動石頭也不用叫得這麼慘吧。對了，你抱這麼多石頭幹嘛？」

帳房先生：「那個……那個長桑君付給我們的銀子全都變成了石頭啦……」

扁鵲大笑道：「哈哈哈，看來他果然是個神仙啊。」

銀子變成石頭他卻還大笑，他的親戚實在受不了他了，於是將他解雇了。

扁鵲每天早上都去樹林子裏面採集露珠，一片葉子上就小小的一滴，採集露水是件非常辛苦的事情。偏偏長桑君給扁鵲的藥丸又特別大，一丸頂五丸，露水少了就會被噎住而上下不得。每日為了採集足夠的露水就要花扁鵲大半天的時間。好在扁鵲有耐心，三十天終於過去了，最後一丸藥吞下之後扁鵲忽然感覺眼前黑了。

扁鵲：「不是吧，被人騙了？」

他使勁地揉了幾揉自己的眼睛，再睜開的時候發現自己竟然可以看穿牆壁而看到牆那邊的東西，看人也不再是看到人的衣服和臉蛋，而是直接看到裏面的內臟及骨骼。扁鵲非常高興，誰的內臟有問題一看便

知。不過看內臟時間久了也會厭倦，搞得看美女都是一坨坨的心、肝、肺和一條條的大腸，非常地沒有美感。扁鵲試著切換了幾次視角，卻已回不到原來正常狀態了。看不到美女後的扁鵲變得清心寡欲，一心撲在醫學的研究上，不久之後終於成爲聞名天下的名醫。

扁鵲周遊列國，邊旅遊邊行醫。他經過虢國的時候正好虢國太子死了，虢國都城被悲哀的氣氛所籠罩。扁鵲跑到太子府門口問一位剛剛給太子看過病的醫生說：「太子得的是什麼病？」

醫生：「太子的病是因爲血氣不調，陰陽交錯而得不到排泄，邪氣愈聚愈多卻排不出去，最後全部灌進了腦袋而致死的。」

扁鵲：「哦……那就是腦袋進水了。死了多久了？」

醫生：「早晨雞叫的時候死的。」

扁鵲：「你們這兒的雞叫得準不準時？會不會有過早起床的雞？」

醫生：「不會過早，只會睡懶覺而過晚。」

扁鵲：「太子有沒有被裝進棺材？」

醫生：「死了還沒到半天，所以還在外頭躺著呢！」

扁鵲：「耶！你進去報告國君，就說我可以將太子救活。」

醫生打量了扁鵲半天，見他也就是個普通人的樣子，除了面色白裏透點紅之外。根本就不相信他可以將死人治活。他也不直說，開始對扁鵲拽他的醫學知識：「我聽說古代有個神醫。給人看病根本就不用望、聞、問、切，只需要用眼睛一看就知道是什麼部分出了問題。看出來問題之後也不開藥，不按摩，不針灸。而是直接拿出來治療。如果是胃穿孔，就把肚子割開將病人的胃拿出來，用針線一縫然後塞進去；如果是肝硬化，就取出肝臟來往肝裏面注點水稀釋一下，再縫進肚子裏面去；如果是肺炎，就把肺挖出來，放在鹽水裏面洗洗，消消毒然後填進去，至於骨頭斷了，直接割開皮肉，用在骨頭斷面抹上他特製的膠水，很快就痊癒了。如果你有這樣高超的技藝你救活太子才有可能，如果你連這個水平都達不到的話趕快離開吧，別想著吃白食了！」

扁鵲：「你講的那些都只是小兒科。那個神醫給人看病還要看到病人本身，而我卻不用，即便病人在火星，只要知道他的病情我也照樣可以開藥治好他。你進去看看你們太子現在耳朵裏面有響聲，鼻孔也張大了，再摸摸他的兩腿到下體，都還熱乎乎的呢！」

醫生聽扁鵲說得頭頭是道，忙進去查看，果然正如扁鵲所言。他忙去報告國君說有個齊國的名叫扁鵲的神醫可以救活太子。

虢國國君親自出來迎接扁鵲。扁鵲進去後用一根石頭磨成的針直插太子頭頂。針一拔就見一條水柱噴射而出（小朋友們請勿模仿）。太子慢慢地睜開了眼睛。

太子：「啊……我又活了？剛剛牛頭馬面他們死活要拉著我去下館子，牛頭說要請我吃馬臉肉，馬面說要請我吃牛頭肉……」

扁鵲又烤了兩帖膏藥，貼在太子的腋下，給他開了一些湯藥。二十多天後太子痊癒了。扁鵲治好死人的事跡廣爲流傳，一時間天下人沒有不知道神醫扁鵲的。

扁鵲來到齊國的時候齊桓公非常尊敬他，把他當做貴賓接待。扁鵲一見他的面就說：「您有病，病在皮膚和肌肉之間，如果不治療會加重的。」

齊桓公：「我沒病。全身又都沒有不舒服的感覺，怎麼可能有病呢？」

扁鵲一言不發的退了出去。齊桓公對衆大臣說：「但凡是醫生都有這個毛病，本來沒病說是有病，本來小病，說是大病。以此來騙取錢財，顯示自己的能耐。」

幾天之後扁鵲又看到齊桓公，他直接看穿了皮膚看到了齊桓公的血管，裏面很多脂肪像冰山一樣飄來飄去。

扁鵲：「你的病已經深入血脈了，再不治就會加重。」

齊桓公：「……你能不能不要一見面就說我有病？說點好聽的行不行？」

扁鵲：「你有病，而且愈來愈重了！」

齊桓公：「……你走吧！」

後來齊桓公的病深入腸胃的時候扁鵲同樣勸了他，齊桓公這次真的生氣了，他「哼」了一聲就跑了。

扁鵲最後一次看到齊桓公的時候，扭頭就走了。

大臣：「爲什麼你見了國君扭頭就走呢？是不是因爲他今天沒有洗臉的緣故？」

扁鵲：「他已經無藥可救了，病在肌膚之間的時候我可以切開他的皮膚給他沖洗；病在血脈裏頭的時候，可以割開他的血管給他換新的血；病在腸胃的時候，可以挖出腸胃用石灰水洗洗。現在他的病已經深入骨髓，無藥可救了。」

幾天之後齊桓公果然病重，這才相信了扁鵲所言，忙派人去尋找扁鵲，卻不料扁鵲已經離開齊國了。

病入骨髓

【解釋】白血病或者血癌的境界，指人的病或者事態的發展已經到了不能挽回的地步，等死是唯一的出路。

【原文】其在骨髓，雖司命無奈之何。今在骨髓，臣是以無請也。（《史記・卷一百五・扁鵲倉公列傳第四十五》）

此後的扁鵲在邯鄲做過「婦科聖手」；在洛陽當過「老人們的福音」；在咸陽當過「小朋友的天使」。全國各地都留下了他忙碌的身影和治病救人的美名。秦國醫生李醯因爲醫術不如扁鵲，非常嫉妒他，便找人殺了扁鵲。嫉妒是何等罪惡的一種情感，竟讓人做出這樣狠毒的事情！

李將軍列傳

無敵風火輪

飛將軍李廣是隴西郡成紀縣人。自他先祖李信開始，世代擅長射箭。之所以李家會有高超箭術，除了從小刻苦練習外，與他們本身的條件也是分不開的，大部分的李家子弟胳膊都比常人的長，這使得他們端著箭時比起別人來要離目標更近，當然也就更容易射中。李廣的胳膊很長，他的一生是箭不離身的一生。

漢文帝時期匈奴仰仗自己馬術精湛，非常猖狂，屢次侵犯我邊境。李廣參軍去抵禦匈奴，因爲他箭術高超，殺敵無數，被封爲漢朝中郎。後來皇帝每次出行的時候都會帶上他，一方面可以保護自己，另一方面可以觀賞到李廣和獅子、老虎、恐龍等猛獸搏鬥的場景。因爲李廣講究箭無虛發，只有確定目標近到他可以射中的時候他才會放箭，有的時候還是難免要和身上插著非致命箭的猛獸肉搏。每當這個時候皇帝總是會看得很興奮。

漢文帝：「加油，咬他……咬他……」

太監：「皇上，你應該給李廣加油才對！」

漢文帝：「我是在給李廣加油啊。李廣，加油，咬他，咬他，李廣……」

每次李廣都能夠打贏猛獸，主因是那野獸身上本就插著箭，行動不便而且血還順著箭嘩嘩地往外流。

漢文帝：「可惜啊，可惜，可惜是你出生的時間不對，如果你出生在高祖那個年代，跟著他打天下的話，至少也應該是個萬戶侯。」

李廣難封

【解釋】能力太強而沒辦法封官加爵。意同「小廟供不下大菩薩」，有時也用來做諷刺或藉口之用。

【原文】嘗從行，有所旻陷折關及格猛獸，而文帝曰：「惜乎，子不遇時！如令子當高帝時，萬戶侯豈足道哉！」

（《史記・卷一百九・淮陰侯列傳第四十九》）

到景帝時期，李廣的官職已升至驍騎都尉了，他隨著周勃的兒子周亞夫一起平定了七國之亂。立下了赫赫戰功，很多人前來給他送匾額，送證章，送榮譽稱號。梁王也送給他一塊勳章，說是純金打造。因為景帝和梁王有仇，載譽而歸的李廣竟然沒有受到景帝的封賞。後來證明梁王給他的那個勳章竟然是銅做的。匈奴還是天天前來侵犯邊境，而且每次都是打完就跑，我方的精兵都是步兵，雖然跑得也很快，可是跟匈奴的駿馬比起來還是有點差距，常常會有我方士兵追匈奴追到吐血而亡的情況發生。景帝非常煩惱，召集了所有的大臣前來商議。

景帝：「得過全軍長跑第一名的士兵都累得吐血而亡了，匈奴卻毫髮無傷，這如何是好？」

大臣甲：「要不我們將靠近匈奴那塊地方的所有值錢的東西全部調包，金銀珠寶都換成塑膠的；豬牛羊等牲畜全都換成得了口蹄疫的；蘿蔔白菜都換成模型……這樣一來他們搶回去也沒用，說不定往後就不會來搶了！」

景帝：「這不等於把那塊地讓給人家了麼？現在要你們想的是怎麼對付匈奴，不是出這種神經錯亂的主意。」

大臣乙：「我有一種東西，相信能解決這個問題，有了這個東西之後，我們的士兵可以快步如梭而且一點都不會覺得累，別說是駿馬了，就是豹子也能追得上，那就是——風火輪！」

景帝：「這麼厲害？拿出來給我們看看。」

大臣乙：「我也沒有。我聽人說曾經在泰山上見過一個小孩踩著這樣的東西，不但外形美觀而且可以跑得飛快……」

景帝：「泰山是吧？那好啊，就派你去找這種東西，找不到的話你就不要回來了！」

大臣乙：「……我能不能收回我剛剛說過的話？」

景帝：「不能！快去吧，時間對於你來說很寶貴，好好珍惜吧！」

大臣乙哭著離開了大殿，回家後收拾了包袱和家人一一告別後就去泰山找風火輪了。大殿上的討論還在繼續。

大臣丙：「為什麼非要我們的士兵自己去追呢？我們可以用遠距離殺傷性武器，比如飛刀、彈弓、箭甚至是『殺人霸王』血滴子啊！我聽說李廣箭術高超，派他去應該沒什麼問題了。」

景帝同意了大臣丙的建議，派李廣去做邊境地方的太守，抵抗匈奴。

要命的就是景帝派了一個太監和李廣一起去，說是跟他學習軍事知識，實則是派去監視他。一天，這個太監帶著幾十個騎兵去兜風，遠遠的看到了三個步行的匈奴人。

太監：「竟然不騎馬就出來，讓你們也嘗嘗被馬追和追著馬跑的滋味。」

說著他就帶著人馬衝了上去，那三個匈奴見幾十個漢軍騎兵衝了過來，立刻就逃，邊逃邊回頭射箭，射箭的時候還會擺出各種各樣花哨的姿勢。一會兒的時間幾十名騎兵竟然差不多快要全軍覆沒了，那位太

監的大腿上也被查了一箭，他強忍著痛策馬逃回大營。李廣邊觀察他的傷勢邊聽他講述剛才的情況。

太監：「那三個人實在太厲害了，竟然能一箭射死兩個人……哎喲……」

李廣拔出了太監大腿上的箭仔細觀看：「他們三個一定是射雕英雄的傳人射雕俠侶，這箭也是特製的。」

太監已經疼得滿頭大汗了：「對啊，要不然我們幾十個人早就將他們三個人綁回來了……哎喲……」

李廣又撐開太監大腿上的傷口仔細觀看裏面肉和骨頭的顏色：「還好，箭上沒有毒。匈奴人就這點好，不會在箭上放毒。你剛剛說他們出現在什麼地方來著？……喂，喂……怎麼這樣就昏死過去了！」

李廣點了一百騎兵跟著他去追擊那三個匈奴兵。雖然他們跑得快，最終還是給李廣追上了。李廣下令將那三個匈奴兵團團圍住，然後拉弓射箭，剎那間就有兩個倒在地上，掛了。另一個被射中了大腿，士兵們一擁而上將之活捉。就在他們準備要收工的時候遠處來了很多匈奴兵馬，大致的估計也有數千人之多。李廣及部下都嚇了一跳，而那邊的匈奴也嚇了一跳，認為這是漢軍用來引誘他們進主力部隊包圍圈的先鋒，這是漢人的慣用伎倆。於是匈奴兵拉開架勢準備迎敵。

李廣的部下見來了這麼多匈奴騎兵，嚇得想扭頭就跑。李廣攔住了他們：「匈奴人這麼多，馬又快，現在逃跑會被他們射來的箭插成孔雀的，如果我們假裝不害怕，他們就會覺得其中有詐而不敢對我們怎麼樣！」

士兵：「如果他們不理我們這一套，衝上來就砍呢？」

李廣：「……那就死定了。不知道這堆匈奴兵的領班是不是有腦子的，但願他是！」

李廣下令部隊繼續前進，直走到離對方只有二里地的時候，他才命令部隊停下來。

李廣：「全體將士，下馬解鞍！」

士兵：「下馬解鞍？如果他們衝過來想跑都跑不掉了。」

李廣：「要是他們肯衝過來的話早就衝過來了。我們就要擺出不懼怕他們的樣子，他們就會覺得我們是前來引誘他們的先頭部隊而不會貿然出擊了！」

所有的人下馬解鞍後，李廣命令大家做出休閒的樣子，於是所有的將士在數千匈奴騎兵的眼前開始唱歌、摔跤、打撲克、跳健美操……

匈奴人果然以為這是主力部隊派來勾引他們的先頭部隊而不敢貿然進攻，就站在原地盯著這邊看。有一個匈奴將領覺得就這樣站著實在感覺太空虛了，就走出來開始清點他的部隊。李廣見狀立刻上馬，帶了十幾個人衝將過去，一箭射死了那個匈奴將領，然後又飛奔回來解下了馬鞍繼續唱歌。那個可憐的匈奴將領就這樣掛了，由此可見，空虛的時候最好不要亂動。雙方就這樣一直僵持著，天色漸漸暗了下來。匈奴兵不知道周圍到底有多少漢軍人馬，一直沒有敢衝上來打。到後來又怕會被漢軍突然襲擊，便在半夜的時候撤回去了。天亮以後，李廣帶著他的一百個弟兄安安全全的返回了大營。

火星人沒中箭

後來，漢朝想出了一個殲滅匈奴單于（單于和可汗都是少數民族對老大的稱呼）的計謀。他們在馬邑城裏面養滿了肥壯到路都走不動的牛羊，又堆了幾堆銀子，派了很多穿著泳裝的美女圍著銀子堆跳舞。城門大開，在城牆上掛了「歡迎單于前來攻打」的旗幟，然後埋伏了很多軍隊在馬邑城外的山谷之中，李廣當時也在場。單于帶著人馬來了，看了馬邑城的這種狀況沈思了片刻扭頭就走了，這裏面的陰謀被他給識破了，跟漢軍打仗讓匈奴人變得愈來愈有內涵了。漢軍無功而返。

四年後李廣帶著兵馬從雁門出發去攻打匈奴，遇到了大隊的匈奴，這次就沒有上次那麼好運了，雙方真刀真槍地幹了起來，無奈雙拳難敵四手，漢軍情況非常糟糕。匈奴單于早就聽說了李廣的威名，在戰鬥打響前已下了活捉李廣的命令。所以李廣才沒有在這一戰中犧牲，而只是被生擒。當時的李廣也已是傷痕累累了，走路腿疼，騎馬臀部疼。兩個匈奴兵想抓李廣回去領功卻不知怎麼才能將他弄回去。

匈奴兵甲：「#$%%^&^@$%」

匈奴兵乙想了想說：「#%$^^&&*&%##」

觀衆：「他們在說什麼啊？」
韓冬：「不好意思，我不懂匈奴的語言！」
觀衆：「……」

他們兩個脫了各自的衣服下來，做了一個嬰兒床，將李廣放在上面，然後一人擡著一邊騎著馬往前走。躺在嬰兒床裏面的李廣實在不忍心就這樣被抓去殺掉。走了十幾里路之後他忽然開始痛苦地扭曲身體，口中還伴以「哎喲，哎呀」這樣的叫喊聲。扭了幾下之後他就頭一歪翻白眼死了。其中一個匈奴兵連忙下馬打探，已經死過去的李廣忽然起身將之打翻在地，搶了他的弓箭飛身上了他的馬一路狂奔而去。百名匈奴騎兵緊追了上來，因爲有單于的活捉命令他們都不敢擅自放箭，李廣發現了這一點，邊笑著喊「射我啊，射我啊……」邊扭頭放箭，射殺了好幾個匈奴騎兵。

因爲李廣的部隊損失太大，而他本人又被匈奴活捉，回到京城之後他被判死刑，出了很多銀子才免去了死罪被貶爲平民。後來朝廷又徵召他去駐守右北平，匈奴聽說李廣駐守那裏，都不敢前來入侵。李廣閒得無聊天天背著箭出去打獵。一天，他走著走著看到草叢裏面有一隻老虎，拉開弓搭上箭便射，那隻老虎不但沒有動連聲疼也沒喊。李廣覺得奇怪上前查看，只見他剛剛射出去的那支箭插在一塊大石頭裏面。

李廣：「哇！老虎怎麼變成石頭了？」
手下：「將軍果然厲害，竟然射死了一隻石頭精。」

李廣：「什麼石頭精，是我剛剛眼花了！我竟然能將箭射進石頭裏面？再來一次。」

他又射了很多次，卻始終未能將箭再射進石頭裏面去，他命令手下將這塊石頭搬回去研究。手下給他的結果是：這是一塊有一隻眼睛的石頭，他第一箭之所以能射進石頭是因爲射中了石頭的眼睛。李廣覺得這個答案有點荒誕，後來因爲忙著打仗便也淡忘了這件事情。

皇上終於決定徹底解決匈奴的問題了，他派著名的大將衛青和霍去病帶著大軍前去進攻匈奴。李廣聽說後忙跑到京城請求一起出征。

皇上：「李廣你今年貴庚啊？」

李廣：「才六十多歲……」

皇上：「就是啊，六十多歲應該是養老的時間了。你回去養老吧，別在這裏瞎攪和了……」

李廣忽然大吼一聲，現場包括皇上在內的所有人都被嚇了一跳。

皇上：「……李廣你幹嘛啊？」

李廣：「我是想讓你們聽聽我的聲音，它依舊那麼雄壯有力。你就放心地讓我去吧！」

皇上：「有衛青和霍去病就可以了，你去會拖累他們的……」

李廣忽然跑出去，拿了弓箭，隨便往天上一射，大家便聽到由遠及近的「嗖」的聲音，那是有東西從天上掉下來的聲音。一會兒一個火星人拿著一支箭跑進了大殿。

皇上：「啊……妖怪！」

火星人：「幹什麼嘛你們，還好我夠機靈，不然就被插到了。往後不要亂往天上扔東西了。」

說完他「嗖」的一聲就飛走了。皇上這才勉強同意了讓李廣隨大軍一起去征討匈奴。李廣性格忠厚淳樸，為人也豪邁大度，他手底下的將士們都喜歡他，願意跟著他賣命，朝中官員就不怎麼愛他了。衛青探聽到匈奴單于的下落之後決定親自帶兵前往，他分配給李廣的任務是用一條很遠很遠的路上繞到匈奴背後包圍匈奴。那條路不但荒涼無比，而且猛獸毒蛇眾多，根本不適合大軍行進，可是任憑李廣怎麼懇求，衛青都不同意他隨大軍一起作戰。衛青一是想獨立大功，二是怕老人家李廣拖累他。

憤怒的李廣帶著部隊就出發了。那條路的確難走，他們跋山涉水，翻山越嶺，後來卻發現自己迷路了。

李廣：「完蛋了，迷路了！」

手下：「將軍怎麼知道我們迷路了？」

李廣：「上面寫著嘛……這哪裏是打仗，根本就是探險了……」

他們走了很多天之後才遇到了衛青率領的部隊。

李廣：「總算找到你了，怎麼樣衛將軍既然這麼有緣在這裏遇到主力部隊了，那我就一起跟著去打匈奴吧！」

衛青：「匈奴已經消滅了，我們這是在回來的路上。」

李廣：「……」

依照律例，行軍打仗竟然迷路這是非常丟人而且嚴重的錯誤。衛青派人去找李廣來他大營審問，李廣道：「迷路是我一個人的事，是我將牛郎星當成了北斗星，不關別人的事！我一個人去就夠了！」

來到衛青營帳門口，李廣停住了，他說：「我從一發育成熟就開始和匈奴打仗，一直沒有好好的跟匈奴幹一仗，六十多歲的時候有望能消滅匈奴了，衛將軍卻派我去迷路，難道這是天意？」

天上傳來一個聲音：「不關我事，真的不關我事，是你看錯了星星。」

李廣又說：「我這麼大的年齡了，怎麼忍受得了讓別人審訊的屈辱呢？」

說完李廣就拔劍自殺了。李廣部隊的將領以及所有的老百姓聽到這個消息後都暗自爲李廣的去世而哭泣。

李廣的弟弟李蔡後來做了丞相，因爲在景帝陵園門口的大路旁邊燒烤而被判處死刑。李廣有三個兒子，分別是李當戶、李椒、李敢，前兩個兒子早死——比李廣還早。李廣死後李敢跟隨衛青的外甥霍去病同匈奴作戰，立了大功，被加官進爵。不過他卻始終不能忘記衛青逼死他父親這件事，有一天他來到衛青房間商議軍事。

衛青：「現在匈奴已經被消滅了，還有什麼軍事要商議的呢？」

李敢卻只看著衛青不說話。

衛青：「不要這樣盯著人看，會被扁的！」

李敢衝上來將衛青一頓好打。第二天霍去病見衛青變成了熊貓眼，非常詫異。

霍去病：「舅舅，怎麼才一晚不見你就變成這樣了？是舅媽搞的麼？」

衛青：「不是！我昨晚做夢夢到了熊貓，早上起床後就變成這樣了……」

有理性的霍去病怎麼可能相信衛青的這個說法，他經過一番打聽得知了事情的真相，恨李敢入骨。

不久之後霍去病和李敢陪皇上去打獵，霍去病一箭射向李敢，李敢落馬命斃。

霍去病：「糟糕……走火了！」

皇上也知道事情的原因，便袒護了衛青和霍去病。對外宣稱李敢的死是因爲一頭撞在了樹上。

就這樣，李廣所有的兒子都死了，好在他還有一個名叫李陵的孫子。李陵同他一樣驍勇善戰，精於騎射，在同匈奴的作戰中立了很多功勞。一個秋天，皇上派李廣利將軍攻打匈奴，李陵帶著五千人馬去分散敵軍兵力。任務完成想撤退的時候才發現他們被匈奴八萬大軍包圍了。他們浴血奮戰了八個晝夜，最後糧草光了，人也死了過半，援軍還沒有到來，李陵終於投降了單于。其實他是想接近單于，找個機會做掉他。單于早就聽說了李家人的威名，又見李陵這麼勇敢這麼帥便將自己的女兒嫁給了李陵，還給他大官做。

李陵：「一步一步接近了單于，如今的形式是大不同啊大不同！」

就在他準備要刺殺單于的時候忽然得到了一個消息：漢武帝殺光了他的全家。李陵一怒之下徹底投靠了匈奴。就因爲此李家的名聲衰落了下去。《史記》的作者司馬遷當時的官職是太史令，他是李陵的好朋友，知道李陵一定有自己的想法，不會做出投降這樣爲人所不齒的事情。在漢武帝面前替李陵說了些好話，不想卻爲自己招來橫禍——他被處以宮刑。司馬遷並未因此而沈淪下去，他發憤著書，終於寫出了今天大家看到的這本書的原型，流傳千古的巨著——《史記》。

衛將軍驃騎列傳

食人族的大哥

衛青，平陽縣人。他父親名叫鄭季，是平陽侯曹壽家主管看門的。曹壽家有一個名叫衛媪的奴婢，生得非常乖巧而且有一雙會說話的眼睛，她負責給夫人置辦胭脂水粉，隨著夫人的日漸衰老，胭脂水粉的用量愈來愈大，衛媪就三天兩頭的往街上跑。出出進進得多了就被鄭季給盯上了，而衛媪也感覺到每次出門進門的時候都有一雙色瞇瞇的眼睛盯著她看，可是始終沒有找到那雙眼睛在什麼地方。直到有一次她又出門的時候聽到門口大樹上有鳥威嚴的叫聲，而且這叫聲中還不時地夾雜著一名男子的慘叫，她擡頭一望，便看到樹上蹲著一名中年男子，他旁邊有個鳥窩。他本來是蹲在那裏偷看衛媪的，母鳥覓食回來以後看到

他蹲在自家窩旁邊以爲他要偷鳥蛋，於是上來用嘴啄他。鄭季的樣子雖然非常狼狽，卻被衛媪一下子就喜歡上了。他們私通後就生下了衛青。衛青有個同母異父的哥哥衛長子和姐姐衛子夫。衛子夫在平陽公主家被天子喜歡了，爲了能沾點光，衛青冒充姓衛。

衛青在長大之前都在平陽侯家當傭人：一到三歲期間供平陽侯家人當玩具把玩；四到七歲期間給平陽侯家人洗手絹和襪子；八歲開始做打柴、打掃衛生等雜務。長大後他親生父親鄭季將他接回了家中，然而這個家裏面已經有了新媽和很多新兄弟姐妹了，衛青開始給家中放羊。

新弟弟：「姐姐，衛青是我們家的傭人吧？」

新妹妹：「他也是我們爸爸的孩子啊，怎麼可以將他當作傭人呢——我們都把他當作一隻羊！」

新弟弟：「可是他長得根本沒有羊可愛啊！」

新妹妹：「所以啊，他連羊都不如。」

衛青聽到這些話的時候正餓著肚子在給羊們餵水，而那弟弟和妹妹聊天的時候正大啃著紅燒雞腿。衛青鬱悶地跑到街上去散步，順便看看有沒有野果子啊、天上掉下來的餡餅啊什麼的可以拿來充饑。在街上碰到了一個身材高大，滿臉黝黑，脖子上套著鐵鏈子的人，那人一直盯著衛青看，繞著衛青轉了好幾圈，還時不時地捏捏衛青的臉蛋，嘴角還掛著口水。

衛青：「你……你是食人族的大哥？」

那人：「不是！」

衛青：「那你幹嘛這樣看著我，而且嘴角還掛著口水？」

那人：「自從挨了三百個巴掌後，我的口水就從來沒有停過！」

正在衛青詫異的時候，走過來幾個公差，他們拉起那人身上的鐵鏈就走，邊走邊說：「這會兒的功夫不看這你，你又出來騙小孩。」

那人走了幾步回頭對衛青喊道：「你的面相非常好，將來肯定是當大官的。」就因爲喊了這句話，那人又挨了那幾個公差幾個耳光，口水流得更厲害了。

衛青悽楚地搖搖頭說：「被人家當作羊，不被宰了吃了就已經很滿足了，說什麼當大官。」

成年後的衛青去了平陽侯家當他家的騎兵，跟隨平陽公主。主要的工作就是扶平陽公主上車以及替她追她的那隻寵物豬。平陽公主非常喜歡衛青，據她說是因爲衛青從馬上摔下來的樣子非常有意思。摔的次數多了，衛青的騎術也就漸長了，後來他再也不會從馬上摔下來了，平陽公主就不喜歡他了。衛青的同父姐姐衛子夫進宮以後得到了皇上非比尋常的寵愛，皇上漸漸的疏遠了皇后。不久之後衛子夫懷孕了，而皇后不知道什麼原因這些年一直都沒有懷上，如此以來皇上更加喜歡衛子夫了。皇后嫉妒得要死要活，想要發泄一下心中的苦悶。衛子夫是欺負不上的，因爲她沒日沒夜的都待在皇上身邊，如此以來只有欺負當時已在宮中工作的衛青了。皇后去找了平陽公主，平陽公主答應幫他一起整整衛青。某日，衛青正在辦公的

時候忽然衝進來了好幾個彪形大漢，手中還拿著鏈子，他們將他捆上拉著就走。

衛青：「你們是閻王派來的？我的陽壽這麼快就到了麼？」

大漢甲：「什麼閻王玉帝，你當這是做夢啊？我們是平陽公主派來的。」

衛青：「在下本身呢，是非常樂意被諸位抓的，不過……至少你們要告訴我我犯了什麼罪吧！」

大漢甲：「別裝了，你紅燒了平陽公主的寵物小豬，而且還一個人吃了……」

大漢乙：「就是，不管怎麼說那也是平陽公主養大的，至少你也應該給她留個後腿吧！」

衛青：「沒有的事啊，我已經兩個星期沒有吃過紅燒肉了，你們一定是搞錯了。」

大漢甲：「搞什麼錯什麼？那個時候你幫平陽公主追豬的時候，我就覺得你的目光不太對，總是盯著寵物豬身上的肉看，快點走吧，免得受皮肉之苦。」

衛青一路喊冤，最終還是被拉到了刑場上。

衛青：「我冤枉啊！」

平陽公主：「你真的覺得很冤枉？」

衛青：「我真的是冤枉的，我很喜歡那頭豬的，怎麼可能紅燒牠呢？」

平陽公主：「你是不是冤枉的很好判斷，只要剖開你的肚子，拿出你的胃和腸子看看裏面有沒有紅燒豬肉就好了。」

衛青：「啊……」

皇后請來的外科醫生已經在衛青的肚子上畫好了下刀的位置，正要舉起刀往裏捅的時候，忽然一隊人馬衝將上來，以迅雷不及掩耳之勢將衛青拉上了馬疾馳而去。來搶人的正是衛青的朋友騎郎公孫敖和他手下的壯士們。他們搶了衛青之後即刻去向皇上稟告了這件事情，皇上非常生皇后的氣，一氣之下就封衛青做了大官。

後來衛青被任命爲車騎將軍，專門負責攻打匈奴。他同匈奴打了很多場仗，但凡匈奴逃跑慢的情況下衛青每次都能大勝而歸，皇上愈來愈器重他了。一次衛青做爲總將軍率領著很多將領去攻打匈奴，匈奴此次派了他們的高官右賢王抵擋衛青的進攻。據探子回報，漢軍離他們還遠，而且漢軍的馬是出了名的慢，右賢王便敞開了懷和他的妃子們喝酒唱歌，這一喝就喝多了，就在他呼呼大睡的時候，衛青已經帶著精兵包圍了他們並開始進攻。右賢王衣服都沒有來得及穿，就帶著他的一個愛妾和幾百名騎兵逃遁而去了，因爲匈奴人逃跑技術一直領先於漢朝將士，是以沒能追上右賢王。不過這一仗的收穫也是頗爲豐盛的，漢軍一共得到了右賢王的小王十多人，匈奴男女一萬五千多人，牲畜幾千萬頭，空酒瓶子幾百萬個……衛青帶著部隊拉著戰利品往回撤，到了關塞的時候皇上派來的使者已經等在那裏傳皇上的旨意大大地獎賞他了。這一仗讓衛青名聲大振，同時他也被封爲大將軍，他的兒子們——包括那個還在吃奶的，都得到了封賞。

衛青：「打了勝仗關那個吃奶的孩子什麼事？」

皇上：「沒有他在後方吃奶，你怎麼能在前方打勝仗呢？我是說，如果他拒絕吃奶，你一定會擔心他

被餓到，也會擔心你妻子得乳腺癌，如果他沒有奶吃，你也會擔心他的成長，而且你可能會因爲爲了給他弄奶而去抓奶牛而貽誤了戰機。」

衛青：「……好牽強啊，這個解釋。」

皇上：「其實我就是想好好的獎賞你，想找理由多多地獎賞你了。」

衛青：「之所以能取得這麼大的勝利與衆位將士的努力是分不開的，要獎也應該獎給他們。」

皇上：「他們的那一份我早就準備好了。」

衛青能在封賞這麼關鍵的時刻心中想著他們，這讓衆位將士非常的感動。他們都願意跟著衛青幹，願意爲衛青賣命，這也是後來衛青能夠打出一番天地的重要原因。

匈奴一直都是漢朝的大敵，漢朝初期雙方征戰不斷，不過都是小規模的。漢朝國力強盛以後，準備和匈奴來一場大戰，徹底地消滅匈奴。漢武帝派出的是大將軍衛青和驃騎將軍霍去病。他們每人率領五萬騎兵，數十萬的步兵，分成兩路向匈奴開去。因爲霍去病部隊擔負著擒拿匈奴單于的任務，所以他率領的騎兵都是兵強馬壯驍勇善戰的，不像衛青率領的騎兵，裏面有很多老馬，走幾步就要停下來喘氣，還有很多匹馬是騾子假扮的。匈奴知道這種情況之後，在衛青前進的路上布了重兵。衛青遠遠地看到匈奴重兵在前方嚴陣以待，他既沒有被匈奴的陣勢嚇到，也沒有因爲自己騎兵裏面有很多騾子而驚惶，他依舊鎮定自若地指揮著。首先他派了五千騎兵前去匈奴陣中求戰，匈奴衝上來迎戰，雙方就乒乒乓乓的打了起來。

住在離戰場不遠處的山裏面的一個黑熊精，看上附近村莊裏面的一個美貌女子已經很久了。不過因爲他的功力一直沒有達到能完全變成人形的境界，是以他一直沒有去搶那女子回來。這一日他終於修煉成功了，於是立刻御風往那村莊飛去，去搶那女子。他這一飛不要緊，搞得戰場上飛沙走石，人人都睜不開眼睛。睜不開眼睛就只有亂砍一氣了，不然很容易被別的亂砍一氣的人砍死。幸好衛青有一個防風眼鏡，這東西是他一個朋友從國外給他帶回來的，那朋友知道他常年征戰在大西北，所以送了他這樣的一個生日禮物，不想卻在今日派上了用場。他拿出防風眼鏡戴了起來，一切都能看得見了，他回到大營之中命令剩餘部隊從兩翼悄悄地包圍了單于率領的部隊。

那黑熊精見因爲他路過，搞得人家都因爲睜不開眼睛而自己人砍自己人，心裏非常過意不去，於是加快了前進的速度。

風沙終於停止了，單于部隊這才發現自己已經被包圍了，陣腳大亂。衛青一馬當先，向匈奴殺去，一陣激戰之後雙方死傷慘重。單于趕著馬車率領幾百個人突圍而去，匈奴人見老大都跑了，紛紛開始四散逃遁。衛青派人去追匈奴單于，無功而返。這一仗衛青得到了決定性的勝利，大大地傷了匈奴的元氣。

觀音的瓶子掉下來了

霍去病是衛青的另外一個姐姐衛少兒與平陽縣吏霍仲孺私通所生，乃是衛青大將軍的外甥。他在少年時代就很喜歡遠距離攻擊武器，先前是玩彈弓後來又是射箭，所以他舅舅衛青從匈奴那邊繳獲的戰利品——酒瓶子沒有一個是能賣錢的。後來霍去病又迷上了騎在大馬上耍大刀，到十六七歲的時候他已經非常精通騎術和箭術了。因爲他大姨媽衛子夫的關係，他也被漢武帝喜歡上了，十八歲的時候就被漢武帝封爲侍中。霍去病跟隨他舅舅衛青同匈奴交戰了很多次，立了不少的功勞，漢武帝封他爲冠軍候，並封食邑一千六百戶。

因爲霍去病不但驍勇善戰，而且長得英姿颯爽，也比較會說話，漢武帝非常喜歡他，所以霍去病出征的時候經常能得到最好的大馬和最好的士兵跟隨他出征。霍去病膽識過人，敢於深入匈奴腹地作戰，每次打仗都能全勝而歸，以至於當時有傳言說霍去病在投胎前是觀音姐姐的親戚，觀音姐姐一直都飄在他的頭頂保護著他。這個傳言也並不是沒有根據的，曾經跟隨在霍去病身邊的一個侍衛被天上掉下來的一個瓶子砸暈過去了，那個瓶子裏面還插著一根柳枝。大家一起擡頭看的時候天上卻什麼都沒有。據《天宮志》記載說，砸到那個可憐的侍衛頭上的那個瓶子，正是觀音姐姐手中托著的那個瓶子，那天觀音姐姐因爲趕蚊子而失手將瓶子跌落下來。另一個根據是，那段時間霍去病及其身邊的人經常會在身上發現很長的異性的頭髮，而事實上他們並未接觸過任何異性，據《天宮志》記載：那段時間觀音姐姐正為脫髮而煩惱。總之霍去病在同匈奴作戰的過程中取得了很多很多的勝利。同時他也跟衛青一樣非常熱愛自己的將士，在河西之戰期間，漢武帝命人從京城送來一壇美酒犒賞他，霍去病沒有獨自享用。他將那壇酒傾倒進了當地的一眼泉水之中，讓全軍將士前來享用，從此之後那眼泉流出來的就都是美酒了，因此被命名為「酒泉」，當地也以此命名。本書的作者韓冬就出生在這裏，因此酒量尚可。

西北茫茫戈壁灘上，一個穿著匈奴服裝的中年男子正騎馬狂奔中。他的大腿不停地流著血，撒了一路。他就是匈奴渾邪王，他現在正在逃跑，逃回匈奴大軍之中，他太累了，太怕了，如果這次再跑得慢一點的話，他就真的沒命了。他多麼希望屁股下面的不是一匹馬，而是一個超音速導彈或者哪怕是一個火箭也成。

單于：「怎麼你一個人回來了？」

渾邪王：「都掛了，還好我跑得快，不然您也見不到我了。」

單于：「……這次是被誰打敗的？」

渾邪王：「霍去病。」

單于：「又是他？一個人被打敗一次並不丟臉，丟臉的就是被同一個人打敗幾十次。如果我是你，我就不回來了，直接死在戰場上算了。」

渾邪王：「我爲了能順利逃脫，已經三天沒吃飯了。」

單于：「去吃吧，吃完了直接上刑場。我那點人馬實在經不住你這麼折騰了，每次帶出去幾萬人就回來你一個人，我真懷疑你是不是人販子，把那幾萬人騙到什麼地方給賣了。」

渾邪王見單于已經起了殺他的心，於是決定投降漢朝。他先是派了一個使者帶著一封信去送給漢武帝。漢武帝打開信一看，信裏面就寫著一句話：「我要投降！」下面就是渾邪王歪歪扭扭的簽名。

漢武帝：「怎麼就四個字，感覺好像很沒誠意的樣子。」

還好朝中有懂外語的大臣，那大臣向使者轉述了漢武帝的疑問。使者嘰哩呱啦說了一大通。

大臣：「他說能寫這四個漢字已經很不容易了。渾邪王本身就沒念過什麼書，更別說是寫外語了，就寫這四個字花了他一上午的時間。」

漢武帝還是覺得不太保險，他怕渾邪王是假投降，實則是想趁漢軍不備搞突然襲擊。爲了確保安全，漢武帝派霍去病率軍去邊境接應渾邪王。

渾邪王終於按照約定的時間出現了，他的人馬一看漢軍這邊有這麼多人馬，領頭的那個還是人見人怕的霍去病，都非常恐懼，怕漢軍變卦而殺了他們，投降信心不堅定的人開始四散逃竄。很多性格多疑的人也開始跟著逃跑。

渾邪王大聲喊：「別跑，大家別跑，他們是來歡迎我們的，我們這是去投降，很安全的。」

當然了，他喊的是匈奴人的語言，可是根本不起作用，部隊還是亂成一團。霍去病當即率領兵馬進入渾邪王的軍營，先讓渾邪王安心，接著他去追殺逃跑的匈奴將士，斬殺八千餘人。這下再也沒有人敢逃跑了。霍去病順利的接應回了渾邪王及其將士近十萬人，又一次得到了漢武帝的褒獎。

後來霍去病又同匈奴進行了好幾次大戰，每次都是大勝而歸，甚至有功勞蓋過衛青的情況。平日裏的霍去病很少說話，但是他膽氣內藏敢作敢爲。漢武帝曾經勸導他應該多學點兵法，總是靠膽量和運氣終究要吃虧的。霍去病卻說：「韜略在胸中，古代的兵法有什麼好學的？」

漢武帝爲他建造府邸讓他前去看看有什麼意見，他卻說：「匈奴未滅，何以家爲！」

匈奴未滅，何以家為？

【解釋】匈奴尚未平滅，怎麼可以成家呢？意同房子都買不起，憑什麼結婚？

【原文】天子為治第，令驃騎視之，對曰：「匈奴未滅，無以家為也。」由此上益重愛之。

（《史記・卷一百十一・衛將軍驃騎列傳第五十一》）

他的這句話鼓勵了後世千千萬萬的男子先立業，後成家，同時也成爲後世千千萬萬的男子推脫結婚的必備良詞。西元前一一七年，霍去病病逝於長安，年僅二十四歲，天子悲悼，舉國憑吊。

儒林列傳

與野豬鬥其樂無窮

劉邦素來覺得儒生只會說不能打，非常地不喜歡。是以在他剛剛建立了漢朝之後，他的大臣大都是目不識丁的粗人，大殿上經常出現這樣的狀況：

大殿中央，幾個大臣正在喝酒，他們吆五喝六的划著拳，手抓羊肉大吃著，時不時的還會在地上吐一口質地不錯的濃痰。他們的旁邊有一對大臣正在吵架，幾乎要窮盡中國最低俗噁心的髒話。另有一對大臣已經抱在一起打起來了，都是白刀子進紅刀子出。

位於大殿東北的那根柱子旁邊站著一個大臣，他正用劍敲著柱子聽響兒，便敲還邊吼著歌兒。大殿西南的那根柱子旁邊也站著一個大臣，他竟然正在對著柱子小便。

還有兩個大臣正在爭論誰的力氣大，雙方僵持不下，決定兩人一起撞牆，誰能將牆撞一個大洞就是誰的功勞大。只聽「嘭…嘭」兩聲，大臣又少了兩個。

劉邦見此情景大喊道：「兄弟們，請大家遵守大殿秩序……」大臣們齊聲道：「什麼狗屁秩序，最重要是一個爽字！」

劉邦無奈地看著大殿，滿臉不快，可這些大臣又是曾經跟著他出生入死的兄弟，爲他成爲皇帝立下了汗馬功勞，他又不好說什麼。

所有的大臣吃飽喝足紛紛離去了——連同大殿裏面的四具屍體，劉邦步入大殿中央，看著滿地狼藉，愁得長噓短歎。這時一個人閃進了大殿，他便是儒生叔孫通。他們兩個邊走邊聊起了天。

叔孫通：「皇上，現在煩惱了吧！用儒生的時候到了，打仗的時候我們是沒什麼用處，和平時期就該我們出馬了……皇上，小心地上的小便……」

劉邦：「大臣們這個樣子實在是有失體統啊，你有什麼好辦法麼？小心地上的腦漿……」

叔孫通：「人是需要用紀律和禮儀來約束的，我願意和我的學生們一起制定一套朝廷的禮儀，不過需要皇上您支持執行。」

劉邦：「執行那套禮儀之後，大殿上不會再有人小便了吧？不會再有人敲著柱子唱歌了吧？不會再有人吃羊肉了吧？」

叔孫通：「絕對不會再有了！」

劉邦於是命叔孫通去制定朝廷禮儀，其中包括大臣們見了皇上要行什麼禮，晉見皇上的時候要怎麼走路，在大殿之中不該有哪些行爲等等諸如此類的規定。新皇宮落成的那天，劉邦按照叔孫通制定的禮儀進行了大典，並且頒佈了這套禮儀。不管王子還是大臣，只要做出有悖禮儀的事情立刻會衝進來幾個大漢拖出去打。後來舉行酒宴的時候大殿裏面的秩序果然好了很多。

劉邦長歎道：「知道今天我才體會到當皇帝的威風哪……」

他重賞了叔孫通並從此開始重視儒生。

漢景帝時候，竇太后非常喜歡《老子》，因爲喜歡這本書而將老子當成了自己的偶像和心目中的白馬王子。她召來當時知名的儒生轅固生，問他關於《老子》中的一些問題。本以爲轅固生首先會讚揚老子一番，卻不想轅固生說：「這只是一個下等人講的一些話而已。」

竇太后：「竟然敢侮辱老子，我要和你單挑！」

一個太監慌忙跑上來拉住竇太后：「太后，你身分這麼高，怎麼能和一個儒生單挑呢？」

竇太后：「他侮辱我的偶像，難道你不知道粉絲都是沒有理智的嗎？」

說著又要向轅固生撲去。

太監：「太后您年事已高，而轅固生尙且是個青壯年男子，您跟他單挑會吃虧的。不如逼他去和野豬決鬥，我們可以在外面看熱鬧，嘿嘿……」

太后一聽之下覺得非常有道理：「今天如果不是他拉住我的話，我要好好扁你一頓。以我的功夫，你在三招之內必會血濺當場，今天我就饒了你先。來人，開門放豬！」

轅固生看著欄中的兇猛野豬，不知道太后是什麼意思。

太后：「你不是很強嗎？你不是看不起老子嗎？今天就讓你和野豬比試比試，看看你是不是真的那麼強！」

竇太后命人將轅固生扔進了柵欄之中。轅固生卻趴在柵欄上死活不下去，那頭被餓了好幾天的兇猛野豬正流著口水看著他尖叫著。

竇太后：「趕快下去搏鬥啊！」

轅固生：「至少也該給我一件兵器吧，太后。」

漢景帝平日裏很喜歡轅固生，不捨得他被野豬給吃了，就上去遞給他一根鋒利的紅纓槍。轅固生剛一下去，那頭野豬就向他撲將過來。轅固生看準時機，一槍刺出，正中野豬眉心。

野豬：「……爲什麼，爲什麼我要有眉毛，如果沒有眉毛的話他就不會中我眉心了，這下死了！」

野豬說完口噴一口鮮血當即死去。竇太后見狀也不好再說什麼，便放過了轅固生。轅固生乃是經歷亂世的書生，所以才會這麼生猛，如果是當代的書生被丟進去的話鐵定被野豬吃掉——除非這個書生有帶槍的習慣。

董仲舒是漢朝名氣最大條的儒生，對《春秋》非常有研究，學生也收了不少。每次講課的時候他都會躲在一個簾子後面，很少有學生見過他的真面目，而他的畫像現在也很難找到，關於這一點，後世有兩種截然不同的傳聞。

一說：董仲舒非常帥，帥到讓所有的男人自卑，爲了避免學生看到他而自卑到自殺，他於是躲在簾子後面講課。

一說：董仲舒非常難看，但凡看到他的人都會夜夜做惡夢直到被惡夢嚇死，所以他從來不以真面目示人。

董仲舒研究《春秋》非常用功，三年都沒有去過自家的後花園欣賞景色，也有人說是因爲董仲舒對花粉過敏，還有人說是董仲舒三年前在後花園撞見過鬼，所以三年中再也沒有去過後花園。

三年不窺園

【解釋】三年都不去自己的花園遊玩，比喻集中注意力於某一事物而忘記了其他事情。也指花粉過敏症患者不願去花花草草集合的地方。

【原文】董仲舒，廣川人也。以治春秋，孝景時為博士。下帷講誦，弟子傳以久次相受業，或莫見其面，蓋三年董仲舒不觀於舍園，其精如此。進退容止，非禮不行，學士皆師尊之。

（《史記．卷一百二十一．儒林列傳第六十一》）

董仲舒平日的言行都非常循規蹈矩，絕對不會出現有違禮儀的事情，傳說他曾經因爲在上課的時候沒有忍住而放了一個屁就要去自殺，幸虧被家人拉住才沒有自殺成功。雖然他從不露面，學生們卻非常尊重他，因爲學生們都知道他是漢朝最有名氣的儒生，是皇上非常喜歡的人，跟著他混肯定會有非常光明的前途，果不其然，在他那裏畢業的學生有做國相的，有做長史的。經過他的努力，使得儒學成爲中國封建社會占統治地位的官方學說，影響直達現代中國。

酷吏列傳

美女與野豬

郅都，河東大楊人。他曾經是漢文帝的貼身侍衛。漢景帝時期他升爲侍衛頭頭——其實還是一個侍衛。他這個人性格剛烈，誰都敢得罪。只要他覺得你說話不合適，不管是六旬老翁，還是居功自傲的將軍，他都會忽然從皇上身邊站出來直接指出。如果有人敢反駁他的話，他就會破口大罵，有的時候還會脫了鞋直接投擲過來。不過因爲皇上非常寵信他，大臣們也都是敢怒而不敢言。

卻說有一次他和漢景帝以及漢景帝的美人賈姬前去狩獵。

賈姬：「哎喲……」

漢景帝：「怎麼，怎麼，是不是看到野獸了，我的美人？」

賈姬：「忽然之間，我非常想噓噓……」

漢景帝慈祥而又色情的對賈姬笑了笑說：「廁所就在那邊，趕快去吧！」

賈姬進入廁所沒有多久，漢景帝和郅都就看到一頭兇猛的野豬大搖大擺地走進了廁所。廁所裏面立刻傳來了賈姬的慘叫聲。漢景帝示意郅都去廁所和野豬搏鬥救出賈姬，郅都卻將目光放在了左右四周假裝欣賞風景而不看他。漢景帝心一橫挽起袖子就準備衝進廁所裏面去和野豬單挑。郅都拉住了他，說了一番感天動地的話。

郅都：「美人，天底下多得是，死了一個賈姬姬，自有後來人……」

漢景帝：「什麼賈姬姬？」

郅都：「就是賈姬啊，爲了押韻嘛！賈姬這樣的美女天底下多的是，而皇上您卻只有一個。您現在衝進去萬一有個三長兩短，社稷怎麼辦，太后怎麼辦？」

漢景帝本就很害怕那頭野豬，又聽郅都這麼說，便站在原地呈觀望狀態了。

廁所中。那野豬在地上蹲了一會兒，又站起來，卻見地上濕了一大片。牠回頭看了看仍然在尖叫中的賈姬說：「真是頭髮長見識短，沒見過野豬上廁所麼？」然後就大搖大擺的走出了廁所。漢景帝和郅都眼睜睜看著野豬消失在叢林之中，而賈姬除了嗓子啞了之外，卻也安然無恙。竇太后聽說這件事之後覺得郅都非常忠心，能夠臨危不亂，重賞了郅都一百斤黃金，並從此開始重用他。

光有勇氣是不夠的，萬一真的跟人單挑起來身體不好還是會吃虧的，郅都深深明白這一點，他非常重視鍛鍊身體，甚至有一次被評爲全國的健美先生，因此絕少有人敢跟他造次的。他爲官清正，是以可以不畏強權。皇親國戚都懼他三分，因爲他的威嚴，大家送給了他一個非常冷酷的外號「蒼鷹」。對於家庭他也不聞不問，他說：「既然皇上信任我們，給我們官做，還給我們發銀子，我們就應該全心全意爲他服務，那裏有時間顧得了妻子兒女呢？」

他老婆聽他說這樣的話要跟他離婚，卻因爲皇上和太后不批准而作罷。

濟南有一家人，有權有勢，家丁又多，經常做出收保護費、光天化日之下調戲良家婦女和男子、在大街上隨地大小便等國法不容的事情，當地人民怨聲載道。可是因爲他們勢力太大沒有人敢治他們。郅都被派去做濟南太守之後殺了這家人，從此之後濟南的治安大有改觀。匈奴也很害怕郅都，他去做邊關太守的時候，匈奴人一直都不敢前來侵犯邊境，直到郅都被太后殺了，匈奴人都不敢回來。匈奴人做了一個上面貼著郅都畫像的稻草人練習箭術，平常的神射手們竟然沒有一個射中草人的，因爲他們只要一看到郅都的樣子手就會發抖。

張湯，杜縣人。他父親是長安丞，在他還是小孩的時候，有一次他父親出差，讓張湯看家，特別是要看好家裏面的肉，因爲他父親爲官清廉，肉已經算是他家最貴重的東西了。張湯家中鬧老鼠，他父親回來的時候，肉已經被老鼠拉進了老鼠洞裏面當存糧了，他父親以爲是張湯偷吃了肉，就狠狠地打了他一頓。倔強的張湯覺得非常委屈，找到老鼠洞就開始挖。差點把他家房子挖倒，才挖出那幾隻老鼠。

老鼠：「……不就偷了幾塊肉麼?你們何必這麼認真?」

張湯：「還我清白……」

他抓了那幾隻老鼠，並搜出了丟失的那幾塊肉。通過老虎凳、辣椒水、撓腳心等酷刑，令這幾隻老鼠徹底交代了犯罪事實。

當他將證據和證詞呈給他父親的時候，他父親深以爲奇，鐵證如山，口供及審訊記錄也非常有條理。從此他父親開始培養張湯，張湯也沒有讓他失望，最終成了漢朝有名的酷吏，官至司法部長。

滑稽列傳

鳥人與鳥

淳于髡是齊國人，他長著五短身材，面色黝黑，嘴長得非常大。因爲長得難看，一直都沒有姑娘嫁給他，怕看著他吃不下飯而被活活餓死。有個人，他老婆生了很多女兒，一個兒子都沒有，一天他老婆又要生了，結果還是女兒。此人心灰意冷，將難看的淳于髡招贅到家中來當女婿。

後來淳于髡做了官，成了齊威王的手下。齊威王整日沈湎於聲色犬馬之中，對於朝政從來不過問。有些官職必須要齊威王親自挑選、批准人來坐，沒有齊威王的命令那些位子只能找人來兼職，這導致了管農

業的官還要管立法；管軍事的官同時要負責水利；管外交的官兼職負責婦聯工作。直接的結果就是國家一年出了十幾部法令都是關於農業的；所有的士兵都被改造成了農民工被派去挖溝造渠；外交官每次宴請賓客請人看的都是中年婦女扭秧歌。國家亂成了一團，各國見齊國局勢這麼亂，紛紛準備進攻齊國。齊國危在旦夕，因爲齊威王曾經下過命令，但凡有人敢進諫的，一律格殺勿論，大臣們急在心頭但卻都不敢去找齊威王。淳于髡卻去見了齊威王。他並沒有跟齊威王談論國家大事，而是一直跟他議論關於鳥的事情。齊威王對於鳥的了解本就非常少，淳于髡這樣搞得他非常難受。

齊威王：「淳于髡你怎麼忽然對鳥產生了這麼大的興趣？莫非你想變鳥人？」

淳于髡：「大王你的宮中有一隻鳥，三年期間不飛也不叫，但又不是隻死鳥。你知道這是怎麼回事麼？」

齊威王知道淳于髡說的鳥暗指的就是他，於是他說：「之所以不飛不叫，是爲了積蓄力量，不飛則已，一飛沖天；不叫則已，一叫驚人。」

第二天齊威王就召集了所有的官員。對於每個人在老大沈迷酒色期間的工作進行了評估，獎賞了一個人，誅殺了一個人。所有缺人的位子他都挑選了人才補上，從全國各地的工地將士兵們都拉了回來，他又在所有將士面前發表了一番意氣風發的演講鼓舞士氣，然後派了軍隊出去迎戰強敵。各諸侯國的國君都被齊威王的忽然覺醒嚇了一跳，不知道他在搞什麼鬼。

一鳴驚人

【解釋】平時從不說話的人，忽然尖叫一聲來嚇人。指平時沒有突出的表現，一下子做出驚人的成績。

【原文】此鳥不飛則已，一飛沖天；不鳴則已，一鳴驚人。

（《史記・卷一百二十六・滑稽列傳第六十六》）

韓王：「齊威王這傢伙在搞什麼鬼，怎麼忽然變成一個好國君了？又是治理朝政又是訓練軍隊的。」

趙王：「據說是被門夾了……」

魏王：「我聽說是被雷劈了。人都說他是神仙下凡，前三年只是天靈蓋沒有打開，被雷劈了之後。他才知道自己的真實身分是被派下來拯救蒼生的。」

楚王：「你怎麼知道得這麼清楚？」

魏王：「因爲我也是上天派下來拯救蒼生的呀！」

眾王：「靠，秀逗！」

各國國君爲了保險起見還是從齊國撤了軍隊，並歸還了侵佔的齊國土地。

等了幾年後，他們並沒發現齊威王有什麼特別的，也就是說齊威王外出的時候還是坐車或者步行而不是用飛的；他的頭還是那個頭，頭頂上也沒有光圈轉啊轉的；齊國乾旱的時候，他跪在地上搗鼓了半天也沒求下來一滴雨。這就足以證明他並不是神仙，他們又開始對齊國蠢蠢欲動了。首先發難的是楚王。齊威王八年，楚王派了大軍前去攻打齊國，齊威王準備派淳于髡去趙國求援，讓他隨身攜帶的是黃金一百斤、車馬十輛。齊威王的手下剛剛念完這個禮單，淳于髡就開始仰天大笑。

齊威王：「淳于髡你怎麼啦？」

淳于髡：「哈哈哈哈哈……」

齊威王：「淳于髡你是不是瘋了？」

淳于髡：「哈哈哈哈哈……」

淳于髡的帽帶都笑斷了，他還在笑。齊威王和眾大臣面面相覷，不知道淳于髡在笑什麼。

齊威王：「再笑下去褲帶也會斷哦！」

淳于髡這才停了笑對齊威王說：「今天我來上朝的時候經過一塊田地，田邊一個老農拿著一杯酒一個豬蹄祈禱說『蒼天啊，我已經在這裏種下了一個美女，讓我到秋天的時候收穫很多美女吧。當然了，養活那麼多美女也不容易，所以還希望你能讓我的田地畝產萬石吧！』他給蒼天的只是一杯酒和一個豬蹄，卻要問蒼天要那麼多東西，你說他過不過分？」

齊威王：「就是，太過分了！……你的意思是我讓你帶去的禮物太少了？」

淳于髡：「何止是少啊，簡直是少得可憐。帶這麼點東西去趙國，不但不會出兵可能還會把我扔出來。」

齊威王於是增加了禮物，讓淳于髡帶了黃金一千鎰、白璧十對、車馬百輛前去趙國。趙王見淳于髡給他帶來了這麼多禮物，非常開心，當即下令給他趙國的精兵十萬、戰車千輛前去抵抗楚國。楚王聽說後慌忙退兵而走。

淳于髡完成任務歸來後，齊威王在後宮設宴款待他。

齊威王：「先生你喝多少酒會醉？」

淳于髡：「喝一斗會醉，喝一石也會醉。」

齊威王：「不解！」

淳于髡：「如果喝酒的時候您站在前面看著，後面還有很多官員盯著看，心裏就會緊張得不得了，連一斗酒都喝不了。如果和好朋友一起出去喝酒，大家聊聊人生談談愛情什麼的，就可以喝個五六斗了。如果是在鄉下，男女同坐，而女性裏面既沒有我的初戀情人，也沒有我的秘密情人，當然更不能有我老婆，這樣一來大家就都可以放得開，這樣一來我喝個八九斗不成問題。如果到最後所有的人都走光了，就剩下最漂亮的一個女子，她輕輕拉著我走進房中，點起大紅色龍鳳蠟燭，然後慢慢地脫去衣服，這樣喝一石也

不會醉啦，不過通常第二天醒來的時候會發現被拍了裸照，或者身上的所有銀兩都不翼而飛了。所以說喝酒過度了就會亂性，開心過度了就會發生讓你覺得淒涼的事情。」

齊威王於是從此停止了通宵達旦的歡飲，在那以後接待別國使者也都是讓淳于髡出席，拍了不少的裸照，抓住了很多各國重臣的小辮子。

一次齊威王得到了一隻天鵝，他知道楚王一直都想吃天鵝肉，於是就派淳于髡提著這隻天鵝前去送給楚王。

淳于髡：「這麼好看的天鵝，卻要被楚王那個癩蛤蟆吃掉，真是可惜！」

天鵝：「呱呱……」

淳于髡：「幹嘛學癩蛤蟆叫？你是天鵝，應該叫得高貴些，矜持些！」

天鵝：「呱呱……」

淳于髡：「不是說了這個叫聲不符合你的身分嗎？」

那天鵝終於忍不住了，大叫道：「剛剛不是我叫的，是被你踩在腳底下的癩蛤蟆叫的，我連嘴都沒有張過。你要麼放了我，要麼將我送給楚王吃掉，別說那麼多廢話了。」

淳于髡：「……怪不得美女們都那麼拽，原來所有美麗的東西都是這樣。」

淳于髡於是放了那隻天鵝去見楚王。楚王見他兩手空空地到來，甚是詫異地望著他。

楚王：「先生是路過我們這裏還是前來套白狼的？」

淳于髡：「本來我手上是有一隻天鵝的，那是齊王讓我來送給您的。可是在路上經過一個水塘，爲了保持天鵝皮膚的水嫩我就放牠去喝水了，誰知道牠卻飛跑了。我想乾脆投河自盡吧，又怕人說您爲了一隻鳥逼死人。想買隻鶺鴒用白灰染染冒充天鵝送給您吧，又覺得您這麼冰雪聰慧肯定一眼就能認出來。我又想乾脆逃跑吧，又怕影響了齊楚兩國的交往。我還想自己去深山裏面修煉幾年變成天鵝吧，又怕來不及……我空手而來，你處罰我吧！」

楚王聽了淳于髡的話覺得他非常誠實，就因爲丟了一隻天鵝竟然想了那麼多辦法，實在是難能可貴，於是就重賞了他。淳于髡憑藉自己的能言善辯和機制詼諧而聞名於諸侯國。

馬終於胖死了

淳于髡之後一百多年的楚國出了一個名叫優孟的人。他原來的職業是楚國皇家樂隊裏面吹喇叭的，因爲他太過敬業，每天三更時分就起床練習，搞得楚國都城的人都得了神經衰弱。後來大家不得不用棉花塞上耳朵，但是這樣一來又聽不到背後飛速駛來的馬車聲，於是就經常發生車禍。雖然他的喇叭的確吹得很

好，楚王還是讓他從首席喇叭師的位子上退了下來，隨便給他封了個官職。優孟認真工作的態度依舊沒有改變，他經常就楚王的不對之處面諫楚王，他不同於別人的地方是不會直說楚王你哪裏哪裏不對了，而是用說笑的楚王更能接受的方式勸說。

楚莊王養了一匹非常漂亮的馬，他非常喜歡這匹馬以至於給馬做了華麗漂亮的衣服，而且還有不同的款式——背心、禮服、馬甲、內褲等等應有盡有。晚上這匹馬也不會像別的馬那樣待在四面透風的爛馬廄裏，而是被楚王安排在一個裝飾豪華，裏面還擺著一張床的大房間裏面，因爲馬本身睡不慣床，因此牠經常踢翻——後來乾脆踩塌楚莊王給牠安排的床，這房間裏面的床就需要經常更換。牠吃的就更誇張了，都是精選出來的上等草料，並且所有的草在餵給牠之前還要經過一個人細嚼慢嚥之後再吐出來，以防草料中有鐵絲、玻璃、鉛球之類的雜物——楚莊王以前曾嘗試過給這匹馬餵紅燒肉，可是牠不願意吃。吃得這麼好卻從不幹活，整天不是躺著就是臥著，這匹馬就開始像吹氣球一樣不停地發胖，直到最後胖死。

楚莊王非常傷心，每天哭暈過去好幾次，他決定用死了大官的禮儀安葬這匹馬。所有的大臣都要爲這匹馬披麻戴孝，楚國的國旗降半旗。大臣們聽說這件荒唐的事情後紛紛前去進諫。

大臣甲：「大王，這樣做不合適。就因爲死了一匹馬卻要大臣們都穿得跟電視劇裏面的女媧娘娘一樣，傳出去會被人笑話的。」

楚莊王：「現在是我的寶貝小馬駒死了耶，讓你們穿個喪服還要唧唧歪歪，你們是怎麼做臣子的？」

大臣乙：「大王，我也覺得不合適，那匹馬胖得那麼難看，我們卻要……」

楚莊王：「……你，你竟然說牠胖，說牠難看……我……我……」

太監：「大王……大王，太醫快來，大王氣暈過去啦……」

楚莊王醒來之後的第一件事，就是命人打了剛剛那兩個大臣各一百大板，並且下令說如果再有人因爲這件事情而勸他，就要被砍頭。

就在大臣們垂頭喪氣的時候，優孟忽然衝了進來，一到大殿上他就開始趴在地上大哭。

優孟：「馬啊，漂亮的馬；馬啊，可憐的馬。天妒英馬啊，爲什麼，爲什麼，你這麼早就死去？你讓我們情何以堪吶……嗚嗚嗚嗚……啊……」

楚莊王和所有的大臣都看著優孟趴在地上哭，不知道他到底在幹什麼，最後他竟然直撅撅地倒在了地上。

太醫上前查看之後稟告楚王道：「大王，他因爲傷心過度而暈過去了。」

優孟又忽然從地上爬起來看看左右四周道：「怎麼了？怎麼了？剛剛發生什麼事情了？」

他快步跑到楚莊王面前，握起楚莊王的手滿眼垂淚道：「大王，節哀順變啊……正所謂馬死不能復生，更何況那匹馬是胖死的，即便是趕著去投胎也跑不快。我爲此非常非常傷心。」

楚莊王：「先生你真是我的知心人啊！」

優孟：「這麼可愛的一匹馬英年早逝了，大王你竟然只用死了大臣的禮儀來葬牠實在是太過分了，我們應該用葬國君的禮儀來葬牠。」

衆大臣：「……」

楚莊王：「應該怎麼辦呢？」

優孟：「很簡單。我們應該用最好的玉石給牠打造棺材，裏面鑲上最高檔的金銀珠寶。至於牠的墓穴，應該用女媧補天時候用的五彩石來打造，至少也要修個三百來平米，以牠的身材這麼大面積都還顯得擁擠了。然後讓齊王和趙王在前面舉著招魂幡開路，而且都必須哭，不哭就打到他們哭爲止。至於韓王和魏王嘛，就讓他們跟在隊伍後面捧著馬的靈位。當然了從全國各地挑幾十匹漂亮的母馬給牠陪葬是必不可少的了。只有這樣才能讓諸侯國知道大王是多麼的重馬輕人。」

楚莊王：「……好了，不用說了，我知道你的意思了。那你說應該怎麼處理這匹馬呢？」

優孟：「很簡單，煮了吃了！」

楚莊王：「……剛剛還在討論用死大臣還是死國君的禮儀來葬牠，現在卻忽然說要煮了吃了。人家一下子好難接受啊！」

優孟：「那麼肥一匹馬，又沒得什麼病，不煮了吃實在是太浪費了。大家說對不對？」

衆大臣：「對啊對啊，那匹馬那麼肥肥嫩嫩的，我們早就想煮來吃了。」

楚莊王：「……」

最終這匹馬就按照優孟建議的被煮了吃了，大臣們都吃著馬肉歌頌楚莊王的英明和優孟的能言善辯。

楚國的宰相孫叔敖知道優孟非常賢能，就對他很好，兩人的關係也發展得非同一般。孫叔敖臨終的時候對兒子說：「我死後你一定會陷入困頓之中，到時候你就去找優孟，他一定會幫你的。」

身為宰相，孫叔敖還是留了點錢給他兒子的。他兒子為了保險起見，打算將所有的錢存到銀行去。走在街上，他看到一群人在圍觀兩個變魔術的，就擠在人群中看了一會兒。走著走著又看到公園免門票，他就跑進去玩了半天，還划了一會兒船。後來他又去了農貿市場、車展中心、麗春院等地觀摩學習，等走到銀行的時候就發現身上的錢都不見了。他回家後賣了家裏的房子和地，又當了所有的東西，因為他不會做生意也不懂得去買官，不久之後這些錢就全都花光光了。有一天餓得實在受不了的時候。他忽然想起了他爹臨終前的交代，於是立刻跑去求見優孟。

他對優孟講述了他所有的遭遇和現在的困境。

優孟：「看來孫叔敖兄還是很了解你的，知道你一定會挨餓的。」

孫叔敖的兒子：「是啊，您答應幫我了？」

優孟：「我跟你老爹關係那麼好，能不幫你嗎？」

孫叔敖的兒子一言不發，只是站在那裏盯著優孟看。

優孟：「幹嘛這樣看著我？」

孫叔敖的兒子：「等您給我錢啊！」

優孟：「我什麼時候說要給你錢了？」

孫叔敖的兒子：「你不是說要幫我嗎？不給我錢怎麼算幫我？」

優孟：「以你的智商給你再多的錢也會被你糟蹋光的，更何況我沒什麼錢。你住在我家先，我去給你想辦法。」

從此之後優孟開始模仿孫叔敖的一舉一動，一顰一笑。經過一年多的努力，終於練得非常像了，連孫叔敖的兒子都好幾次差點以爲鬧鬼了。一次楚莊王大宴群臣的時候，優孟穿著孫叔敖的衣服忽然出現在大殿上。

楚莊王：「哇嘞……叔敖，你活過來啦，快進來吃點喝點。」

衆大臣：「……鬼啊！」

楚莊王：「回來就好啊，叔敖，我要讓你繼續當楚國的宰相。」

衆大臣：「他是鬼啊，大王。」

楚莊王：「讓鬼來做我們楚國的宰相，這是多麼拉風的一件事情啊，你們應該高興才對。優孟你說是不是？」

優孟：「靠，原來您已經認出我來啦？」

楚莊王：「雖然你是優孟不是孫叔敖，但是你模仿得非常像，我還是要讓你做宰相。」

優孟：「這件事情這麼大條，我必須要回家跟我老婆商量一下先。您也知道，我們夫妻感情很好的。」

優孟衣冠

【解釋】比喻假扮古人或模仿他人。也指登場演戲。也指穿上超人的衣服就以為自己很能打，很會飛。

【原文】歲餘，像孫叔敖，楚王及左右不能別也。莊王置酒，優孟前為壽。莊王大驚，以為孫叔敖復生也，欲以為相。優孟曰：「請歸與婦計之，三日而為相。」莊王許之。三日後，優孟復來。王曰：「婦言謂何？」孟曰：「婦言慎無為，楚相不足為也。如孫叔敖之為楚相，盡忠為廉以治楚，楚王得以霸。今死，其子無立錐之地，貧困負薪以自飲食。必如孫叔敖，不如自殺。」

（《史記・卷一百二十六・滑稽列傳第六十六》）

三天後優孟來找楚莊王。

楚莊王：「聽說你要當宰相，你老婆很開心吧？」

優孟：「我老婆不讓我當，她說孫叔敖當宰相的時候廉潔奉公，克盡職守，可是他死了之後他的兒子卻要餓得頭昏眼花，當宰相當成那樣還不如一頭撞死呢。」

楚莊王：「……又被你給算計了。」

楚莊王於是鄭重地向優孟道歉，並且重賞了孫叔敖的兒子。後世有一個成語「優孟衣冠」，指的就是演員登臺演戲的意思。而我們也經常將演技好的演員稱作名優或者葛優。

向東方朔學習

漢武帝時期的齊地，有一個名叫東方朔的人。他博覽群書，喜好儒術，非常的有才華。一到長安他就給漢武帝上書，他的這個奏書用了三千多塊竹簡，兩個壯漢擡到皇宮裏的時候已經累得要吐血了。漢武帝看這個奏書花了近兩個月的時間，看得眼睛都近視了，好在東方朔不但在歷史和文學方面造詣頗高，在光學知識方面也有涉獵，他爲漢武帝打磨了一副近視眼鏡，雖然樣子難看了一點，不過用起來倒是很不錯。

漢武帝看了他的奏書，用了他製造的近視鏡後就喜歡上了東方朔，封他爲郎官在自己身邊聽候差遣。漢武帝經常找東方朔來聊天，因爲東方朔頭腦靈活，想像力豐富，經常能將漢武帝逗得開懷大笑。漢武帝經常請東方朔吃飯，每次吃不完的時候東方朔都會將好吃的直接倒進懷裏，於是他離開後走過的路上就會到處撒的是宮保雞丁、酸菜粉條、水煮肉片等物體，螞蟻發現之後就會爬上來，往往順著螞蟻形成的黑道前進就能找到正在呼呼大睡的東方朔。就這樣將那些個好吃的倒進懷裏當然會弄髒身上的衣服了，東方朔卻也從來不換，搞得蜜蜂、蒼蠅天天圍著他轉。皇上賞給他綾羅綢緞，他扛起來就走，連聲謝謝都不說。扛回家之後就送給城裏漂亮的小妞，然後娶她爲妻，一年之後又甩了她換新的妻子。因爲這些，大家都叫他「狂人」。

漢武帝聽說之後說：「如果他沒有這些缺點，恐怕你們所有的人都要自卑到上吊了。」

有人對東方朔說：「大家在背後都叫你『狂人』，你知道麼？」

東方朔：「這是誇我還是罵我呢？」

有人：「當然是在罵你了！」

東方朔：「你們不會懂得的。古人有在深山之中隱居避世的，而我東方朔在朝廷之上以狂來避世。」

那些人果然不懂，不懂就不懂吧，憑他們的智慧恐怕永遠也沒辦法想通東方朔怎麼會這樣，而漢武帝又怎麼會喜歡這樣一個人。

一次漢武帝的宮裏忽然出現了一隻外觀非常奇怪的動物，說牠是麋鹿吧，嘴卻是三瓣的；說牠是匹馬吧，頭上又長著兩支長長的角。大臣們議論紛紛，有幾對還差點要打起來。漢武帝叫人找來東方朔辨認這個奇特的動物。

東方朔看了看之後說：「我知道這是什麼，不過我不告訴您。」

衆大臣：「……」

漢武帝：「說吧，你想要什麼東西？」

東方朔：「您看著辦吧！」

漢武帝於是命人給東方朔做了一大桌子好吃的，東方朔吃完後照例將剩下的東西倒進懷裏。

東方朔：「吃飽喝足就想上廁所了，我聽說某個地方有公田、池塘數頃，你把那塊地給我修廁所我才說。」

大臣：「哇，皇上問話你竟然敢提出這樣無理的要求，請皇上批准我扁他。」

漢武帝：「你確定能打得過東方朔麼？」

大臣：「不確定，所以希望皇上批准讓諸位大臣幫我的忙。」

漢武帝：「……東方朔，我答應將那塊田地賜給你了，你說吧，這到底是什麼東西？」

東方朔：「這個東西名叫騶牙。大家請上前來看……」

東方朔走上去掰開那東西的嘴：「這個東西只有門牙而沒有犬齒，所以叫做騶牙，因爲牠的門牙很厲害，所以非常喜歡吃瓜子。皇上，恭喜您了，騶牙只在有少數民族部落前來投降的時候才會出現。」

漢武帝：「這麼神奇？竟然具體到什麼人來投降，不會是只有火星人前來侵略的時候牠才出現，而你為了逗我開心才說是有少數民族前來投降牠才出現的吧？」

東方朔：「您給我好吃的，又封我那麼大塊的田地，我沒有理由晃點你啊！」

一年之後，果然匈奴的渾邪王果然帶著十幾萬兵馬前來歸順漢朝。漢武帝因此而賜給東方朔很多財物。實際上那隻外形奇特的動物出現和匈奴前來投降並沒有一分的關係。東方朔當時也是為了逗漢武帝隨便說說的。之所以他能預見到匈奴會有人前來投降是基於對當時局勢的研究而得出的。

東方朔就那樣在漢武帝身邊待了一輩子。在快要死的時候他和漢武帝聊了一次別開生面的天。

東方朔：「皇上，有詩說『飛來飛去的蒼蠅呀落啊落在籬笆上，聰明伶俐的好人呀不啊不聽信讒言』希望你一定要遠離小人，千萬不要聽信讒言。」

漢武帝：「朔，你是不是病糊塗了？怎麼忽然這麼正經地說話，搞得人好難適應啊！」

東方朔卻再也沒有說話，不久之後就死了。

漢武帝：「人之將死，其言也善；鳥之將死，其鳴也哀。大概說的就是這個道理吧！」

東方朔的智慧和生活方式為後世人——特別是男人——所稱頌，大家都尊稱他為「智聖」。

人之將死，其言也善

【解釋】人到臨死，他說的話是真心話，是善意的。意指臨死之人的話一定要相信，否則不久之後就會有鬼跟著你問「你為什麼不相信我，為什麼不相信我……？」

【原文】至老，朔且死時，諫曰：「詩云『營營青蠅，止於蕃。愷悌君子，無信讒言。讒言罔極，交亂四國。』原陛下遠巧佞，退讒言。」帝曰：「今顧東方朔多善言？」怪之。居無幾何，朔果病死。傳曰：「鳥之將死，其鳴也哀；人之將死，其言也善。」此之謂也。

（《史記・卷一百二十六・滑稽列傳第六十六》）

Q版三十六計

搶鮮版

Q版三十六計 內容精摘

第一計　瞞天過海

讓我輕輕地蒙上你的眼，讓你以爲這是芳草萋萋的田野，而不是會將你狼吞虎嚥的大海。

【原文】

備周則意怠；常見則不疑。陰在陽之內，不在陽之對。太陽，太陰。

【譯文】

防備周全時，更容易麻痹大意；習以爲常的事，則常會失去警戒。秘密潛藏在公開的事物裏，並非存在於公開暴露的事物之外。公開暴露的事物發展到極端，就形成了最隱秘的潛藏狀態。

【按語】

要搞陰謀，應該大搖大擺地搞，而不是偷偷摸摸地來弄。月黑風高夜，殺人放火時，都是愚人和俗人的作爲，而不是謀士這樣的高級人才之舉。

三國時期，孔融被敵人圍困在一個孤城裏面。因爲孔融從小就知道應該把大一點的梨讓給別人吃，而

自己吃小的（這樣才不會拉肚子），所以大家都覺得他知書達理，是孩子們的榜樣。有個叫太史慈的人一方面很仰慕孔融，另一方面受過孔融的恩惠，所以甘願突破重圍去搬救兵。就這樣貿然騎著馬衝出去當然是不行的了，會被敵人的飛矢插成一個刺蝟的。於是太史慈想了一個名為「五日突圍法」的辦法，具體的實施步驟如下：

第一天，太史慈騎著大馬，扛著弓，背著幾支箭，後面跟著幾個士兵扛著箭靶。太史慈牽馬進入塹壕，豎起箭靶，練習射箭，射完後回城。（城內外的士兵愕然不止）

第二天，太史慈同樣出外練習射箭，重複昨天的系列動作。（因為箭法極差，所以圍城的敵兵有的站立觀看，有的根本就躺著不動。）

第三天、第四天，重複前兩天的系列動作。（因為枯燥乏味，所以圍城士兵已經懶得動了，就當他們不存在一般。）

第五天，太史慈準備了一匹快馬，吃飽了飯，到了練習射箭的時辰，忽然跨馬疾馳，從躺著的敵人身上跨將過去。等敵人起來的時候，他已經跑出大老遠了。

古今中外最爽的臥底——花天酒地的楚莊王

兒子一多，想搶老大位子的也就多，內政也就混亂。偏偏古代的老大們都不知道計劃生育，兒子總是很多，於是內政總是會比較混亂。楚成王原定商臣爲太子，但有一天忽然發現商臣眼睛長得像黃蜂，聲音聽起來像豺狼，生性殘忍至極。這其實是因爲商臣這兩天恰好正在刻苦研究西洋搖滾音樂和生物學。前一天晚上沒有睡好，所以眼如黃蜂；在房間裏面試唱搖滾，所以聲如豺狼；根據書上的知識解剖青蛙，所以生性殘忍至極……恰好這些都被楚成王看見了，楚成王就覺得他很不牢靠，想改立公子職爲太子。爲了把事情弄清楚，商臣設宴招待姑母，席間又故意說姑母臉上起了黃褐斑來輕侮她。可是他不知道女人是最恨聽到這類話的，商臣的姑母果然憤怒地說：「怪不得你老爸要殺了你另立太子！」因爲楚成王遇事一貫喜歡與妹妹商量，商臣就認爲姑母的話證實了傳言，連忙跑去向老師潘崇詢問解決的辦法。

潘崇：你願意伺候公子職嗎？
商臣：不願！
潘崇：你能逃出楚國嗎？
商臣：不能！
潘崇：你能成大事嗎？
商臣：能！
潘崇：你什麼時候說話變得這麼簡練了？
商臣：不知！

西元前二六二年，商臣經過長時間的準備，在某一個晴朗的早晨率領宮廷衛隊衝進了成王的宮殿。成王特別喜歡吃熊掌，這時熊掌還在鍋裏頭紅燒著呢……成王請求等熊掌燒熟了之後讓他吃了再殺他，商臣說：「熊掌難熟。」他怕夜長夢多，另一方面也怕這個熊掌不是一隻普通的熊掌，而是一隻可以增加六十年功力的超級熊掌，成王吃完後這些宮廷衛隊都不是他的對手。外援到來後，他就催促成王上吊自殺了，自己即位爲楚穆王。穆王在位十二年就死了，死後他的兒子侶即位，這就是楚莊王了。

楚莊王即位時正値青春期，他並不像其他新君上任那樣雷厲風行地幹一些事情，而是不問國政，整天縱情縱欲。要麼就是帶著衛士和美女去打獵，要麼就是在宮裏面喝酒觀舞，沒日沒夜地沈浸在聲色犬馬之中。每逢大臣們進宮報告國家大事的時候，他總是不耐煩地回絕，讓他們自己處理。莊王頂多像個富家的紈絝子弟，一點國君的樣子都沒有，整個朝野都拿他當昏君看，大臣們也爲自己攤上這麼個昏君而暗自流淚。

看到這種情況，朝中正直的大臣都感到十分地焦急，許多人跑到後宮去勸諫楚莊王，可是他不但不聽勸告反而毆打大臣，覺得這些大臣妨礙了他的享樂。對於他們那些老掉牙的勸告，莊王十分反感，後來乾脆修憲，在憲法裏面加入了一條：哪個再來進諫，殺無赦。

就這樣三年過去了，朝中的事情亂作一團：水利部的事情推給了國土資源部；國土資源部的事情推給了資訊產業部；最要命的就是婦聯的事情推給了外交部，使得外交部網站上到處都是優生優育的圖片和文章。見老大這個樣子，大臣們都不按時上下班了，也學著頭兒整日在家飲酒享樂。而楚莊王卻依舊過著他以往的生活。

大夫蘇從實在忍不下去了，就闖進宮去指著楚莊王的鼻子說：「大王身爲楚國國君，即位三年，卻從來不問朝政，只知道尋歡作樂，如此下去只會像商紂一樣招致王國滅身之禍啊！」莊王一聽，立刻擡高鼻孔顯出一幅桀驁不馴的樣子，抽出長劍指著蘇從的心窩說：「難道你不知道我的命令？竟敢辱罵我，你死定了！」

蘇從面不改色地說：「我既然來了，就是不怕死的。我死了還能落個忠臣的美名，大王卻落個暴君之名。如果我的死能讓大王振作起來，能讓楚國強盛，那我死一千次也是値得的！你插我吧！」

楚莊王的長劍就抵在蘇從的胸口，劍尖已經刺破衣服滲出殷紅的血跡，蘇從就那樣堅定地不屑地看著楚莊王，楚莊王也直勾勾地看著蘇從的眼睛。大殿裏面那些驚恐的歌姬正躲在牆角瑟瑟發抖，一陣陰風吹來，幕簾翻動，整個大殿裏面的空氣好像凝固了一般。他們就這樣你望著我，我望著你，就像言情片裏面的男女主角一樣。忽然楚莊王扔掉長劍，緊緊地將蘇從樓在懷裏，蘇從心中一驚：莫非他想……那我寧願死！卻聽楚莊王激動地說：「哇！蘇大夫，我等你等了好久了，你正是我尋找多年的社稷棟樑啊！」

莊王說完，立刻斥退那些驚恐莫名的舞姬妃子，拉著蘇從的手談起天來。兩人愈談愈投機，連吃飯睡覺都忘了。蘇從這才發現，雖然楚莊王三年不理朝政，但是對朝廷裏面發生的事情全都了如指掌。誰是貪官，誰是忠臣，誰比較好色，誰喜歡偷懶……一切盡在他的掌握之中！

原來莊王一直都在韜光養晦，暗中觀察。第二天，他就召集文武百官召開了全體擴大會議，清除奸臣，任用忠臣，並宣佈進行一系列的改革。從此，他勵精圖治，絞盡腦汁地建設楚國，終於成爲春秋五霸之一。

【畫龍點睛】

有的時候我們爲了自己好而騙人，有的時候我們爲了他人好而騙人，總之上當的總是別人。然而欺騙也是一門藝術，一門學問，不是所有的欺騙都必須要隱蔽地、臉紅心跳地去進行。「瞞天過海」就是這樣一種欺騙的大智慧、大學問，講究的就是一個欺騙的隱蔽性和無影無形性。隱蔽在那裏？隱蔽在天天見的事物中！怎麼個無影無形法？因爲平常得讓他不知不覺。

第二計　圍魏救趙

我不跟你打了，打不起，我還躲不起麼，我……我去你家放把火。

【原文】

共敵不如分敵；敵陽不如敵陰。

【譯文】

直接攻打集中的強敵，不如先設計分散它再各個擊破；主動出擊攻擊敵人，不如等待敵人的弱點暴露後再相機殲敵。

【按語】

打仗就像治水一樣，如果敵人來勢兇猛並且人多勢衆，就要躲開衝擊波，用疏導的方法分流之，然後圍殲之；如果敵人兵馬少糧草少的話，就應該抓住機會，築起人牆，然後圍殲之。當齊國救趙國的時候，孫子對田忌說：「要解開亂麻不應該用拳頭砸，而應該用手慢慢細心地理；勸架的時候不應該參與打架群

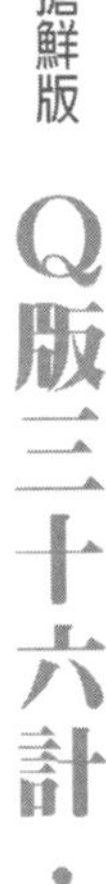

毆，而應該吸引對方的注意力，比如去雙方家裏面放火，他們自然就分開了。」

孫臏圍魏救趙 龐涓含淚自盡

「圍魏救趙」的來歷是戰國時期齊國與魏國的桂陵之戰。故事的發生是這樣的。西元前三五四年的某一天，魏惠王一覺睡醒神清氣爽，一擡頭就看到了牆上的地圖，正好就看到了中山——那曾經是自己的領土，結果在某年某月某日當魏國舉國上下爲國喪而忙活的時候，趙國乘機出兵強佔了中山（這就是爲什麼現在部隊每逢過年過節的時候都會有戰備的原因了），在中山頂上插上了趙國難看的國旗。當時魏國留在中山的也就是些老弱病殘的，走不動的，每天升升國旗、餵餵豬羊的人，所以趙國強佔中山沒有費多大力氣。

話又說到這一日魏惠王看到地圖的時候，氣就不打一處來，於是召龐涓前來，說：「龐涓，給你五百戰車去把中山給我收回來，有意見嗎？」

龐涓聲響如雷：「當然有意見了，五百戰車……我怎麼能收回中山呢？」

魏惠王：「怎麼……怎麼……你覺得有難度？如果有難度的話……」

龐涓：「收回中山算什麼？要打就直接打他老母的首都，我直接帶兵去攻邯鄲，既解了你的恨而且還可以在邯鄲城頭插上我們的國旗！」

魏惠王：「好！好兄弟！這就去吧，真的攻打下來的話，封你做趙省省長！」

龐涓率領五百戰車浩浩蕩蕩，有山就爬山，有河就游泳，有樹林就伐木，直奔邯鄲城而來。

趙王習慣於每天下午去看夕陽，這天沒有看到夕陽卻看到了黑壓壓的軍隊，趕緊翻出電話本來給齊王打電話，在電話裏面許諾，如果能夠解圍的話就把中山這塊地方給齊國（丟卒保帥就是這樣子的）。齊威王同意了，於是命田忌爲將，孫臏爲軍師領兵出發。

我們現在都知道了孫臏是個強人，連美國人都在研究他，可是當時的人不知道啊。這孫臏原來和龐涓是同學，既然是同學就有學習成績的好壞之分，孫臏在班裏的成績一直名列前茅，龐涓怎麼也比不過他，再加上孫臏在很有影響力的刊物上發表過幾篇論文，於是有了一定的名聲。當時魏王就重金聘用了孫臏，龐涓當時也正好在侍奉魏王。龐涓自己心裏明白，論學術他比不上孫臏，論武功他更是連孫臏的一半都沒有，論長相孫臏也比他帥到十萬八千里去了……他自卑到整天以淚洗面，後來就用了比較小人的方法（到底是什麼方法，請見後文），將孫臏搞成殘廢，挑了孫臏的腳筋，而且在他臉上刺了個「衰」字，企圖讓孫臏既不能行走又不好意思出去見人。後來孫臏裝瘋，齊國的使者用無敵穿牆術將他從監獄救出，背著他狂奔到齊國。這就是孫臏和龐涓之間的關係介紹了。

卻說這天田忌和孫臏率兵進入魏趙交界之地時，田忌想直接去打圍困趙國的魏國軍隊，孫臏說：「STOP！」，然後孫臏說了「按語」裏面的那番話，接著又說現在魏國精兵都不在了，如果我們去打魏國的話，龐涓肯定回師解救，那樣不但邯鄲可以解圍，而且如果我們在路上設些陷阱、埋些地雷、使些絆

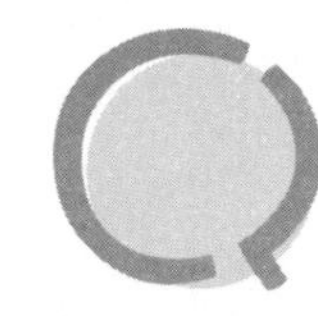

子、放些暗箭什麼的肯定可以大敗龐涓。把個田忌聽得直點頭。一切竟然都是按照孫臏說的發展，龐涓最後帶著幾個殘兵敗將勉強退回魏國。孫臏還是比較大度的，讓龐涓活著逃回了老家。

十三年之後，齊國和魏國又掐起來了，龐涓又著了孫臏的道兒（被設了陷阱、埋了地雷、使了絆子、放了暗箭……你說怎麼就不長記性呢）。這次是沒有臉再灰頭土臉地回去了，於是自刎。孫臏從此更加聞名遐邇，他的兵法廣傳於世。

我估計龐涓臨死之前的話是：我是來打仗的，爲什麼你們就不好好打仗呢，陰啊，太陰了！

【畫龍點睛】

對方來找事的時候總是經過精心準備的，經過全線動員的，吃過飽飯的。這個時候他們的氣焰就會很囂張，來勢就會很兇猛，直接出戰迎敵的得勝比例往往不會很高。這個時候我們需要做的就是專揀對方軟而又疼的地方給他搞一下子。讓他派出去的勢力疲於奔命，留守的勢力心急如焚，如此便可掌握主動權，占了上風。

告訴你吧，其實並不是因爲你偷了他的一個地瓜他就殺了你的，其實那地瓜是我偷完之後告訴他是你偷的。誰讓你那次來我家吃飯，一頓飯吃了我家一個月的份量……眞相你已經知道了，現在你該瞑目了吧！別再半夜去他房間嚇他了。順祝一周年快樂！

第三計　借刀殺人

【原文】

敵已明，友未定，引友殺敵，不自出力，以《損》推演。

【譯文】

在敵方情況已經明確，友軍態度尚未穩定時，應引導友軍與敵人拚殺，不必自己出兵攻打，以保存實力。這就是根據《易經。損》卦「損上益下」的原理推演出的，用別人的損失換取自己的利益的辦法。

【按語】

敵人已經展現其猙獰面目，而另有一勢力想要擴張，就應該借這個力量摧毀敵人。如：春秋時期鄭桓

公在襲擊鄶國之前，就先通過情報機構把鄶國的有本事的文臣武將打聽了個七七八八，然後列了一份詳細的名單，召開新聞發佈會宣佈打下鄶國後給他們封官的封官，晉爵的晉爵，不想加官晉爵的就賜美女什麼的。而且還煞有介事地在城中心設了祭壇，把名單埋在祭壇下面，並對天發誓，如果不兌現諾言則萬箭穿心不得好死。中央電視臺對這一盛況進行了全程直播，全世界人民都能夠看到。鄶國老大也是個急性子，在家裏面收看了中間插播了很多展現鄭國富饒和美女廣告的全程直播之後，就按照電視上念的名單把國內有本事的人一個一個地殺了個清潔溜溜，留下的都是些酒囊飯袋。結果自然就是鄭國輕而易舉地滅了鄶國。

爲一枚桃子而死的三名壯士

齊景公即位的時候，齊國的國力已經大大削弱了，各國召開峰會的時候都不邀請齊國參加，這讓齊景公很沒面子。不過當時的狀況是這樣的：外部，齊國被趙、燕等國欺負、蠶食；內部，好多大臣都覺得自己立下了汗馬功勞，根本不把齊景公放在眼裏，路上見了不行禮，進得屋來不讓坐，其中尤以公孫捷、田開疆、古冶子三人爲甚。這讓齊景公心情很是不爽，於是他起用了賢臣晏嬰，力圖讓齊國興盛，讓他找回當老大的感覺。

晏嬰上任後，決定先從上述三個人下手，除掉他們以儆效尤。可是這三個人都力大如牛，武藝高強。

晏嬰先是派人去抓，結果人沒抓回來，去抓人的人反倒從此失蹤；接著又派了殺手之王去暗殺，結果殺手之王也掛了；後來又下毒，沒想到他們用內功將喝下去的毒酒又盡數逼了出來……晏嬰苦苦思索，最後終於想到了，對付這樣的人是不能用蠻力的，要說啊還是這「三十六計」比較管用，不但可以殺人於無影無形，還不傷和氣呢！於是晏嬰策劃了借刀殺人之計。

一天，齊景公設宴款待文武大臣。酒過三巡之後，大臣們都已經微帶醉意了，晏嬰命令一名漂亮的侍女用一個金子鑄成的大盤子端上來兩個碩大的桃子。大家注意：不要打那個漂亮侍女的主意，也不要打那個金子鑄成的大盤子的主意，其實主角是盤子裏面的那兩個桃子。晏嬰下令道：「這兩個桃子是大王親自栽種，親自施肥，親自噴灑五毒散滅蟲的，人若吃上一個可以長生不老，皮膚光潔如孩童一般。你們誰能證明自己是天下第一勇士，誰就可以吃上桃子一枚。」

公孫捷覺得這是出名的好時機，立刻站起來，聲如洪鐘地講道：「我能接連和兩隻猛獸搏鬥，並把牠們打死，像我這樣的勇士，天下沒有第二個了，我可以吃一枚桃子，沒有人有意見吧！」，看看四周，果然沒有人站起來反對，伸手拿走了一枚桃子。

古治子從酒桌上站起來，說：「我曾經冒著生命危險，在黃河的驚濤駭浪中斬掉了千年龜妖的頭，保護國君順利地度過了黃河——雖然我自己也差點掛掉，但是這種精神這種勇猛是無人能及的。當時，見到我的人都說我是河神，河神難道還不能成為天下最有名的勇士麼？」古治子說完之後四周看了看，見無人反對，拿走了剩下的一枚桃子。

田開疆一看沒桃子了，這下著急了，他走到衆人面前，憤怒地說：「我在跟敵人的戰爭中出生入死，多次砍殺敵軍將領，爲齊國奪取了無數的武器彈藥。那年攻打徐國，我一個人俘虜了五百多人，逼迫徐國給我們銀子，爲國家立下了這麼大的功勞，難道連枚桃子都吃不到？我要吃桃子，我要吃桃子！」

晏嬰連忙走出來，對齊景公說：「田將軍的勇猛和功勞天下人都知道，可是現在沒有桃子了，就請大王賜一杯美酒給田將軍先，等到九千年之後桃子再次成熟的時候，補賜給田將軍如何？」

齊景公也對田開疆說：「田將軍，其實說起來你才應該是天下最有名的勇士，可是你說得太遲了……」大家向公孫捷和古治子看過去，他們兩個擡起頭來的時候，口中還大嚼著桃子，公孫捷的手中只剩了一個桃核，古治子的桃子還剩一小口。

田開疆怒髮衝冠，道：「打虎殺龜，雖然有勇有功，但是卻都是匹夫之勇，我爲國家出生入死，立下赫赫戰功，反而遭到冷落，被人恥笑，連一個桃子都吃不到，這日子沒法過了！」說完，不容分說，拔劍自刎。

公孫捷見狀，羞得面紅耳赤，用袖子抹了嘴巴站起來道：「我功勞不如田將軍，反而吃了他的桃子，讓他因爲沒桃子吃而自殺，我還有什麼臉活在這個世上?!」說完自殺。

古治子跳起來，將剩下的那一口桃子扔在地上，信誓旦旦地說：「我們三個人是結拜兄弟，不求同年同月同日生，但求同年同月同日死，他們倆都自殺了，我活著還有什麼意義?!」說完也自殺了。

於是這三個害群之馬終於都被除去了。齊景公宣佈厚葬這三位勇士。夜晚的皇宮輝煌且寂靜，齊景公的寢宮裏面傳出如下對話：

晏嬰：大王吃桃。

齊景公：寡人吃不下啊……這麼多桃子，要是在那個盤子裏面再多放一個，他們三個便都不會死了！

晏嬰：大王啊，他們三個飛揚跋扈，又不尊重大哥，死是應該的啊！

齊景公：來來來來來，話雖這樣說，可是他們三個都是勇士，都曾經爲我打過江山，他們忽然一下子都死了，我心裏還是有點惋惜啊！

晏嬰：大王別惋惜了，身體要緊，你放心吧，我一定會把齊國建設強大的，來吃桃！

沒有了這三個人，晏嬰也終於可以放心大膽、放開手腳地治理國家了。

【畫龍點睛】

要砍人我們肯定是要準備刀的。可有時對方人高馬大，而我們所能準備的只是一把指甲刀，拿著指甲刀去砍人顯然是找死。這個時候我們就可以借助外力，或挑撥離間或指桑罵槐，讓未來戰士恨上你想要做掉的那個人。簡簡單單、乾乾爽爽地做掉對方，還不傷害自己呢！

第四計　以逸待勞

今天我是來找你決鬥的，昨夜的新婚之夜很銷魂吧，兄台……

【原文】

困敵之勢，不以戰；損剛益柔。

【譯文】

迫使敵人處於困難的境地，不一定採取直接進攻的手段，可以根據剛柔互相轉化的原理，實行積極防禦，逐漸消耗、疲憊敵人，使之由強變弱，我方則由被動變主動。

【按語】

這是制敵的方法。兵書上說了：「凡是先在戰場上等著敵人來的輕輕鬆鬆，而自己跑到戰場上去的疲憊不堪。所以善於打仗的人，制人而不受制於人。」兵書上是在討論制敵之法，而我們三十六計這裏呢是討論勢——氣勢的勢，而不是鼓勵讓你就蹲在那裏等敵人來（萬一敵人繞道而行呢？你不是白等了）；在這一計裏面我們的精神主旨是：以簡單駕馭繁雜，以不變應付萬變，以小變應付大變，以不動應付小動，以小動應付大動，總之就是自己愈歇著愈好，敵人愈操勞愈好。比如管仲在國內治國備戰等著敵人長途勞頓來打自己，孫臏率領將士躺在馬陵道旁邊的樹林子裏頭等龐涓等等，都是這一計的典範。

曹劌論持久戰

春秋戰國時期，齊國國王派了鮑叔牙爲大將的部隊來進攻魯國。正所謂：一朝被蛇咬，十年怕井繩。魯莊公曾經被齊國軍隊打敗過，這次齊國軍隊的又一次進犯讓他很是驚惶失措。於是他便找了大臣施伯前來商議。

魯莊公：齊國又來了，怎麼辦？

施伯想了半個多小時之後說：好像是沒有辦法！

魯莊公：沒有辦法你還想這麼久！

施伯：至少證明了我在想嘛……大王你也明白啊，現在我們國內都是文官居多，寫寫征討檄文，開開新聞發佈會倒是沒有問題。至於去打仗嘛，僅有的那幾個武官也都是從苦力裏面挑出來的，搬搬石頭，修修城牆倒是可以，說到打仗沒有人能和大王你相比啊！

魯莊公：又是我？每次都要我親自出馬，養這麼多大臣是幹什麼吃的？而且這樣也會弄得我很沒面

子。

施伯：我倒是聽說有一個人，他高傲但是宅心仁厚，他低調但是很想做官，他能將上級派給他的兵運用得出神入化，牛羊六畜在他的領導下都會步調一致，他到底是上天派來的神仙，還是地獄派來的使者，沒有人知道！他就是——曹劌。

魯莊公：你還真夠囉嗦的啊，那還等什麼？快去請他來，寡人要和他談談心！

施伯於是前往曹劌處拜訪他。據悉國內即將要清剿色情網站，曹劌正在備份這些網站，累得滿頭大汗，爲了騰硬碟差點把作業系統都給刪了，這時候卻忽然有人敲門。曹劌道：「誰啊？」門外的施伯道：「大夫施伯前來拜訪！」曹劌一聽，連忙關了電腦螢幕，拿了一本「三十六計」坐在桌邊研讀起來。施伯一進來便表明了來意，曹劌雖心頭暗爽卻並不表露，哈哈大笑道：「朝裏面供養著那麼多的文武百官不用，卻來這深山老林找我，真是笑話啊笑話，哈哈。」施伯道：「不瞞你說啊，現在朝裏面確實沒有人能頂上去了，但凡有一個人能頂一陣子我都不會來打擾您的清靜的。如果您有辦法打退敵人的話，不也一樣可以當官麼？我剛剛進來的時候，看您的速食麵也吃得差不多了。」聽到速食麵這三個字，曹劌胃裏一陣翻江倒海，差點就吐將出來，他假裝思索了一會兒道：「好吧，我去試試看。但是，這不是做不做官的問題，富貴於我如浮雲，只是國家興亡，匹夫有責啊……」說到這裏曹劌的表情嚴肅神往起來。

曹劌和施伯一起去見魯莊公。莊公問曹劌：「你有什麼辦法可以克敵制勝嗎？」曹劌回答：「打仗這樣子的事情是很難說的，因爲戰場上的情況瞬息萬變。讓我隨軍一起參戰，或者可以隨機應變，想個辦法取勝。」莊公一聽，心中甚爲歡喜：「那就封你做大將軍，統領三軍前去迎敵，我們在後方給你吶喊助威！」曹劌道：「我是一個新來的，做大將軍恐怕難以服衆，給我封個參謀就成，軍隊還是需要大王來領導的！」其實曹劌想的是，萬一打了敗仗也不至於責任一下子就落到自己頭上，至少先要找個背黑鍋的吧……

莊公又一次披掛上陣，曹劌坐在他後面當參謀，在長勺和齊軍相遇，氣氛甚是蕭颯。鮑叔牙就等著魯軍來呢，因爲之前他曾經大敗過魯軍，根本不把莊公放在眼裏。看見了魯軍的人影一到，他就立刻下令全線攻擊。魯莊公見敵人大兵如潮水般地湧過來，立刻就慌了神，想扭頭跑卻又不好意思，只是下令擂鼓出擊，跟敵人拚了！曹劌卻道：「慢著，敵人衝過來的時候氣勢是最旺的，不可以硬碰硬，讓我們嚴陣以待，等我說可以出兵的時候再出兵！來來來，鬥地主！」於是魯莊公根據曹劌的建議，命令部隊就地待著，嚴守陣地。

齊軍雖然衝過來了，但卻打不進去。就像矛碰到了盾一般的模樣。過了一會兒，齊軍再次擂鼓出擊，魯軍依然如故地休息。鮑叔牙意氣風發地對部隊說：「魯軍以前被我們打敗過。他們現在是怕我們才不敢應戰。如果我們再來一次大衝鋒的話，我就不信他們不跑！」於是鮑叔牙下了第三次衝鋒命令，戰鼓又敲了起來。這時候的齊兵雖然嘴裏面喊著衝啊，但是心裏面想著魯軍依舊不會出戰，全都當這次又只是跑步。不想這次魯軍卻衝了出來，吼聲比他們的還大，魯軍將士已經歇息夠了，被齊軍凌辱夠了，帶著滿腔的憤懣和渾身的力氣衝了出來，齊軍未曾防備，被殺得七零八落，大敗而逃。後來在開慶功宴的時候，曹

劇在酒會上講出了「一鼓作氣，再而衰，三而竭」的名言。

【畫龍點睛】

這一計的精髓在於用我方的養精蓄銳去對付對方的疲於奔命，如此一來即便我方實力稍弱，也可有取勝的把握。怎樣讓對方疲於奔命呢？或者就等著他奔命之後單挑他，或者想方設法讓他奔命之後單挑他。你可以在對方剛剛跑完馬拉松之後，發出挑戰書和他百米賽跑；還可以讓你的兄弟去搶了對方的背包，讓他追上八十條街之後和他百米賽跑……是不是夠陰險？

第五計　趁火打劫

搶匪甲：韓公館著火了，快走，去韓公館！

搶匪乙：義務救火這麼高尚的事情似乎和我們的身分不相符合啊，哥哥。

搶匪甲：我當然不會忘了我們的本職工作的，這個時候去打劫平日裏因好多美女進進出出而無法下手的韓公館剛剛好……

【原文】

敵之害大，就勢取利，剛決柔也。

【譯文】

當敵方出現危難時，應該趁機出擊，奪取勝利。這就是把握戰機，以強擊弱，克敵制勝的策略。

【按語】

敵人如果遭了天災或者說是發生了金融危機而導致經濟蕭條、民不聊生的話，就派人馬去搶他的地

盤；敵人如果被別國或者外星人侵略的話，就派人馬去搶他的人民；敵人如果遭了天災的同時又發生了金融危機，遭了水災的同時又被外星人侵略，同時老大又掛了的話（好淒涼的敵人啊！），就派人馬去滅了他的國家，占爲己有。

趁火打劫的原意是：趁人家家裏著火的時候，一片混亂，無暇自顧，然後去搶人家的財物，乘機撈他一把。筆者在這裏要提醒的是：去搶劫的時候一定要先看火勢的大小，同時自己也要做好防火準備，免得東西沒有搶到，衝進去之後卻被活活燒死在裏頭。

臥薪嘗膽的故事

春秋時期，吳國和越國互相爭霸，天天打群架。經過了長時期的戰爭之後，越國終於撐不住了，對吳國舉了白色褲衩之後俯首稱臣。越國老大勾踐被扣留在吳國做苦力。勾踐不是一個一般的人——而是一個男人，一個有志氣的男人，男人中的男人，他立志復國，在做苦力的那十年裏面，他爲了不忘記自己的恥辱，天天去田埂上找蛇，抓回來之後給蛇灌酒，灌到蛇醉到連膽都給吐出來爲止，於是他拿繩子將蛇膽掛在門上，每天進門的時候舔一下，一苦就想起來自己的恥辱。就這樣時間的利刃沒有割去他復國的思緒。他每天聞雞起舞，鑿壁偷光，十年中無論是在兵法造詣還是武學造詣方面都精進不少，而且還對音樂有所涉獵。白天他像條狗一樣對吳王百般逢迎。吳王有一次拉肚子，他抓起吳王的大便來就嘗了一口（天天吃蛇膽，估計他嘗什麼肯定都得是甜的），並就外觀、色澤、造型、口味方面對吳王的大便給出了詳細的分析，使得太醫能夠對症下藥，吳王的肚子很快就不拉了。吳王夫差終於信任了勾踐，並且放他回國。

回國之後，勾踐依然假裝臣服於吳國，每年把大把的銀子和大票的美女往吳國送。並且還說如果吳王再拉肚子的話可以把排泄物特快專遞到越國，他幫助鑒別。夫差自然心裏頭high到極點。另一方面勾踐在國內採取了一系列的富國強兵措施。越國幾年之後就實力大增，六畜興旺，物資豐富，提前進入了小康社會。吳王high了很久依舊在high，那個勁怎麼都過不去。大忠臣伍子胥提醒他，他不但不聽反而砍了伍子胥的頭。結果人人都是報喜不報憂，奸臣當道，民不聊生。而且夫差他還夜夜翻雲覆雨，大搞面子工程，修寬寬的路，建大大的房子，鋪設廣闊的廣場，結果勞民傷財，國庫虧空。

西元前四七三年，吳國國內遭遇天災，顆粒無收，勞動人民就缺陳勝和吳廣了。夫差卻還出國訪問，以盟主的名義和中原的諸侯在黃池召開峰會。勾踐大舉進兵吳國，吳國窮得叮噹響，自然無力還擊，沒過多久就被越國給滅了。夫差也被逼得自殺，自殺前用黑布蒙住了臉，說自己實在沒有臉去陰間見伍子胥啊……勾踐的勝利，正是乘吳國遭遇天災，國庫虧空，境況淒慘的時候攻擊而取勝的。

【畫龍點睛】

你一直盯著他，一直盯著他，只因爲你恨他！這世上沒有無緣無故的愛，也沒有無緣無故的恨。你之所以恨他，或是因爲他要和你競爭少年先鋒隊中隊長的職務；或是因爲他曾經晃點過你；或是因爲他搶了

你的女朋友……可平日裏你都沒辦法對他下手。常在江湖走，哪能不挨刀；智者千慮，必有一失；舉頭望明月，低頭思故鄉；每個月總有那麼幾天，心煩意亂……這些名句都清楚無誤地表示，他也會有不方便的時候。這個時候你瞅準時機，必可克敵制勝。

第六計　聲東擊西

這隻愚蠢的老虎怎麼能料到牠所關注的食物的聲音，只是從答錄機裏面傳出來的，於是我就在後面給了牠一黑磚……這就是我的打虎過程。謝謝！

【原文】

敵志亂萃，不虞，坤下兌上之象。利其不自主而取之。

【譯文】

敵方已經混亂，對所發生的事情都感意外，難以判斷和應付，這是《易經・萃卦》卦所說的那種混亂潰敗的象徵。應當利用其失去控制力的時機去消滅它。

【按語】

西漢的時候，七國反目，周亞夫去平定叛軍，卻守著城池不主動出擊。吳國軍隊繞城牆一圈後，從東南角開始進攻（為什麼古代的城牆是方的呢？如果城牆修成圓的不就沒有角了……），周亞夫卻在西北角增強兵力；吳王果然派了精兵去進攻西北角，所以就被堵在了外頭。這是聲東擊西用得比較失敗的案例。所以說聲東擊西這個計謀也要看人下菜碟，如果你覺得對方的智商比較高，而且看過韓冬寫的「三十六計」的話，就應該舉一反三，聲東擊東，要不然圍著城牆繞了一大圈，做了那麼多準備，還是會被人家堵在外頭的。在漢朝末年，朱儁將一堆黃巾軍層層包圍在了宛城之內，一天派了一個小分隊敲鑼打鼓地去進攻城牆的西南，黃巾軍派了所有的部隊去抵抗，朱儁自己率領了精兵五千人從東北角乘虛而入，圍剿了黃巾軍。

聲東擊西也就是忽然東面忽然西面，好像要打又好像要跑，讓敵人大喊「暈——」，然後做出錯誤判斷，乘機消滅他的一種計謀。為了使敵人的指揮官發生混亂，暈頭轉向，必須要靈活行動，本來不打算進攻甲地，卻假裝進攻；本來決定進攻乙地，卻假裝路過。好像可以做又不做，好像不可以做又做，讓敵人不知道你到底想怎麼樣——不過需要注意的一點是：自己一定要明白自己到底想要什麼，想要做什麼，如果到最後自己把自己都給繞暈了的話，那你就死定了！

觸龍成功送出人質給恐怖分子

記得那是西元前二六五年的戰國時代，趙惠文王駕崩了，他的兒子趙孝成王即位，因為趙惠文王晚婚晚育，趙孝成王即位的時候年紀特別小，於是他老媽趙太后就當起了老大。秦國見是一個女人做趙國老大，覺得可以欺負一下，於是發兵攻打趙國。趙國向齊國求救，齊國卻非要讓長安君到齊國做人質才會出兵幫助趙國。

長安君是趙太后最小的兒子，不但人長得帥而且很聽話，是個厚道之人，因此趙太后很寵愛他，無論如何也捨不得讓長安君去齊國做什麼該死的人質，而且還有可能會被強迫做齊王那個又肥又醜還有狐臭的女兒的駙馬。大臣們都很著急，眼見秦國大兵壓境，如果沒有齊國的幫助，趙國這次是決計要玩完了。於是大家輪流著跟趙太后陳述利害，擺事實，講道理，都勸他放長安君去齊國做人質。

大臣甲：太后，就讓長安君去吧，不就是幾年的事兒嗎？

大臣乙：就是啊，就讓長安君出國考察幾年長長見識吧，齊國是肯定沒有膽量撕票的，要是齊國撕票的話，老臣去找齊王單挑！

大臣丙：即便齊王撕票，太后您還這麼年輕，這麼風華絕代，大不了再生一個嘛……

趙太后被他們說得不耐煩了，大吼道：「誰要是敢再提讓長安君去當人質的事兒，我就跟誰的臉上吐口水了啊！」說完之後還咳了一下假裝醞釀了一口濃痰。大臣們都被這架勢給嚇跑了。

左師觸龍前來見太后。太后心想：難道他竟然又敢來勸說我不成？他不怕我的口水？且看他能玩什麼花樣，偶就在這裏等著他了。

觸龍一進來就說：「老啦不行咯，腰酸背痛腿抽筋，走路都沒勁了，從家裏出來到太后這裏足足走了一整天，雖然就住隔壁。老臣來看看太后身體是否安康，老臣最近才知道人老了都會骨質疏鬆呢！太后，您沒有疏鬆吧？」觸龍的一席感同身受的問候語，讓趙太后的怒氣消了一大半，蓄好的口水也吞了下去。

觸龍接下來和太后聊起了家常，問她的飲食起居，然後介紹了自己的養生之道：補鈣要少量多次，才能更好地吸收；廁所要勤上，按時上，不然就會有結石什麼的；上網久了就應該活動活動脖子，不然會頸椎間盤增生呢；平常應該多運動，多看書，如果一直發呆的話就會老年癡呆的……太后聽了這些關心的話語之後，終於和顏悅色起來了，臉上呈現出久違的笑容，好似一朵盛開的向日葵。

觸龍接著說：「我最愛我十五歲的小兒子了，希望在我死之前太后能給他安排個工作。公檢法或者財務稅務什麼的都成，只要是公務員就可以。」太后這可找到共同語言了。

太后：怎麼你也疼愛你的小兒子？

觸龍：比太后更喜歡！

太后：那自然了，你的兒子嘛，當然你更喜歡了！

觸龍：我是說，比喜歡太后更喜歡！

太后：啊！觸龍你這個死人。不跟你說了……

觸龍：……我是說……我整理一下……我是說比起太后喜歡自己的兒子的那份喜歡我更加喜歡自己的兒子！

太后：此話怎講？

觸龍：其實老臣覺得太后您是重女輕男的，您更加喜歡自己的女兒不是麼？

太后：誰說的，我的君君那麼可愛，那麼聽話，我最喜歡的就是他了。

觸龍：父母愛孩子，就應該會爲孩子的將來考慮，爲孩子的長久考慮，爲兒子的將來考慮的那份愛才是真正的愛。你流著眼淚把你的女兒遠嫁給燕王，爲的是將來有子孫可以繼承王位。

太后：是啊！我恨不得多生幾個女兒，給每國的大王發一個，下一代的大王就都是我們趙國的了。

觸龍：就是嘛，太后這是何等的氣魄，何等的英雄啊！爲什麼現在讓長安君去齊國做個人質太后就捨不得了呢？你把自己的小兒子封爲長安君，卻沒有讓他對這個國家有功勞，等你將來掛了之後誰能服他，讓他做老大？所以說啊，太后您愛自己的女兒比愛自己的兒子要來得實在得多啊！

趙太后恍然大悟，立刻送了長安君去齊國當人質。齊國終於出兵，趙國得救了。觸龍「聲東擊西」，想賣長安君去齊國當人質卻不直接說，而是從電視廣告談起，最後終於達到目的，如果他像別的大臣那樣直來直去的話，肯定是勸說不成反得一臉大媽的口水。

【畫龍點睛】

凡事，一旦對方有了準備就比較難弄了。你打算用火攻，他已經請好了東海龍王來降雨；你打算用槍打，他已經穿上了刀槍不入的天蠶寶甲；你打算用血滴子，他已經套上了不銹鋼脖套。「聲東擊西」就是忽東忽西讓對方不好準備，或者錯誤地做了準備。它的要點在於：東邊要狠狠地造勢，西邊要暗暗地佈置。如果運用得好，對方還在向東張望的時候已經被你包圍了；如果運用得不好，不但你來來回回跑得累個半死，而且還會被敵人堵個正著。

第七計 無中生有

可以用做的，可以用懷的，也可以用說的……讓沒有的變成有的！

【原文】

誑也，非誑也，實其所誑也。少陰，太陰，太陽。

【譯文】

製造假像欺騙敵人，但又不是弄假到底，而是巧妙地由假變真，由虛變實，造成敵人的錯覺。

【按語】

沒有而展現出有，這就是欺騙敵人了。欺騙不能總是欺騙，要不然就會被發現。無中生有的意思就是要由欺騙變成動真格的，由虛變成實，欺騙的那部分是不能傷害到敵人的，而動真格的這部分才是要置敵於死地的具體行動。

這一計謀的關鍵之處就在於真真假假，假假真真的變化和靈活運用。不能總是假，假得太久了傻瓜也能看得出來你是假的。應該先假後真，必須無中生有，而且這個假也必須得讓敵人看出來你是假的（如果遇到智商低的敵人，可能得多演示幾遍，直到他們明白你這是假的為止），然後讓他們以為你動真格的時候也是假的，這樣動起真格來就首先能嚇他一跳，並且使之無暇準備。

張儀空手套白狼

張儀和蘇秦都是戰國時期著名的外交家，以遊說發家致富，而遊說的物質基礎就是舌頭。張儀在致富前曾有過一段窮困潦倒的日子，那時張儀還年輕。他飽讀詩書並且學完心理學之後就到各國開始了自己的遊說生涯，可是因為他出身卑微，又沒有銀子開路，所以往往連遊說的物件都很難見得到。後來，他帶著幾個人跑去楚國尋求富貴，卻因無法見到楚王而生活潦倒起來，吃了上頓沒下頓，一起去的人都扛不住了，紛紛說：「你要是再找不到致富門路的話，我們都去工地當民工了，至少能吃飽肚子，比在這裏餓肚子強！」張儀就說：「我們不是出來賺大錢的麼？怎麼能稍微受點委屈就打退堂鼓呢，大家再忍幾天吧，只要讓我見到楚王，我保證大家肯定可以從此富起來，來來來，吃蘿蔔！」

那個時候，楚王最寵愛的兩個女人是南后和鄭袖。

沒過多久張儀終於見到楚王了，可是楚王卻對他愛理不理的，張儀說：「我到楚國也待了很久了，大王卻還是不給我一官半職的，我一秒鐘幾十萬上下，耽擱不起啊。如果大王真的不喜歡我的話，那我可走

了，我去晉國了！」

楚王本來就不喜歡他，巴不得他早點走，整個世界都清靜了呢。楚王就說：「慢走，不送啊！」眼睛卻在面前的漫畫書上盯著呢，這是楚王命令宮裏的畫師畫的史上最早的一部色情漫畫。

張儀道：「當然，我對楚國還是很有感情的，不管那邊的生意多忙，我總還是會回來一次的。」

楚王道：「哦？今天，天氣不錯啊。」

張儀又說：「不知道楚王有沒有什麼要我帶的？晉國那邊的特產啊，古董啊，月光寶盒啊什麼的？」

楚王說：「不用啦，這些糟玩意兒本國多的是，晉國的東西沒什麼好希罕的，時間不早了，再不走你就趕不上跨國牛車啦……」

張儀說：「那美女呢？大王就不喜歡那邊的美女麼？」

楚王忽然擡起頭來說：「什麼什麼？你剛剛說什麼？」

張儀緩緩地道：「美女啊，晉國的美女啊。大王您還不知道吧，每年一度的鳳凰杯諸侯國美女大賽的冠軍亞軍季軍都是晉國的美女啊，晉國的美女那叫一個美啊，粉紅的臉蛋兒，雪白的肌膚，頭髮黑得跟黑夜一樣，走起路來婀娜多姿，說起話來嬌嬌滴滴，能把鐵石都給潤化咯，嘖嘖！」

楚王看漫畫看得正興起，聽張儀這麼一說，眼睛都放光了：「本國比較偏遠，晉國的小美人兒寡人還的確沒有見過，那你就給我帶幾個晉國的土特產來，要新鮮的啊！」

張儀假裝爲難道：「不過……」

楚王：「好說好說，這個好說！」楚王立刻派人給了張儀很多金子，讓他從速去辦理此事。

張儀故意把此事傳開，一直傳到南后和鄭袖的耳朵裏面，這兩位都知道楚王的德行，連忙派人去聯絡張儀，告訴他說：「聽聞張先生受大王之命去晉國買特產，特送上盤纏許多供先生在路上花銷，速食麵和水果在路上食用。」張儀又乘機撈了一票。

這一日，秋風瑟瑟，彤雲密布。張儀即將前往晉國，楚王親自到車站送行，車站裏面停靠著去往各國的牛車，票是早就已經定好了的，去往晉國的那輛牛車就停在不遠處，車廂上寫著楚國—晉國，那頭生猛的黃牛兀自喘著粗氣。

張儀：此次一別，路途遙遠，交通又不便，不知何年何月才能回來見到大王。而前面的路上指不定還會碰到山賊、老虎、UFO什麼的，大王賜我幾杯酒給我壯壯膽吧！

楚王：沒問題，只要你能平安地帶晉國特產回來（楚王賜酒給張儀）。

張儀一直重複上面的那句話，楚王一直賜酒，張儀喝得臉都紅了，楚王端酒端得手都軟了。

張儀：大王端酒也端累了，看在土特產的份上，懇請大王特別開恩，讓最信得過的人來再給我賜幾杯酒，以期給我更大的勇氣和鼓勵，讓我即便碰見牛魔王也不會害怕！

楚王：可以，只要你能早日完成任務回來。

楚王於是拉了南后和鄭袖過來給張儀敬酒。張儀一見連忙做出不敢飲酒的樣子，「咕咚」一聲就跪在了地上，大喊：「請大王把我殺了吧，我欺騙了大王啊！」

楚王驚訝不已地問道：「爲什麼？怎麼了？」

張儀說：「我足跡遍佈世界各地，從來沒有遇見過像大王身邊的兩位貴妃這麼漂亮美貌的女子啊，以前我對大王說要去找特產，那些特產跟這兩位貴妃比起來簡直就是一坨屎，今天我見了兩位貴妃才知道什麼是美女了，我欺騙了大王，罪該萬死啊！」

楚王一聽樂了：「原來最美的就在身邊！好了好了，恕你無罪了，天下根本就沒有女子能比得上我的貴妃的，是也不是？」臨了，楚王還對著兩個貴妃使了個鬼臉，約定了今晚的活動。

張儀無中生有，以實際上不存在的晉國美女空手套白狼，不但吃了楚王吃愛妃，賺足了銀兩和速食麵，而且從此受到了楚王的器重。

【畫龍點睛】

空既是色，色既是空；有既是無，無既是有；道可道，非常道！阿彌陀佛……雖然只有短短十幾個字，但是蘊含了深刻的宇宙奧妙在其中，到底是什麼奧妙呢？我也不知道。「無中生有」就是要將沒有的變成有的，將空變成色（事實上還是「色」和「有」讓人感覺實在一點）。到底怎麼樣才能把沒有變成有呢？「謊言重複一千遍就會變成事實」，而這之後你可以利用這個「有」字獲得切實的真實的好處哦。那個時候我們就不用昧著自己的良心說「空即是色，色即是空」了。

《Q版三十六計》全書即將推出，以上為摘要，以供賞味

Q版孫子兵法

搶鮮版

Q版孫子兵法 內容精摘

一．打仗不是去度蜜月，時間愈長愈好，帶著十幾萬人去度蜜月，虧你想得出來。就光只是一天的口糧都夠好好地捐助一下衣索比亞了，再有錢的國家也經不起這麼吃的，所以說打仗講究的就是一個速度，行軍要快，打架要快，撤軍的時候同樣要快，最好能拿出「趕著去投胎」的速度來進行。

二．沒有槍沒有炮自有那敵人送上前。吃他的，拿他的，接著再幹他。這才是打仗的最高境界。

【原文】

孫子曰：凡用兵之法，馳車千駟，革車千乘，帶甲十萬，千里饋糧。則內外之費，賓客之用，膠漆之材，車甲之奉，日費千金，然後十萬之師舉矣。

其用戰也勝，久則鈍兵挫銳，攻城則力屈，久暴師則國用不足。夫鈍兵挫銳，屈力殫貨，則諸侯乘其弊而起，雖有智者，不能善其後矣。故兵聞拙速，未睹巧之久也。夫兵久而國利者，未之有也。故不盡知用兵之害者，則不能盡知用兵之利也。

善用兵者，役不再籍，糧不三載，取用於國，因糧於敵，故軍食可足也。

國之貧於師者遠輸，遠輸則百姓貧；近於師者貴賣，貴賣則百姓財竭，財竭則急於丘役。力屈、財殫，中原內虛於家。百姓之費，十去其七；公家之費，破車罷馬，甲胄矢弩，戟盾蔽櫓，丘牛大車，十去其六。故智將務食於敵。食敵一鍾，當吾二十鍾；萁秆一石，當吾二十石。

故殺敵者，怒也；取敵之利者，貨也。故車戰，得車十乘已上，賞其先得者，而更其旌旗，車雜而乘之，卒善而養之，是謂勝敵而益強。

故兵貴勝，不貴久。

故知兵之將，生民之司命。國家安危之主也。

【Q版譯文】

孫子教導我們說：凡是要派兵去打仗之前都要準備好多好多東西。只有生力麵和榨菜是不夠的，即便再加上幾根火腿腸也是遠遠不夠的。要準備戰車千輛，裝載車千輛，而且這些車都不是拿出來就能用的，至少要給它們安上輪胎配備上牛或者馬，最好還能擦拭一新，這樣開出去才夠拉風的。還要有官兵十萬，後面有拉著糧草的車跟著他們千里走天涯。你也不能說派人家出去就立刻讓人家上路，至少要請吃飯吧，而且這規格還不能太低，一人兩個花卷這樣的規格，你自己也很難拿得出手吧我想，請十萬人吃一頓規格不能太低的飯，這又是一大筆錢。而這所有的人手裏頭都得拿著傢伙吧，這樣才夠威懾力，才能打，有的人喜歡柳葉彎刀，有的人喜歡小李飛刀，還有人喜歡金箍棒。所有這些武器都不能拿木頭的來糊弄人，不說不銹鋼的吧至少也得是鐵的，這又是一大筆。現在可以上路了吧，好像有什麼地方不對勁，對了，你還沒有給他們穿衣服呢，即便你為了省布料全部讓他們只穿內衣，因為女兵要比男兵多用兩塊布料，所以我們只招男兵，給十萬男兵一人縫一件內褲也得要大卷大卷的布料送到裁縫那邊，更何況你不可能就讓他們這樣上戰場，會著涼的啊哥哥。這樣一人再給做一件盔甲，又是一大筆。

一切都準備好了，終於可以出門上戰場了，路上吃的、喝的、拉的還在不斷地消耗著金錢。這就需要你必須夠快地解決戰鬥，怎樣快怎樣來，要是只紮營在山花爛漫處歇著的話，軍隊的銳氣就消失不見了，而且大自然還有可能會陶冶出他們善良厭戰的情操來，這樣扛著梯子去攻城的時候就會很沒有殺傷力。這樣一來軍隊沒有殺傷力，還掏空了國庫，國內的兵又都派出去了，周圍的那些壞蛋就會乘機派兵來侵犯我們，即便是諸葛亮在世也無法挽救這局面了。空城計？他坐到城牆上可能還沒開始彈琴，就被一彈弓打到城牆下面去了。國家很快就會被攻陷，前方的士兵打打不動，回回不來，除了投降就剩私奔一條路了。所以說，自古至今只見過不會打仗但是靠速戰取勝的，而沒有見過被評為十大傑出將領的人會把戰爭拖得很久，青少年出發頂著一頭白髮回來的。把戰爭拖得很久而有利於國家發展建設這麼荒誕的事情是從來沒有過的。除非你打的是一場生物戰，派出去的是一群老鼠，而這些老鼠都受過專門的教育，只知道一股勁地吃敵人的東西，而且見什麼吃什麼。因為在孫子我活著的時候，這種技術含量很高的戰爭還未曾有過，所以不在討論之列。綜上所述，速度是第一位的，不知道用兵對國家有什麼害處的人，就不能明白用兵的好處，打仗也是要講究效益的。

善於用兵的人，不會連續從國內兩次徵兵，整個國家的青壯年男子就那麼多，都被征去了美女誰來照顧，讓她們獨守空房沒事兒做，自己捲珠簾玩，難道你就不心疼，不難受麼？善於用兵的人也不會再三地從國內拉糧食去。武器從國內運送，糧草從敵國搞定，這樣一來部隊的供給問題就解決了。

國家貧困是因爲用兵作戰要搞遠途運輸而造成的，百姓的牛和馬都被征去搞運輸了，百姓自然就貧困了，而這些牛和馬也很不願意離開家鄉千里迢迢，咬舌自盡的很多。在靠近軍隊駐紮的地方市場供應不及，根據市場經濟的供需理論那個地方的物價就會飛漲，物價一漲錢就不值錢了，除了那些欠了一屁股債的人開心之外苦的還是廣大良民。這樣一來人財兩空，國內民衆就無法安居樂業享受天倫之樂了，困則思變，他們餓著肚子曬太陽聊天的時候，很可能會開始策劃起義的事情。這樣一來，百姓的費用用去了十分之七；國家的錢，爲了修理車輛、找獸醫給牛馬看病、給士兵做衣服造武器、還要製造攻城的工具，又用去了十分之六了，如果中間再出一兩個膽子比較大的貪污犯，就徹底死翹翹了。

因此，聰明機靈的將帥一定要從敵國取得糧草，用騙的、偷的、搶的都可以。吃敵人的一種糧食，相當於吃本國的二十種，當然了不是說敵人的糧食更能吃飽人，而是從這點糧食的價值方面來考量是這樣。吃敵國的一石飼料，相當於本國的二十石，正所謂「一二得二」說的就是這個道理。

要想能速度快就需要全體官兵能奮勇殺敵，見了敵人跟見了殺父仇人一樣，這樣就需要激怒官兵，可以用造謠的方法說「敵人那邊說我們的人長得又難看，性能力都很差，還個個都是笨蛋」這樣，官兵們就會憤怒然後同仇敵愾了；官兵們奪取了敵人的財物我們就要獎勵他們，以激發他們接著去打劫的興趣和信心。在車戰中，凡是繳獲了敵人戰車十輛以上的，就應該獎勵最先搶到戰車的人，而且要在戰車上插上自己的旗幟，混在自己的戰車裏面一起用，讓這些戰車搞不清楚狀況，以免它們自己跑回家。對於抓來的俘虜我們不應該虐待他們，當俘虜也不容易啊，又要做艱苦的思想鬥爭到底要不要自殺，又要被家鄉的人罵沒骨氣，所以我們應該拿出全部的愛心來關懷他們愛護他們，然後派他們上戰場。這樣就是通常所說的戰勝敵人而使自己更加強大。

因此，用兵作戰最重要的就是速度。根據第一篇的內容好好算算，沒有勝的把握就不要派兵出去，萬一不小心派出去了，看沒有打贏的希望就最好把部隊拉回來。最忌諱的就是讓部隊在千里之外夏令營。

懂得怎樣用兵的將軍們，你們一定要知道，你們是民衆命運的掌握者，是國家安危的決定者，能不能行就全看你們的了，拜託了！

【Q版實例】

高陽酒徒酈食其

漢高祖劉邦年輕的時候爲人大度慷慨，雖然自己沒什麼錢但非常喜歡施捨，即便自己只有一壺酒也會分給別人半壺。同時他又厭惡生產勞動，爲泗水亭長的時候是個有名的無賴：收保護費，調戲良家婦女，酒後駕馬車橫衝直撞等都不在話下。因爲他的身體長得比較奇異，在一次吃白食的過程中被深受封建迷信

毒害的呂公看中，將自己如花似玉的閨女嫁給了他。又在一次酒後斬殺了從酒店裏面偷跑出來的白蛇。自此聲名大振，趁著農民起義如火如荼的東風，他揭竿而起，起兵反秦。

酈食其，陳留高陽人，年輕的時候是個熱血青年，讀了不少的書，思考了不少國家大事和人生道理，樹立了正確的積極向上的人生觀、世界觀。然因其嗜酒，而且在酒後喜歡講真話，縣上的領導們都不敢將他留在身邊任用，只給他一個看門的活幹，縣領導們的馬車進進出出的時候他還得立正敬禮，我們可以稱之爲「保安酈食其」。酈食其堅定地等待著時機，等待著能夠看重自己的伯樂。光陰似箭，歲月如梭，酈食其終於由「保安酈食其」變成了「看門的大爺酈食其」了。這個過程中酈食其經歷了很多時期，其中就包括陳勝、吳廣起義和項羽的反秦。當陳勝、吳廣的部隊唱著「該出手時就出手哇，風風火火闖九州呀……」經過高陽的時候，酈食其說他們撐不了多久；當項羽的部隊唱著「愛的是非對錯已太多，來到眉飛色舞的場合……」經過的時候，酈食其說他們鼠目寸光。唯獨對於劉邦，他充滿了讚揚之詞，並投去讚賞的目光，他說：「慢而易人，有大略，此真吾所願從遊！」

西元前二〇八年，劉邦帶領著部隊西進，打了敗仗，攻城也攻不下來，於是就在營房裏面待著煩惱。

劉邦道：「我連白蛇都能給砍了，爲什麼連這個小小的城池都攻打不下來呢？」

女子甲溫柔地說：「奴婢不知。」

劉邦道：「我媽生我之前夢到有龍在她頭頂盤旋，還對她說了好幾句她聽不懂的話，估計是外語，按說我應該是上天定的皇上才對啊，怎麼現在這麼困難？」

女子乙道：「您就別問了，要是我們能懂那麼多還用得著在這裏給你洗腳麼？好了，洗乾淨了，趾甲用不用修？要修的話我就去拿斧頭和銼刀。」

劉邦往後一躺道：「做人真的好累，修一下吧！」

這時從外面跑進來一個人說：「報告，外面有一個名叫酈食其的老才子求見。」

劉邦道：「才子？那就是儒生了？不見不見，你就說我忙著研究打仗，沒時間見什麼儒生。」

那人便退了出去。劉邦對左右說：「我生平最看不起的就是知識分子，文也不行武也不行，還覺得自己了不起。戴個儒生的帽子就當自己是博士，我年輕的時候最喜歡用他們的帽子來當夜壺了，哈哈哈。砍腳趾甲的時候瞄準一點哦。」

女子乙道：「遵命！不過我還是覺得有點學問的男人比較懂得尊重女性呢。」

剛剛退出去的那個人又跑了回來，不過這次不同的是他的兩個眼睛都快腫得看不見了，衣服也被撕得一縷一縷的，胸口還有好幾道被指甲狠狠地劃過的痕跡。

那人哭著說：「酈食其說他不是知識分子，他是個粗人，是個酒徒，他還用打我和抓我來證明這些。」

劉邦立刻站起來跑出去迎接。出門便見一個滿臉通紅滿口酒氣的老人，他旁邊的馬的身上已經被交警貼了不少罰單，老人在那邊兀自罵罵咧咧揮動著拳頭。

劉邦恭敬地說：「您就是酈食其吧？」

那老人道：「請稱呼我高陽酒徒酈食其，謝謝！」

劉邦道：「高陽酒徒……我喜歡，請隨我進去喝幾杯吧！」

劉邦拉著酈食其的手一同步入營房之內。喜不自禁地擺上了酒菜，和酈食其聊天喝酒起來。聊天過程中發現酈食其談吐不俗，很有文化，而且還夾著粗話連篇，真的就是一個雅俗共賞的人才。

劉邦對身邊的女子道：「還拿著把斧頭做什麼？趕緊給酈老人家捶捶背捏捏腿什麼的啊！」

那女子道：「您的趾甲不用修了麼？」

酈食其道：「哦，正準備修趾甲啊，順道幫我一塊兒修修吧，剛剛一不小心好像就抓到了人。」

劉邦道：「好好好，我們躺下來，一起修。」

劉邦和酈食其躺了下來，那女子舉起斧頭開始幹活。

「你的兵馬不過一萬人左右，而且現在你的所在地還是秦軍的腹地，這就相當於到了孫子所說的『重地』，這是很危險的。最要命的就是你的後勤工作還沒有做好，要糧沒糧，要草沒草的，很過分啊你！」

酈食其望著天花板說了這樣一番話。

劉邦噙著淚道：「別看我整天樂呵呵的，其實我正爲這事煩惱呢，前後都有秦軍，糧草也撐不了幾天。我感覺自己就像茫茫大海上的一葉孤舟，任自漂蕩，指不定哪天就會翻船了，還請先生指教啊……」

酈食其緩緩地說：「書上說『因糧於敵，故軍食可足也。』這句話的意思就是應該從敵人那裏取得糧草，這樣我軍的補給就可以解決了。」

劉邦道：「書上還有這樣的話？我以爲書裏面只有『窈窕淑女，君子好逑』這樣沒用的東西呢，看來往後對於知識份子不能再如往常那樣對待了。不過問題是，哪個地方有敵人的糧草呢？怎麼從敵軍那裏取得糧草呢？他們會借糧草給我麼？」

酈食其這才告訴劉邦其實陳留縣城就是秦軍的一個糧草倉庫，那裏面的糧草堆積如山，連縣城裏面的老鼠都比別的地方大好幾倍，足夠劉邦的一萬人馬吃個兩三年的，而且還得是不限量限時的鬆褲腰帶的那種吃法。他建議劉邦先躲去陳留，解決了糧草問題之後再做打算。劉邦忙問奪取陳留之法，酈食其對劉邦如此這般地解釋了一番。

出得營房。劉邦親自幫酈食其撕掉了他的馬身上的罰單，並揮手送酈食其遠去。原來酈食其與陳留縣的縣長是老朋友了，他這是去勸陳留縣長歸順劉邦，如果軟的不行，他就在城內做接應，幫助劉邦攻下陳留縣城。卻說那陳留縣令一看是老朋友酈食其來了，好酒好菜擺了一桌子，酈食其見著酒就把別的事情都擺在了一邊，一頓好吃好喝之後開始給陳留縣令分析天下大勢，說秦的滅亡只是遲早的事情，劉邦是天下英雄，重情重義酒量又好，歸順他是最爲明智的選擇。不想那縣長卻拍案而起，慷慨陳詞，揮斥方遒，說他活著是陳留的縣長，死了是陳留的死縣長，他已經決定要與陳留共存亡。

酈食其道：「好！其實我剛剛只是試探一下你，我就欣賞你這樣的漢子，這樣的有責任，能擔當的真男人，來，我敬你！」

陳留縣長道：「原來這樣，我喜歡你，來喝！我們商量一下守城大計才是真的！」

酈食其道：「守城大計早已在我心中，喝了這杯我告訴你，這下我們換大杯。」

一來二去，陳留縣長就被酈食其灌得翻翻的了。夢醒時分，陳留縣令依舊在做夢，酈食其出門放了信號彈之後就悄悄地去打開了城門。劉邦的人馬魚貫而入。一舉奪取了陳留縣城，順便砍殺了那位還在酣睡之中的縣長。劉邦親自去打開糧倉的門，裏面的米一下就湧了出來將他埋在了裏頭。劉邦站在如高山如大海般的糧食中間開心地唱起了大風歌。有了陳留做根據地，有了陳留的糧食，劉邦再也不用爲籌集軍糧而擔心了。從此之後隊伍一天天地壯大起來。酈食其自此被劉邦重用，成爲劉邦手下著名的謀士，並在後來被封爲廣野君，這個時候我們可以稱呼他爲「廣野君酈食其」。

【畫龍點睛】

在戰爭的過程中，後勤補給是一項非常重要的工作，可以說是部隊作戰的基礎。而解決後勤補給只靠牛車拉馬車送是不能解決所有問題的，如果趕上瘋牛病、口蹄疫蔓延的時候，牛車馬車都是會被扣押的對象。孫子說得好：「因糧於敵，故軍食可足也。」有人的地方就有糧，不管敵人的糧，還是我們的糧，只要能吃的就是好糧。在這一案例中，高陽酒徒酈食其依照孫子的思想，運用自己的手段爲劉邦解決了缺糧之困，向世人證明了酒徒也可以很有深度很有文化。

謀攻篇

一．打仗的目的是奪取敵人的國家和人民，並不一定非要打個你死我活的，等眞的奪過來的時候才發現人民都殘廢了，你還得養著；宮殿都變廢墟了，你還得重修；女人們都被毀容了，你還得大哭一場；更要命的就是在互砍的過程中你的士兵也死傷無數。世界上還有比這個更划不來的事情麼？所以我們要用溫柔一點，婉轉一些的手法來打仗，最理想的狀況就是不用打而讓敵人屈服。

二．就像很會殺牛的庖丁不一定會殺雞，很能跑的千里馬不一定會耕田，很有威力的原子彈不一定能炸死蚊子一樣，你當了國家的老大並不一定就很會打仗。你如果熟讀了這本《孫子兵法》倒也罷了，怕就怕你本來什麼都不懂卻還要指手畫腳，讓你派出去的將軍左右爲難，這樣必將貽誤戰機鑄就慘敗。

三．名人名言：知己知彼，百戰百勝；不知己也不知彼，百戰百敗，耶！

【原文】

孫子曰：凡用兵之法，全國爲上，破國次之；全軍爲上，破軍次之；全旅爲上，破旅次之；全卒爲上，破卒次之；全伍爲上，破伍次之。是故百戰百勝，非善之善者也；不戰而屈人之兵，善之善者也。

故上兵伐謀，其次伐交，其次伐兵，其下攻城。攻城之法，為不得已。修櫓轒轀，具器械，三月而後成，距闉，又三月而後已。將不勝其忿而蟻附之，殺士卒三分之一，而城不拔者，此攻之災也。

故善用兵者，屈人之兵而非戰也，拔人之城而非攻也，毀人之國而非久也，必以全爭於天下，故兵不頓而利可全，此謀攻之法也。

故用兵之法，十則圍之，五則攻之，倍則分之，敵則能戰之，少則能逃之，不若則能避之。故小敵之堅，大敵之擒也。

夫將者，國之輔也。輔周，則國必強；輔隙，則國必弱。

故君之所以患於軍者三：不知軍之不可以進而謂之進，不知軍之不可以退而謂之退，是謂縻軍。不知三軍之事而同三軍之政者，則軍士惑矣；不知三軍之權而同三軍之任，則軍士疑矣。三軍既惑且疑，則諸侯之難至矣。是謂亂軍引勝。

故知勝有五：知可以戰與不可以戰者勝；識眾寡之用者勝；上下同欲者勝；以虞待不虞者勝；將能而君不御者勝。此五者，知勝之道也。

故曰：知己知彼者，百戰不殆；不知彼而知己，一勝一負；不知彼，不知己，每戰必殆。

【Q版譯文】

孫子教導我們說：凡是用兵打仗的，讓敵國全部投降的爲上策，和敵人硬拚的就差一級；讓敵人全軍投降的爲上策，圍殲這個軍的就差一級；讓敵人全旅投降的爲上策，做掉這個旅的所有人就差一級；讓敵人全卒投降的爲上策，把他們打到殘廢的就差一級；讓敵人全伍投降的爲上策，逼他們跳樓的就差一級。這裏面的「軍、旅、卒、伍」都是遙遠的春秋時期的軍隊編制單位：一個軍有一萬二千五百人；一個旅有五百人；一個卒有一百人；一個伍有五人。這是基礎知識，大家一定要記清楚。所以說，百戰百勝並不是最強的；不動刀槍而讓敵人投降，才是最令人敬仰的。想讓別人敬仰你嗎？想流芳百世讓人們世世代代記著你嗎？想出門的時候聽到女生的尖叫嗎？快來不戰而屈人之兵吧！

優秀的軍事家用政治手段戰勝敵人，比如恐嚇、在聯合國大會上批鬥、斷絕援助等方式；再差一點的用外交手段孤立敵人，搞臭他和周圍國家的人，比如造謠、挑撥離間、往周圍國家丟垃圾賴給他們等方式；再差一點的就是派軍隊去和敵人硬拚，最讓人見不得的就是扛著梯子，喊著號子去強攻敵人固若金湯的城池了。不到萬不得已，我們都不會用攻城這一招的。攻城這一招不但聽上去很粗俗，而且還大大地划不來。官兵們都是普通人，而這也不是武俠小說，高高大大的城牆靠飛或者跳是上不去的，這就需要修造飛樓和攻城用的巢車，還要準備雲梯，而這些東西製造工藝複雜且很耗費木材，即便有魯班親自來督導建造也要好幾個月才能完成，而且魯班的出場費也不便宜。還有一種方式就是在城牆邊上堆土山，堆到高過城牆爲止，這樣一車車地拉土也要好幾個月才能完成。然後將領們當了好幾個月的民工氣憤不過，指揮著士兵像螞蟻一樣順著梯子或者土山往城牆上爬，士兵們爬呀爬，城牆上的石頭啊箭啊拖鞋啊便便啊就往下飛呀飛，士兵們就啊呀啊……城沒攻下來士兵之中的三分之一就這樣白白地掛了，這就是強攻堅固的城池的災難了。所以說，善於用兵打仗的人，要讓敵軍屈服，不靠硬拚；奪取敵人的城寨，不靠明搶；滅了敵人的國家，不靠包圍和打持久戰。打仗也是要用腦子的，用謀略用思想奪取天下。我軍不受傷，然後還能得到最後的勝利，這就是用腦子打敗敵人的原則。

在用兵打仗的過程中，如果我方的人馬是敵人的十倍，就包圍他，邊讓他們挨餓邊嚇唬他們，還可以在他們面前吃雞腿香他們，最終讓他們神經崩潰而投降；如果是五倍的話就進攻他們，五個打一個，就不信幹不過他；如果是一倍的話就引誘他們，讓他們的部隊分散，然後接著五個打一個；如果兩人力量差不多的話就想辦法打敗他，如果力量比敵人弱的話就想辦法擺脫他們，暫時藏起來，金蟬脫殼，走為上在這裏都很有用處。如果你不顧自己力量弱小，還硬是要衝上去拚命的話，最好的後果就是給人俘虜了，最差的後果就是被人做掉了，中間的這種就是你做人很有原則地自盡了。

在這兵荒馬亂的年代裏，將帥對於國家來說是最重要的，將帥如果很能幹，輔佐老大很出色，國家就會強盛，將帥如果沒什麼能力，人格又有缺陷的話，國家就會衰弱下去了。不過尊重是相互的，作為國家的老大，你也應該尊重將帥的意見，以下三種情況你可能會給部隊帶來災難：不了解這個時候不能進攻卻偏偏讓部隊去進攻，讓全部的將士被人插成了刺蝟；不了解這個時候不能撤退，卻偏偏讓部隊撤退，剛剛打到興起占了上風這下卻要被敵人追著打；不了解自己部隊的實際情況，卻為了讓自己的親戚下基層鍛鍊而整編軍隊，這樣一來勢必讓大家內心深處看不起你，軍心混亂。不懂用兵作戰不是你的錯，但你非要干涉三軍的指揮就是你的不對了。這樣一來會讓大家不知所措的，思想混亂還又不知所措，這樣還怎麼打仗，別人如果再趁火打劫的話，就完蛋了。這就叫做自己擾亂自己導致敵人取勝，這樣是最沒面子的。

預知我們能勝利有五種情況：知道可以打還是不可以打就能勝利，能打而不打不能打而去打只能注定失敗；知道兵多的時候怎麼打兵少的時候怎麼打就能勝利，兵多的時候搞單挑兵少的時候打包圍只能注定失敗；上下團結一心就能勝利，互相之間都看著不順眼，打衝鋒的時候伸腿去絆倒自己人的馬，這樣混亂的話注定失敗；用有準備的自己對付沒有準備的敵人就能勝利，自己還在哼著歌兒洗澡的時候發現敵人已經打到澡堂子門口了只能注定失敗；將帥很能幹而君主又全力頂他的就能勝利，一會兒一個聖旨一會兒一個命令的注定失敗。這五條就是預知勝利和失敗的方法和標準。

綜上所述：既能明白自己又能了解對方的，可以每次都到達勝利的彼岸。這句話就是孫子我的最有名的名言，是這麼說的：知己知彼，百戰不殆。不了解敵方而只了解自己的，偶爾可以取勝；又不了解自己還又不了解敵人，這麼過分的只能每次都敗了。

【Q版實例】

一人投降 全家光榮

韓信，淮陰人，為我國歷史上著名而又偉大的軍事家、戰略家、統帥和軍事理論家。年輕時候的他既不屑於種地又不會做買賣，溫飽問題都沒辦法解決，經常去別人家吃白食，最過分的就是他經常盯著一個

人討白食，直討到那人討厭他憎恨他爲止，比如他在一個亭長家白食的那次，幹活的時候不見他的身影，一到吃飯時間他就飄然而至，這樣一搞就是好幾個月，韓信只是身材魁梧一點長得並不是很帥，而且還不會說好聽的話哄人，所以亭長的老婆就很不願意他在家裏面吃閒飯了。第二天開始她就把公雞的叫聲調到了早上三四點鍾，公雞一叫她就立馬去伙房做飯，做好飯之後端到床上來，一家人在睡夢中在床上就把飯給吃了。到了吃飯時間的時候他們一家都是滾飽的，也不給韓信做飯，韓信餓了幾天之後同亭長絕交而去。韓信無奈去城外的河裏釣魚，殊不知釣魚也是講學問的，並不是魚鈎扔進去魚就能釣上來洗洗烤烤就能吃了的，他在河邊釣了一天只釣上來一隻破草鞋，他罵了一句：「現在的人怎麼一點公德心都沒有，連破鞋都往河裏頭扔，要扔也該扔豬頭、羊頭、饅頭什麼的嘛！」之後就餓暈過去了。正在河邊漂洗絲絮的一個老媽媽將他扶回了家，給他飯吃，他這一待又是十多天。韓信有天在街上閒逛，遇到了一個本地的屠夫，那屠夫擋著韓信的去路道：「你以爲你身材高大一點，手裏老拿著一把劍就是令狐沖啦，來啊，刺我啊！」國人喜歡看熱鬧，自古至今。一發現有熱鬧，去菜市場買菜的大媽、要送老婆去接生婆那邊生孩子的男人、內急無比要去上廁所的美女都紛紛停下來圍在了韓信和那屠夫旁邊。

見人多了那屠夫更加囂張了，叉開雙腿站在路中間說：「要麼刺我，要麼從我胯下鑽過去，你不是很牛麼，來啊，刺我啊！」

韓信心道：「我到底該怎麼辦呢？是捅了他呢？還是從他胯下鑽過去呢？抑或是給他叉開的雙腿中間狠狠的一腳呢？如果從他胯下鑽過去的話肯定會被人恥笑，而淮陰的女孩子們肯定都會覺得我沒有男子漢氣概而不和我談戀愛，如果捅了他或者廢了他的話我就要去坐牢了，我宏偉的志向就實現不了了，鑽吧！」

主意下定，韓信就趴了下來，在衆人的吆喝聲中從那屠夫的胯下爬了過去。自此以後淮陰的市井小民們又多了一項飯後八卦話題，淮陰的男人們因爲有韓信的襯托又覺得自己高大了很多。

此後韓信的人生可以用曲折離奇峰回路轉來形容。他先是帶著寶劍去投奔了項梁的部隊，期間並無建樹。項梁掛了之後他又做了項羽的小弟，很多次他給項羽獻良計，項羽都左耳朵進右耳朵冒，韓信覺得很受傷很受傷。後來他就跑去參了劉邦的軍，招兵的人看他身材比較魁梧力氣比較大，就讓他去看管倉庫，雖然終於能吃飽飯了，但目前的景況還是讓韓信非常傷感。機緣巧合之下，蕭何發現了他，覺得他談吐不凡很有思想，立刻就喜歡上了他。蕭何跟劉邦舉薦了韓信好多次，劉邦都當蕭何是說著玩的。韓信又騎著馬閃了，蕭何未來得及跟劉邦彙報，就開了一匹馬去追韓信。追回之後當面鑼對面鼓地讓劉邦重用韓信，劉邦封了好幾個官，蕭何都說不夠分量。劉邦至此雖然心中懷疑蕭何和韓信兩人有不正當的男男關係，但因爲蕭何是自己的左膀右臂，還是將韓信封爲了大將。

之後韓信的一番話爲劉邦制定了東征以奪天下的方略，劉邦聽後大喜，大有相見恨晚的感覺。此後的日子裏他對韓信言聽計從，打了不少勝仗。韓信僅用了四個月時間就滅了魏國，又越過太行山區的井陘口進攻趙國。趙王和成安君陳餘帶著二十萬兵馬在井陘口進行阻截，準備包圍韓信的軍隊。

李左車跟陳餘說：「韓信率衆小弟打了不少勝仗，士氣很旺，銳不可擋，硬拚恐怕不行。不過我聽說

千里行軍，糧草問題就很難解決，等吃飯的時候才種水稻，將士們就會挨餓。井陘口這個地方非常狹窄，稍微胖點的人得斜著身子才能通過，他們騎著馬拉著車走，糧草必然會落在後面，你給我三萬軍隊，我從小路去截了他們的糧草，你在這邊挖溝修牆頂著他們。到時候他們進攻進不動，退又退不出去，吃飯又沒的吃。不出十天，韓信就會被我們抓住。如果你不聽我的話，我們就死定了。」

陳餘說：「你是聽誰說千里行軍什麼什麼的？」

李左車道：「聽我國偉大的軍事家，《孫子兵法》的作者孫武說的。」

陳餘道：「孫武啊，很行嘛！我怎麼也聽孫武說十倍於敵人兵力的就要包圍它，一倍於敵人的就要與之交戰。韓信雖然號稱有數十萬部隊，不過那都是嚇唬人的，其實也就是數千人而已。而且他們走了這麼遠的路，相信也累了。我們這麼多兵力和他們拚命還怕砍不過他們麼？再說了，我們都是文化人，怎麼可以用那麼下流的手段獲勝呢？會被人笑話的。」

間諜回來彙報了情況之後，韓信大喜。大膽地帶著軍隊往前走，在井陘口外三十里的地方將部隊駐紮了下來。深更半夜的時候他挑選了兩千個輕騎兵，讓他們一人扛著一面旗子去半山坡上藏起來窺視著趙軍營部。兵士對此悄悄議論開來。

兵士甲道：「兩千人監視，不管趙軍有什麼風吹草動都能盡收眼底，大將真厲害！」

兵士乙道：「他還知道半夜山坡上冷，讓我們拿著旗子去鋪在地上以免感冒，真是好人啊！」

兵士丙道：「所以說你們只是凡人，只能當士兵了。大將讓我們扛著旗子去是給你鋪在地上的麼？明明是給我們遮擋住自己以免被趙軍發現的。」

兵士甲道：「遮擋自己？舉個旗子擋在自己面前，趙軍是看不見我們了，那我們不是也看不見趙軍了麼？而且一直舉著旗子胳膊也會累的嘛！你才是笨蛋呢！」

韓信從廁所出來的時候，這幾個士兵差點就要打起來了。韓信這才繼續宣佈道：「我會派出軍隊出擊的，到時候趙軍一定會領著全部的部隊出來攻打我們，你們就扛著旗子去趙軍總部，把趙軍的旗子全部換成我們的旗子。」

韓信背水擺開陣勢，趙軍傾巢而出攻打他們，因爲韓信軍隊沒有退路，將士們個個拚死作戰，趙軍久攻不下。想要退回營部吃早點的時候竟發現營部裏面插滿了漢軍的旗幟，都以爲趙王和將領都已經被漢軍俘虜了，陣勢大亂。漢軍大破趙軍，殺了那個受過高等教育的陳餘，俘虜了趙王歇。接著他千金懸賞捉拿李左車。幾天之後李左車被逮了回來。韓信親自上前爲李左車鬆綁，還把上座讓給李左車坐，對待李左車就像徒弟對待師父那樣。

李左車道：「要殺要剮你快點，別這樣對我，讓我又緊張又難受。」

韓信道：「我不殺你也不剮你！」

李左車說：「俗話說得好『敗軍之將，不敢言勇；亡國之大夫，不可圖存』。我現在既然被你活捉了，就沒打算活過今天去。你能懸賞千金抓我，已經是給我面子了。」

韓信道：「你看過《Q版三十六計》麼？」

李左車道：「當然看過了，呶，你看現在我口袋裏面都還裝著呢，這樣的好書豈能不看。怎麼你也喜歡看？」

韓信道：「我都快能背下來了，裏面有篇講百里奚的，他以前住在虞國，虞國被滅了之後，秦國重用了他，秦國這才強大起來……這樣不好吧！左車兄，我在跟你很正經地說話，你卻看起了書，雖然書很好看，但是這樣會傷害我的自尊的。今天的你就好比是書裏面的百里奚，如果當初陳餘聽了你的話，現在被俘虜的就是我而不是你了。你是個有理想有道德有紀律的人，所以我虛心地向您請教，您不要推辭才好！為了表示我對您的誠心，我將新買的同樣是韓冬寫的《四大名逗》贈送給您，我想您一定會喜歡的。」

李左車聽此激動地說不出話來，一頓熱淚之後才拉著韓信的手說：「知音啊，緣分吶！既然你對我這麼好，那我也應該沒有什麼隱瞞才對！將軍你一連滅了三國，雖然勝利不小，但將士們都非常疲憊了，你看門口那個站崗的，睡著了不說，鼻子還在不停地吹泡泡。這樣去攻打燕國，如果燕國憑著險峻的地勢守著不出戰的話，將軍恐怕也很難取勝。」

韓信道：「那先生有什麼好的想法呢？」

李左車道：「想法嘛，當然有了，能把《四大名逗》給我先麼？」

李左車得了韓信的贈書之後繼續說：「將軍一天之內就擊敗了趙國的二十萬大軍，這個事跡早已經被傳到了各個國家，燕國肯定也知道了。將軍這麼厲害，燕國肯定害怕。您可以一邊安撫將士讓他們好好歇息一下，一方面派一個能言善辯的使者去燕國陳述利弊，如此一來燕國定然不戰而降。我去看書了。」

韓信當即寫了一封信，信裏面說了漢軍的厲害，分析了燕國的境況和投降跟抵抗的不同結果，然後在全軍進行了一場辯論賽，讓比賽的第一名帶著這封信去了燕國。接著他把全部的軍隊調到了燕國的邊境線上，打出了「一人投降，全家光榮」、「投降從寬，抵抗從嚴」等巨大的橫幅，讓將士們天天磨刀唱戰歌，嚇唬燕國。燕國君臣早就從報紙上看了趙國被滅亡的消息，現在有看到韓信大軍拉到了自家門口，而且還天天磨刀，個個嚇得戰戰兢兢的。燕王看了韓信給他寫的書信，還沒等那個能言善辯的使者開口就立刻表示同意投降了。

韓信沒有耗費一兵一卒，只憑一封書信就拿下了燕國，成爲千古美談。

【畫龍點睛】

將領再英名，士兵武功再高，只要打起仗來總會是有傷亡的。傷亡是我們都不願意看到的，無論從經濟效益還是社會效益上來說都是不小的損失。作戰的目的就是讓敵人屈服，奪取敵人的地盤和資源，只要能達到這個目的就好，沒有傷亡更好。韓信很能打，但他也明白能不打就不打的道理。

軍形篇

一．喜歡一上來就衝上去砍的人並不是善於打仗的人，而是善於送死的人。所謂的防人之心不可無，害人之心也不可無的意思就是：首先你要能做好防備敵人的工作，然後才可盯著敵人瞅機會幹他。一味地蠻幹是要壞事的。

二．總能打勝仗的人並不是眞的因爲他在戰場上有多能打，而應該是在上戰場之前本來就已經注定了他要打勝仗，他上去只是跑趟龍套而已。

【原文】

孫子曰：昔之善戰者，先為不可勝，以待敵之可勝。不可勝在己，可勝在敵。故善戰者，能為不可勝，不能使敵之可勝。故曰：勝可知而不可為。

不可勝者，守也；可勝者，攻也。守則不足，攻則有餘。善守者，藏於九地之下；善攻者，動於九天之上，故能自保而全勝也。

見勝不過衆人之所知，非善之善者也；戰勝而天下曰善，非善之善者也。故舉秋毫不為多力，見日月不為明目，聞雷霆不為聰耳。古之所謂善戰者，勝於易勝者也。故善戰者之勝也，無智名，無勇功，故其戰勝不忒。不忒者，其所措必勝，勝已敗者也。故善戰者，立於不敗之地，而不失敵之敗也。是故勝兵先勝而後求戰，敗兵先戰而後求勝。善用兵者，修道而保法，故能為勝敗之政。

兵法：一曰度，二曰量，三曰數，四曰稱，五曰勝。地生度，度生量，量生數，數生稱，稱生勝。故勝兵若以鎰稱銖，敗兵若以銖稱鎰。勝者之戰民也，若決積水於千仞之溪者，形也。

【Q版譯文】

孫子教導我們說：歷史上善於打仗的人，首先要做的都是創造自己不讓敵人打敗的條件，然後再盯著敵人找可以搞定對方的時機。這樣做的原因在於，能保證不讓敵人打敗在於咱們自己的努力，你可以修修城牆，挖挖陷阱讓敵人不容易打過來，也可以給官兵們補補營養讓他們各個身體倍兒棒，這些都是我們能做的，而要打敗敵人就在於對方有沒有紕漏或者空隙讓我們乘機了。所以善於打仗的人並不是每次都能打敗敵人但至少可以做到不被敵人打敗，不至於你給了他十萬人最後就回來他一個而且還是個殘廢。根據我們前面的章節，勝利是可以預料的，但並不是預料到了勝利就能勝利的，蠻幹是不能取得勝利的：這就好比你面前有一個小孩拿著一個棒棒糖，你要去搶，而你事先已經知道了這個小孩他強壯的父親和驍勇的母親都上班去了，而方圓十里之內沒有一個人會出來救他，因爲爲了搶這個棒棒糖你已經給周圍的人塞了錢，而且你也了解到了那只是一個普通的三歲小孩，而不是萬中無一的武學奇才。按說你現在可以完全預料到你能夠搶來那個棒棒糖的，你盯著他手裏的棒棒糖，大喊著打劫向他衝將過去，還沒衝到的時候他就

轉身將棒棒糖插到了旁邊的一坨便便上，而且是頭向下地插進去。結果你還是沒能搶到，這就是你蠻幹的結果，如果你能溫柔地走過去，哄著他然後把握住那個棒棒糖的話，你最後是可以成功的。不會被敵人戰勝，在於你自己嚴密地防守和對官兵們的營養補得好；可以戰勝敵人，在於你能夠乘機進攻。我們之所以防守並不是因爲我們的個人愛好是防守，也不是因爲晚上夢到觀音菩薩讓我們防守，而是因爲我們的力量不夠，進攻是要吃虧的。我們之所以進攻並不是因爲我們不喜歡歇著，也不是因爲我們有過動症，而是因爲我們力量強大，能夠戰勝敵人。善於防守的部隊，就像隱藏在好深好深的地下一樣，讓敵人打著燈籠都找不著；善於進攻的軍隊，就像是忽然從好高好高的天上自由落體下來一樣，即便他們事先派了最能幹的狗仔隊，都一點消息也沒有收到，這樣的話就可以保全自己而大獲全勝了。

能預見到大多數人都能預見的勝利，並不算是最好的；打了勝仗天下人都仰慕你的也不算是最好的。這就是我們所說的能舉起頭髮的並不算力氣大（除非是一卡車頭髮），能看到太陽和月亮的不算眼睛好（除非是閉著眼睛），能聽得見雷聲響的並不算耳朵靈（除非是火星上的雷聲），會說「hello」的並不算是英文好，能跑過烏龜的千里馬並不算是跑得快。古代說的善於打仗的人，是指能夠取勝於很容易打敗的敵人的人。所以，說善於打仗的人智商都超過二百，個個都會降龍十八掌只是你們這些升斗市民一廂情願的想法罷了，誰說會打仗的人不能是弱智，不能是禿頂。他們之所以能夠打敗敵人是因爲在事先已經下足了功夫，已然使自己立於不敗之地，然後又在作戰措施上穩紮穩打，不出差錯，這樣才打了勝仗的。總之就是一句話：善於打仗的人，先讓自己立於不敗之地，然後再不放過任何能打敗敵人的機會。所以我們可以看到，最後取勝的軍隊都是先創造了勝利的條件，在第一篇裏面的那所謂的五個方面占了優勢，才會出去和敵人拚命，而失敗的軍隊總是一上來就砍，然後邊打邊想怎麼取勝，這個時候才想，已經晚了八百年啦，所以說老師號召我們應該事先預習課本並不是我們所想的想整我們哦！通常意義上的好指揮官，都是能夠修明政治，貫徹法制的人，沒見過貪官污吏好色之徒領著部隊能打勝仗的。

兵法上有五個範疇：一是「度」；二是「量」；三是「數」；四是「稱」；五是「勝」。一個字一個字的說話實在是有夠酷的，雖然酷但是不利於大家理解也不利於掙取稿費，所以還要解釋一下。敵我雙方國家土地的大小，所處地域不同，就是「度」；敵我雙方土地大小不同，所處地域不同就決定了物質資源的不同，敵人疆土有幾百萬平方公里我方只有幾畝地，敵人在資源豐富美女又多的「天府之國」，而我們在寒冷的南極上，這就決定了兩方所能擁有的物質不同，這就是「量」；所擁有的人口和物質資源的不同，決定了軍隊的多少和兵源的素質，這就是「數」；敵我軍隊和兵源的不同產生了雙方戰鬥指數的不同這就是「稱」；敵我軍事實力的不同最後就決定了誰能取勝了。

所以，勝利的軍隊和失敗的軍隊相比較，就像是五七六比一一樣，爲什麼是這麼奇怪的數字，難道是作者的生日？錯！作者的生日是八二九哦，大家記好了。原文中的鎰和銖都是古代的重量單位，一鎰等於二十四兩，一兩等於二十四銖。而失敗的軍隊和勝利的軍隊相比就像是一比五七六一樣。其實也就是旺仔小饅頭和巨無霸漢堡的關係了。從外觀上來看就知道哪個更厲害了。

前期工作都做好了，勝利一方指揮士兵作戰就像從八百丈的高山頂上有個蓄滿水的水庫，然後忽然打

開閘門一樣傾瀉而下，其勢雷霆萬鈞，不可阻擋。正所謂「飛流直下三千尺，疑是銀河落九天」，好詩，好詩！

伍子胥採訪孫子記

【Q版實例一】

伍子胥，名員，字子胥，楚國人。本來他們一家子人都是楚國忠臣，爲楚莊王將楚國建設得繁榮富強成爲中原霸主出謀劃策了不少，接著攤上了一個昏暈淫蕩的楚平王，楚國國力日趨衰落，他們看在眼裏急在心裏，接著楚平王懷疑太子謀反，抓了太子太傅伍奢也就是伍子胥的老爸，並要將之處死。伍奢派人送信回家，伍子胥和他哥哥伍尙一起出門，伍子胥閃去了吳國，而他哥哥伍尙去陪他們的父親伍奢一起死，楚平王不解風情，沒有被這感天動地之舉所打動，真的就處死了他們。

子胥跑到吳國之後，經過觀察發現吳公子光比較有發展前途，就幫助他做掉了吳王僚，將公子光推上了吳國老大的位子，這就是吳王闔閭了。闔閭接著重用了從楚國逃往來的貴族階級伯嚭和我國歷史上著名的軍事家傳說中《孫子兵法》的作者孫武。在他們三個的輔佐和闔閭的英明領導之下吳國的政治經濟和軍事都強大了起來，成爲東南地區的強國。正所謂「飽暖思淫欲」，國家強大了，就想著發起戰爭搶奪地盤了。

伍子胥：「楚國殺我父親和哥哥，同我有不共戴天之仇，我已經不當它是我的母國了，不滅楚國難消我心頭之恨。」

闔閭：「子胥你先別哭，我們來聽聽他們兩個的意見之後舉手表決。」

孫武：「從兵法上來說決定進攻哪個國家需要從各國的強弱和外交關係上來分析，經過分析我也覺得先攻打楚國是正確的。」

伯嚭：「我在楚國的時候是有錢人，而且不是一般的有錢，是非常有錢的那種。我也贊同先打楚國，拿回我的大房子和銀子倒在其次，重要的是楚國的國王現在只知道泡妞和聽信小人之言，這個時候去打他們正好，所謂的趁火打劫就是這個道理。」

闔閭：「好，現在我們來舉手表決一下。同意先進攻楚國的兄弟請舉手。」

在肅穆的吳國國歌聲中，大家舉起了自己莊嚴的一手。闔閭點了點數：「啊，只有我們四個人怎麼會有五隻手？子胥，舉一隻手就夠了！」

伍子胥：「哦，好！」

闔閭：「全數通過，那麼我們就這麼決定了，優先滅了楚國。」

孫武道：「但是……」

闔閭：「『但是』往往是最重要的！孫將軍還有什麼意見，說出來我們一起商量？」

孫武道：「我覺得雖然我們應該優先攻打楚國，但是現在還不是時候。楚國怎麼說也是個大國，雖然

現在朝綱紊亂不調，但終歸是有錢又有兵馬，而我們只是個新興國家，從人力物力上來看，攻打楚國還不能有取勝的把握，從軍事上來說是這樣子的，你們覺得呢？」

闔閭：「嗯，有道理！有勇有謀的子胥你覺得呢？」

伍子胥：「我也覺得說得有道理，我在此基礎上有一個更好的建議。不過在這個建議之前我想採訪孫將軍一個問題，韓冬那小子的這本書，就是寫您的《孫子兵法》的，您會不會覺得它強姦了您的思想和著作呢？」

孫武想了想道：「他寫的思想還是我的思想，只不過是換了一種人民群衆喜聞樂見的寫法而已，書寫出來就是給人看的，事實上我也覺得我的寫法太過於晦澀了，有韓冬將《孫子兵法》進一步地深入化、娛樂化，我非常開心，謝謝！」

闔閭：「子胥，說說你的建議！」

伍子胥道：「我覺得我們不但要專注於發展自己強大自己，而且要注意削弱楚國勞累楚國，隔岸觀火固然不錯，如果能再火上澆油的話那就非常不錯了！楚國雖然將多但彼此不和，而且有互相推諉的特點。我們可以將部隊分爲三部分，輪番地變著法兒地騷擾楚國，勾引他們全軍出戰。他們出來了我們就退兵，他們退兵了我們再進攻。累死他們！」

伍子胥還沒有說完，在座的人就都鼓起了掌，紛紛讚揚伍子胥的主意非常好，闔閭還吩咐一位漂亮美眉給伍子胥獻了花。

次年，闔閭開始實施子胥的計劃，他將部隊分爲三波。派了一支部隊去進攻楚國的六城和潛城，楚國連忙拉了部隊去救援潛城，等兵馬跑到潛城的時候，吳國兵馬已經離開了潛城佔據了六城。沒過幾天，吳軍又開始攻擊出國的弦，楚國又調集軍隊跑到幾百里外去救援弦，人還沒到的時候吳軍又撤離了。就這樣，吳軍三班倒地騷擾楚國，楚國的部隊仗沒有打幾場光跑路了，這一搞就是六年。楚國士兵的腿都跑短了一截，鞋子跑爛了一雙又一雙，跑得怨聲載道。

有孫武，打仗不用愁。疲楚計劃成功之後，吳國展開了大局進攻楚國的準備。然而這個進攻也不是野蠻地帶著部隊衝上去就打，那是粗人的做法，孫武他們的做法是首先拉了和楚國有矛盾的蔡國和唐國爲自己的盟國，讓楚國的北面完全暴露給吳國，如此一來就可避開楚軍兵力強盛的防守。接著又拉了一些部隊去進攻越國，並昭示天下說吳國要全面攻打越國，這樣一來楚國就以爲吳國要攻打越國而不是楚國，放鬆了警惕。再接著又搞了一個反間計，讓楚國不用很會打仗的子期，而任用了貪婪無恥下流的子常爲部隊將領。這時候吳國才正式開始攻打楚國。楚國部隊這些年跑了不少冤枉路本身就很累了，再加上吳國做了那麼多的前期工作，雙方軍隊一接觸，楚軍就全線潰敗下來。吳軍一路追擊，長驅直入了楚國都城郢，終於成功破楚。

【畫龍點睛】

有《孫子兵法》的作者孫武在，闔閭想打敗仗都難。再加上伍子胥英名明的計策，強大的楚國終於被

滅了。伍子胥雖然報仇心切，但能清醒地認識到敵我雙方實力上的差距，能夠用疲敵累敵之計達到「勝兵先勝而後求戰」的要求，不服他都不行啊！

【Q版實例二】

我還有救，麻煩快叫救護車

長勺之戰，發生於周莊王十三年（西元前六八四年）之春，是春秋初年齊魯兩諸侯國之間進行的一場車陣會戰，車陣會戰不是比誰的車多，也不是撞車玩而是以車開路步兵跟進，衝入敵陣之後車上的人也可以跳下來打這樣的。此次戰役是我國歷史上後發制人，以弱勝強的著名戰例，毛主席他老人家就非常喜歡講起這個戰例，在他的《中國革命戰爭的戰略問題》一書中就舉了長勺之戰的例子。

在那個時候魯國佔據著現在山東西南部地區，都城曲阜，它保留了很多宗周社會的禮樂傳統，疆域和國力跟齊國相比都處於劣勢地位，屬於二等國家。齊國，乃是姜太公呂望的封地，佔據著今山東東北部地區的廣闊土地，都城臨淄。齊國經濟發達，實力雄厚，從西周到春秋時期一直都是東方不敗。西元前六八六年，齊國的宮廷內部發生了動亂：齊襄公的堂弟弟公孫無知殺了齊襄公，自立爲君王。幾個月之後，公孫無知又被大臣殺了，如此一來齊國老大的位子就空了下來。齊襄公有兩個弟弟逃亡在外，他們分別是公子小白和公子糾。公子小白跟隨著他的師父鮑叔牙在莒國避難；公子糾則和他的師傅管仲在魯莊公處避難。兩人都想回國搶佔齊國老大的位子。魯莊公乃是公子糾的舅舅，他一方面派了魯國最快的車和跑得最快的士兵護送公子糾回齊國，一方面派管仲帶著魯國最能打的兵前去攔截公子小白。管仲攔到了小白，一箭射出，正中小白的腰帶扣，小白咬爛舌頭，大吐一口血之後從車上一頭栽了下來。管仲以爲這一箭射死了小白，他立刻回去跟公子糾報告。

按照醫學角度來說，一箭射中小肚子，是不會那麼快從口中噴血出來的，即便從口中流血也得等個兩三分鐘，那血也不會是射出來的，而是順著嘴角慢慢流淌下來的，這個時候被射中的人應該還可以睜著眼睛說上兩三句話的，比如：

「好好照顧我們的孩子！」

「答應我你要好好活下去。」

「趕緊把我送醫院吧，我還有救，別只顧著喊我的名字了。」

而管仲卻沒有想到這一點，還回去興高采烈地報告了公子糾說小白被他一箭射死了，由此可見，他作爲一名謀士還是有欠缺的。先前快速往回趕的公子糾也開始不慌不忙起來，邊走邊欣賞起風景來了。等他回到齊國，才知道公子小白早已做了齊國國君，這就是齊桓公了。公子糾只好又返回了他的舅舅魯莊公那裏。西元前六八五年，齊魯兩國在齊國境內的乾時進行了一場大戰，此戰以魯國戰敗告終。不久之後鮑叔牙乘勝追擊，以掐斷魯國的電視信號和網路爲威脅要魯莊公殺死公子糾交出管仲，魯莊公明白沒有網路和電視將會是多麼的痛苦，無奈之下只好弄死了公子糾，將管仲交給了齊國。

魯國自乾時戰敗之後，積極進行軍事鬥爭的準備，訓練部隊，製造兵器，加強防守，軍事實力大增。管仲到齊國之後，齊桓公沒有因爲當初管仲射了他就記仇，反而敗他爲相。管仲建議齊桓公內修外練做好充分的準備之後再擴張勢力，齊桓公卻覺得齊國勢力已經夠強大，兵馬已經夠彪悍，非要立刻向外擴張，第二年的春天，讓鮑叔牙帶領著部隊去攻打魯國。

魯莊公正準備要披掛上陣前去迎敵的時候，來了一個名叫曹劌的人求見，說他覺得大臣們庸碌無能，不能遠謀，他不忍心眼睜睜地看著自己的國家被齊國軍隊蹂躪，是以前來拜見莊公，要求打仗的時候帶上他一起。

曹劌：「請問莊公你依靠什麼同齊國作戰？」

魯莊公：「平常我都會將好吃的好穿的分給大臣，他們很開心，都誓死效忠我。」

曹劌：「只是一些吃的穿的，又不是好房好車，這些只能算是小恩小惠。而且你只是分給大臣，人民卻什麼都沒有得到，他們就不會出力了。」

魯莊公：「我每次祭祀的時候，有多少豬頭就給菩薩說多少豬頭，從來沒有騙過菩薩他們。」

曹劌：「對神明守這點小信用，未必能感動得了他們，而且他們那麼忙，也不會有太多時間管你的。」

魯莊公：「對於民間的案子，雖然我不能例例躬行，無法做到明察秋毫，但必定公正地准情度理地予以處理。」

曹劌：「這條倒是不錯，老百姓喜歡你。就具備了和齊國打仗的基本條件了。出發吧！」

魯莊公和曹劌同乘一輛戰車，率領著大軍前去迎戰齊軍。根據齊軍人多勢衆，銳氣正盛的特點，魯軍採取避開齊軍鋒芒，以退爲進的戰略思想，他們將部隊退到了利於反攻的長勺，以逸待勞，準備和齊軍進行決戰。

齊將鮑叔牙覺得魯國國小兵弱，根本就沒放在眼裏，帶著部隊到達長勺之後，連歇都不歇的便立刻向魯軍發起猛攻，鼓聲喊聲驚天動地。魯莊公見狀便想要命令擊鼓出擊。

曹劌：「ＳＴＯＰ！」

魯莊公：「啊，爲什麼？齊軍打過來啦！」

曹劌：「現在齊軍士氣旺旺，我們現在出擊正好合了敵人的意，堅守陣地，不要正面交鋒，避開敵人的銳氣才是當下要做的。」

魯莊公：「有道理！傳令下去，誰都不許衝出去打！」

齊軍大喊著衝了過來，魯軍巋然不動。齊軍快要衝入魯軍陣地的時候魯軍忽然萬箭齊發，齊軍又大喊著退了回去。齊軍只想早點結束戰鬥回去吃晚飯，於是不斷地擊衝鋒鼓，打了三次衝鋒都沒有能同魯軍正式短兵相接。齊軍將士無奈了，氣憤了，疲倦了；愛得痛了，痛得哭了，哭得累了，大腿之上箭箭執著。

曹劌見此情形，對魯莊公耳語道：「時機來了，立刻下令擊鼓，發起反擊。」魯軍將士們早就躍躍欲試地在等鼓聲了，衝鋒鼓一響他們立刻像脫了韁的野馬一樣向齊軍衝了過去，以迅雷不及掩耳盜鈴之勢衝

垮了齊軍陣地，齊軍大敗。魯莊公見齊軍要跑，喊了一聲：「哪裏跑！」就要帶著部隊乘勝追擊，曹劌連忙拉住了魯莊公。

魯莊公：「又幹嘛？」

曹劌：「稍等片刻。」

說完之後他就跳下車去，往前走去。

魯莊公：「你知道曹劌他要幹嘛麼？」

副將：「我覺得他應該是要去小便。」

曹劌走了幾步看了看之後又折轉回來，登上車子之後又向遠處眺望了片刻，這才對魯莊公說：「可以追了！」

魯莊公下令追擊，魯軍將士見連齊軍這麼強大的軍隊都被他們打得逃跑了，頓時軍心大振，追上齊軍之後雙方又進行了一場廝殺，齊軍終被趕出了魯國地界，此戰以魯國大獲全勝而告終。

戰爭結束了，魯莊公請客吃飯。

魯莊公：「這不是在做夢吧，我們竟然大敗齊軍。」

莊公夫人：「要不我掐你一下看看？」

魯莊公：「不要不要，你手勁太大了！我已經相信這是事實了。曹劌你說爲什麼這次我們能夠打勝仗呢？一定是你在戰場上那些奇怪的表現使然。爲什麼要等敵人打三次衝鋒，我要追擊的時候你下車去走幾步路又是爲什麼？」

曹劌：「其實好簡單的，在第一次衝鋒的時候士氣是最旺盛的，三次衝鋒之後士氣已經消耗殆盡了，這就是爲什麼我們打衝鋒的時候我方的士兵那麼猛而齊軍那麼衰的緣故了。您下令要追擊的時候我下車了一趟，我不是想要小便，也不是下車去活動筋骨，而是查看敵軍的車軲轆印，我發現他們的車軲轆印一片混亂，又見他們的旗子東歪西倒，這才確定他們不是假裝敗退，才敢讓您下令追擊。」

魯莊公：「曹劌！I服了YOU！」

【畫龍點睛】

起初魯國的軍隊無論從人馬的數量，還是從氣勢上來說顯然都是遜於齊國的。曹劊很好地應用了士氣，沒錯，在冷兵器時代，士氣乃是決定戰場態勢最重要的部分。「一鼓作氣，再而衰，三而竭。」齊軍士氣竭了，而魯軍士氣正旺，衝鋒號一響如猛虎下山一般，其勢自然銳不可當。

虛實篇

一．得讓敵人疲於奔命。想讓牛走來走去，你可以用老牛最愛吃的嫩草來吸引牠，也可以用鞭子來驅趕牠，還有人在牛尾巴上掛上鞭炮來嚇唬牠。同樣的，要讓敵人舟車勞頓也可以用引誘、驅趕、調動等方法。

二．無論什麼時候我們都應該清楚地了解到敵方的人馬情況、思想狀況以及戰鬥會在哪裏打響。而不能讓敵人了解到我們這些東西，這就需要我方虛實結合，讓敵人摸不到頭腦。使得一切盡在掌握——我方的手來掌握。

【原文】

孫子曰：凡先處戰地而待敵者佚，後處戰地而趨戰者勞。故善戰者，致人而不致於人。能使敵人自至者，利之也；能使敵人不得至者，害之也。故敵佚能勞之，飽能饑之，安能動之。

出其所不趨，趨其所不意。行千里而不勞者，行於無人之地也；攻而必取者，攻其所不守也。守而必固者，守其所不攻也。故善攻者，敵不知其所守；善守者，敵不知其所攻。微乎微乎，至於無形；神乎神乎，至於無聲，故能為敵之司命。

進而不可禦者，沖其虛也；退而不可追者，速而不可及也。故我欲戰，敵雖高壘深溝，不得不與我戰者，攻其所必救也；我不欲戰，畫地而守之，敵不得與我戰者，乖其所之也。

故形人而我無形，則我專而敵分；我專為一，敵分為十，是以十攻其一也，則我衆而敵寡；能以衆擊寡者，則吾之所與戰者約矣。吾所與戰之地不可知，不可知，則敵所備者多，敵所備者多，則吾所與戰者寡矣。故備前則後寡，備後則前寡；備左則右寡，備右則左寡；無所不備，則無所不寡。寡者，備人者也；衆者，使人備己者也。

故知戰之地，知戰之日，則可千里而會戰；不知戰地，不知戰日，則左不能救右，右不能救左，前不能救後，後不能救前，而況遠者數十里，近者數裏乎？以吾度之，越人之兵雖多，亦奚益於勝敗哉？故曰：勝可為也。敵雖衆，可使無鬥。

故策之而知得失之計，作之而知動靜之理，形之而知死生之地，角之而知有餘不足之處。故形兵之極，至於無形；無形，則深間不能窺，智者不能謀。因形而錯勝於衆，衆不能知；人皆知我所以勝之形，而莫知吾所以制勝之形。故其戰勝不復，而應形於無窮。

夫兵形象水，水之行，避高而趨下；兵之形，避實而擊虛。水因地而制流，兵因敵而制勝。故兵無常勢，水無常形，能因敵變化而取勝者，謂之神。故五行無常勝，四時無常位，日有短長，月有死生。

【Q版譯文】

孫子教導我們說：但凡先到戰場上的一方總是精力充沛，紅光滿面，只要你到地方後不會閑來無事舉辦全軍馬拉松比賽。而後到達戰場的剛剛跑了幾十個夜晚的路還沒來得及洗洗身上的風塵就匆忙地投入戰場的則會軟弱無力，渾身乏困就像吃了十香軟筋散一樣。所以說，善於打仗的人總會是調動敵人跑來跑去，而不會讓自已被敵人搞來搞去。我們能調動敵人讓他們自己跑來我們已經佈置了陷阱埋了地雷的戰場上，並不是因爲我們發功干擾了敵人的腦電波，而是用利益，用他們喜歡的想得到的東西來勾引他們；能讓敵人比我們晚來到戰場，是因爲我們在他們必經之路上面撒了圖釘，設了路障，擋了他們的路扎了他們的腳，等他們搬開路障拔掉釘在鞋底的圖釘的時候我們已經到戰場了。敵人如果很安逸很空閒，我們就想辦法讓他們忙起來累起來，比如派一個特別能跑的美女去敵軍營房門口說：「來追我啊，來追我啊，追上我就給你親一下」，就像通常電視裏面演的那樣，不過派去的這個美女不能像電視劇裏面的女主角那樣故意裝作跑不動；敵人如果有很多糧草我們就想法子讓他們沒有，比如放火或者買通豬八戒去敵軍那邊當兵；如果敵人固守著城池不動我們就想辦法引他們動，讓他們出來，比如去攻擊他的老家讓他出來救或者拉著幾卡車金子讓他們出來搶。

要攻擊就攻擊敵人沒辦法跑去救援的地方，當然也不能只要敵人沒辦法救援的地方你就去攻擊，攻擊也要有價值，對敵人能造成打擊，攻擊火星敵人就沒辦法跑去救援，但這樣就沒有意義了。我們搞突然襲擊也要襲擊敵人意料不到的地方，這樣才不至於陷入敵人的埋伏圈。我們走四方但是一點都不累，那不是因爲我們是坐著火車走的，而是因爲我們走的是一條敵人想不到的路，他們撒的圖釘設的路障都在別的路上呢，因此我們可以邊唱歌邊聊天邊看韓冬的深刻而又搞笑的書邊走，這樣當然不累啦。我們一進攻就如猛虎下山，是因爲我們進攻的是敵人沒辦法防守的地方；我們一防守就固若金湯，是因爲我們防守的正是敵人不方便進攻的地方。善於防守的人能做到讓敵人不知道應該從哪裏進攻，應該撞門還是放箭來進攻。啊，好深奧啊，好精妙啊，竟然連一點點形跡都看不到，就像沒人來過一樣。哇，好神奇啊，好荒誕啊，竟然連一點點消息都不會透漏出去，就像什麼事情都沒發生過一樣。我們就成爲了敵人命運的主宰。我們是如來佛敵人就是孫悟空，我們是諸葛亮敵人就是孟獲……一切盡在我們掌握，耶！

我們進攻而讓敵人頂不住的，是因爲我們專揀他們人少兵衰的地方打；我們撤退而讓敵人沒辦法追到的，是因爲我們個個都能閃得快，讓他們追也追不上。所以我們歇好了空閒了有時間打仗了想打仗了，即便敵人守著再堅固的城池，防守再嚴密，他也不得不出來和我們打，這不是因爲這是一場軍事演習，而是因爲我們攻擊了敵人不得不救援的地方；我們不想打仗想歇息了，即便我們就只是在地上放個呼啦圈待在裏頭，連籬笆牆都不花錢紮一個，敵人也不能來進攻我們，因爲我們歇著的地方不合敵人進攻的方向，敵人沒法上路。

所以說，應該弄清楚敵人兵力的虛實情況而不暴露我軍的虛實情況，這樣一來我們的兵力可以集中而敵軍的兵力就不得不分散。我們將兵力集中在一個地方，而敵人的兵力分散在各個地方，我們就可以用十倍的兵力打他們一處，十個人圍著一個人砍，場面何其壯觀啊！但是在這之前一定要探明白敵人的總兵力不會是我們的十倍還多。這樣一來我們十個打一個，就造成了敵寡我衆的局勢，只要敵軍不都是武當或者少林的俗家弟子我們就可以取勝了。我們要打什麼地方敵人事先並不知情，因爲我們保密工作開展得好，敵人不知道我們要打哪裏只好到處都防守了，這樣我們真正要進攻的地方兵力就少了，大家都是聰明人，這個道理應該會懂了吧！這樣一來，敵軍防備前面，則後面的兵力就少了，防備後面則前面的兵力就少了；防備左翼，右翼的兵力就少了，防備右翼，左翼的兵力就少了，到處都防備，就到處都少兵。這個時候的敵人就像一個被你拿了所有衣服而只給她一個小手絹的姑娘，遮住了上面下面就遮不了，遮了下面上面就遮不了，她該是多麼的淒涼啊，最後只有用那小手絹遮住了臉，任你宰割。敵人兵力少是因爲他要防備的地方多，我們的兵力多是因爲我們迫使敵人處處防守。

所以，既知道和敵人交戰的地點，又知道了交戰的時間，即便有千里路讓我們走，我們也可以按時到達還有時間歇歇腳的。不知道與敵人交戰的地點，又不知道交戰的時間，只知道要和敵人打架，走路提心吊膽不說，還不定什麼時候敵軍會忽然從路邊的草叢裏面衝將出來，這個時候倉促地和敵人交戰會好慘的。左邊的軍隊聯絡不上右邊的軍隊，右邊的軍隊喊不應左邊的軍隊，前面的軍隊看不見後面的軍隊，後面的軍隊追不上前面的軍隊。更何況大家有能走的又不能走的，相距近的有幾里，路遠的有十幾里呢，我們這個年代又這麼落後連個手機也沒有，到時候後面的人全都掛了，前面的人都還不知道呢。根據孫子我的觀察，吳越之戰中，雖然越國的兵馬很多，但對勝利一點幫助都沒有。所以說：打仗不是比人多，勝利是可以創造的，敵人人多我們可以讓敵人乾著急，沒辦法有效地加入戰鬥。

經過仔細的觀察和分析就可以判斷出敵人作戰策略的優點和缺點；通過調動敵人行動，我們就可以看出敵人的活動規律是喜歡走山路還是水路喜歡早上還是晚上出來跑步；通過一小撮部隊去示弱，就可以搞清楚當下的地形是否對敵人有利，敵人到底擅不擅長走山路；通過搞一次攻擊，就可以探清敵人兵力佈置是怎樣的。當迷惑引誘敵人的方法靈活到像魯班玩木頭一樣可以無影無形的時候，即便敵人派來的內鬼也沒辦法明白我們的想法，再狡猾的敵人也想不出對付我們的方法。根據敵情因地制宜地採取致勝的策略，即便是用三號字列印出來給你看，你也理解不了。大家都知道克敵制勝不過《三十六計》、《孫子兵法》，但是沒有人知道我是怎樣應用的，讓你們想到那我還怎麼混啊！戰勝敵人的戰術每次都是不一樣的，書是死的，而為了適應當下情況而採用的戰術變化是無窮盡的。靠書，永遠是打不了勝仗的，當然了，沒有書就更打不了勝仗了，還是要買一本回去看看為好。

溫柔的女子如水，作戰的規律也像水。水避高而下流，下流麼？作戰的規律是，避開扎實的敵人而攻擊虛弱的部位。水是根據地形的高低而制約它的流向，作戰則是根據敵情的變化而制定取勝的方法。總之，做戰沒有固定的戰法，就像水沒有固定的流向。了解到這一點的人你就得道了。就不枉我花著大把的青春年華寫這麼多字給你看了。金木水火土沒有哪個比哪個更厲害的，就像石頭剪刀布一樣；冬天已經過去了，春天還會遠麼？春夏秋冬四季也是輪換交替而沒有哪一季賴著不走的。白天的時間有長有短，月亮也不是天天都圓。這世上所有的東西時刻都處於變幻的狀態，西邊的哲學家們你們聽到了麼，這句話我已

經說過啦！

步兵的由來

【Q版實例】

魏舒，名荼。春秋後期晉國大夫，為我國著名的軍事改革家、軍事家、政治家。在我國古代作戰一般都是用戰車，一方面因為古代很少塞車，車總是會比人跑得快點；另一方面坐著車總是會比用腿跑來得強一點。自晉國荀吳伐戎狄一役之後，中原各國從車戰轉向了步戰，這個革新就來自於魏舒的創意。

卻說春秋時期，太原及其附近一帶是戎狄的聚集之地，他們經常派兵騷擾晉國的北部地區。晉平公十七年，即西元前五四一年，晉侯終於受不了了，派了荀吳和魏舒前去攻打戎狄。他們率領著千乘戰車浩浩蕩蕩地前去討伐戎狄，準備一舉殲滅戎狄部落。進入戎狄區域之後，他們才發現事情遠非他們所想像得那麼簡單。戎狄地界道路崎嶇，到處是溝溝坎坎，戰車推進緩慢，士兵和戰車擠成一團，擠得士兵和戰車怨聲載道，而且道路很窄，下面就是懸崖，駕駛技術稍微差點的司機一不小心就把戰車駕駛到了懸崖邊上，伴隨著「啊，我還年輕！」的喊聲隨著戰車一同墜落懸崖。而熟悉地形的戎狄士兵又不時地跳出來襲擊他們，或者卸了他們的戰車輪子，或者給士兵一刀，又或者將戰車向懸崖方向推上一把，要命的是他們跳溝越澗如履平地一般，轉眼間消失了，轉眼間又出現了，身形飄忽不定宛若拍電影一樣。晉軍心驚膽戰的行進，仗還沒有正式開打就損失了很多戰車和士兵，而且搞得人心惶惶。

荀吳：「靠，他媽的，這仗沒法打了！」

魏舒：「大將，我們是斯文人，不應該說粗話哦！這書可能會有美眉看，也可能會有小孩看，這樣會被他們看不起的。」

荀吳：「管不了那麼多了，我太氣憤了，帶了這麼多的戰車來，卻被小小的戎狄人搞得這麼狼狽不堪，太沒面子了！難道你不生氣？」

魏舒：「能他奶奶的不生氣麼？這是他媽的什麼鬼地方，戎狄人也是，整個一群沒進化過來的動物，打仗不好好打，跳來跳去地玩輕功。操！」

荀吳：「……沒想到你說起髒話來比我還厲害，罵是不管用的，還是趕緊想想辦法吧！」

魏舒：「我看出來了，在這個地方戰車是不好使了。不如我們因地制宜，將每車士兵由四十名改爲十名，這樣也不至於戰車和人互相擠得礙手礙腳了。」

荀吳：「同意，這件事情由你來辦。」

魏舒帶著經過改制的部隊去同戎狄人作戰，靈活機動之下果真取得了小小的勝利。

正當他們在戰車上邊推進邊喝酒慶祝的時候，情況又變了。

荀吳：「怎麼忽然停車了？害我倒了整整一碗的稀飯在魏舒的胸上。」

探子：「報告將軍，車走不動了。戎狄人撤進了樹林子裏面去了。」

荀吳：「樹林子？怎麼又會有該死的樹林子出現。連三輪戰車都進不去麼？」

探子：「不但三輪戰車進不去，連自行車都進不去。只會撞到樹上。要推進的話也可以，不過需要先一棵一棵地把樹砍了。」

荀吳：「大家都在搞綠化，你卻說要砍樹。你先退下！待我和魏舒商量一下再說，下令全軍就地休息待命。」

就這樣推進的部隊又停了下來，戎狄士兵在樹林子裏面邊玩捉迷藏邊笑話晉軍不敢進攻，他們跳來跳去無比歡暢。

荀吳：「魏舒你在做什麼？幹嘛這樣深沈地望著樹林子，玩氣質啊？」

魏舒：「乾脆一不做二不休，我們丟了戰車徒步行軍，進到樹林子裏面去和他們幹吧！」

荀吳：「啊，會不會有點太冒險了？自古以來打仗都是用戰車推進的。我們改革的步子會不會太快了？」

魏舒：「不管坐車還是步行，能打得贏就是最好的。再說這樹林子這麼茂密，戰車根本就開不進去，你說還有什麼辦法？」

荀吳：「你說我們邊開著車往前走邊砍樹，砍了的樹還可以賣錢，這樣會不會好一點？」

魏舒：「好啊！這麼多樹，而我們的工具又這麼簡陋。估計就只是砍完這些樹也得三五十年的，乾脆我們砍了樹之後，就在這裏修個屋子娶個戎狄女人生一群孩子過日子算了。」

荀吳：「我看，還是按照你說的來整編軍隊吧！」

寵臣：「我不同意！我要坐車，我要坐三輪車。我的身分這麼高，怎麼能用走的呢？我不要和被人鄙視的步兵一起走路！」

荀吳：「怎麼辦？他是寵臣耶！」

魏舒稍微想了一下，然後登上一輛戰車，大聲喊道：「將士們，那個誰說的話你們都聽到了吧？他看不起步兵耶！大家隨意，我和荀將軍去那邊談點事情，我們什麼都看不見！」

那個寵臣平常就仗著老大對他的寵愛飛揚跋扈，賤到令人髮指的地步，廣大官兵早就看不慣他了。今天他又說出這樣的話，而魏舒又說了那樣的話，說完之後就抱著荀吳的肩膀去了遠處。官兵們圍了上去，儘管那個寵臣說：「不要過來，不要過來，不要過來！」他們還是圍了上去群毆了那個寵臣一頓。等魏舒他們回來的時候，那個寵臣已經奄奄一息了，魏舒將之就地正法，所有人立即肅然聽命。

魏舒將部隊進行了如下的整編：撤掉了車兵，將車兵和步兵混編在一起，以五個人為一伍，組成戰鬥中的最小組織。接著又把伍編成能夠互相配合支援的陣。在作戰的時候前面佈置兩個伍，後面佈置五個伍，右面佈置一個伍，左面三個伍，如此形成後強前弱中間為空的方陣，就像一個口袋那樣。完了他挑選出十個伍的士兵組成突擊隊，以便互相支援。說到擺陣誰能及得上中原來的同志，早在原始社會他們抓野兔的時候就已經將擺陣的思想應用進去了，更別說長期生活在深山野林裏面的戎狄人了。果然當他們看到晉兵棄車而帶著零散的部隊進入樹林子裏面的時候就開始哈哈大笑。笑完之後就雄赳赳地衝了過來，晉軍

假裝敗走，戎狄兵想也沒想就追了過來。一聲鼓響令下之後佈置在三面的晉軍就掩殺了過來，將戎狄部隊分割包圍。戎狄部隊沒見過這樣的陣勢，頓時慌作一團，想要轉身逃命的時候，才發現後面的去路已被晉兵切斷，左跑右跑都有晉兵衝將上來，只得勉強迎戰。一陣廝殺之後戎狄部隊死傷無數，剩餘者只好投降。接下來的日子裏，晉軍用相同的戰法從一個勝利走向另一個勝利，而魏舒因此一役也成爲步戰的創始者。

【畫龍點睛】

「盡信書，則不如無書」，這句話在戰場上尤爲明顯，一旦你因循守舊，紙上談兵那你就已經死了一半了。戰場上的情況瞬息萬變，即便你出發之前想得再周全，也總有沒有預料到的事情或者情況發生，隨機應變其實也還是有章可循的，那就是：掌握主動。步兵，就是在戰爭的需要之下應用而生的。

軍爭篇

一．戰爭中掌握主動權是至關重要的。兩點之間直線距離最短，但你不能就沿著直線跑，指不定這直線兩邊敵人幾十萬的軍隊人挨人擠人地等著你呢，還沒跑到戰場上你就被敵人掛了。跑曲線雖然遠一點，但是沒有敵人的騷擾至少跑得心情舒暢。「以迂爲直」說的就是這個道理。

二．凡事有好處就有壞處，軍爭也是如此。本篇還就軍爭過程中的注意事項進行了詳盡的敘述，以便大家能夠趨利避害。

【原文】

孫子曰：凡用兵之法，將受命於君，合軍聚衆，交和而舍，莫難於軍爭。軍爭之難者，以迂為直，以患為利。故迂其途而誘之以利，後人發，先人至，此知迂直之計者也。

故軍爭為利，軍爭為危。舉軍而爭利則不及，委軍而爭利則輜重捐。是故卷甲而趨，日夜不處，倍道兼行，百里而爭利，則擒三將軍，勁者先，疲者後，其法十一而至；五十里而爭利，則蹶上將軍，其法半至；三十里而爭利，則三分之二至。是故軍無輜重則亡，無糧食則亡，無委積則亡。

故不知諸侯之謀者，不能豫交；不知山林、險阻、沮澤之形者，不能行軍；不用鄉導者，不能得地利。

故兵以詐立，以利動，以分和為變者也。故其疾如風，其徐如林，侵掠如火，不動如山，難知如陰，動如雷震。掠鄉分眾，廓地分利，懸權而動。先知迂直之計者勝，此軍爭之法也。

《軍政》曰：「言不相聞，故為金鼓；視不相見，故為旌旗。」夫金鼓、旌旗者，所以一人之耳目也。人既專一，則勇者不得獨進，怯者不得獨退，此用眾之法也。故夜戰多火鼓，晝戰多旌旗，所以變人之耳目也。

故三軍可奪氣，將軍可奪心。是故朝氣銳，晝氣惰，暮氣歸。故善用兵者，避其銳氣，擊其惰歸，此治氣者也。以治待亂，以靜待嘩，此治心者也。以近待遠，以佚待勞，以飽待饑，此治力者也。無邀正正之旗，無擊堂堂之陳，此治變者也。

故用兵之法，高陵勿向，背丘勿逆，佯北勿從，銳卒勿攻，餌兵勿食，歸師勿遏，圍師必闕，窮寇勿迫，此用兵之法也。

【譯文】

孫子教導我們說：打一場仗一般都有以下幾個步驟，將領接到老大的命令，出去喊口號召集軍隊，可能還要進行一下思想教育，然後安營紮寨，接著成群結隊地出去找敵人拚命，在這過程當中沒有比率先爭得致勝的條件更困難的事情了。我們這篇中所謂的「軍爭」意即：爭得勝利的條件。條件一旦具備了，往後的事情就好辦了。就好比你長得難看又沒錢，而且還沒念過幾天書，肌肉也沒有幾塊，性能力又馬馬虎虎，這就是不具備泡妞的條件了，往後的工作根本就沒辦法開展下去。「軍爭」過程中最困難的就是如何才能在敵人沒有埋好地雷，搞好包圍圈的時候更快地抵達預定戰場，將看似不利的條件變爲有利的條件。在我們的年代，交通工具無外乎人的兩條腿，再好一點也就是牛和馬了，從此地到彼地都只能用走的，要想速度快就只能走快一點，路上還不能有什麼耽擱了。而同時我們這個年代的人也不像以前那麼講職業道德了。說打仗對方就在旁邊等著你到戰場上休息好吃飽飯還抽空洗個澡之後整好隊兩人才開打的時代已經一去不復返了，他們會在路上撒圖釘設路障，還會埋伏在路兩邊邊歇著邊等你的部隊過來，然後忽然衝出來群毆，所以說我們不能走平常人走的距離短的那條路，而應該走沒什麼人走的那條，這裏的山路十八彎，但是，萬一敵人想到這一點呢？他的部隊就埋伏在山路十八彎裏頭呢？不是又掛了麼，這就需要我們自己想辦法了，通常的辦法就是派一小隊隊伍在其中一條路上邊踏步邊喊口號邊搖著我方的旗子，讓敵人以爲我們會從這條路上走，讓他們搞不清楚真實狀況，我們的主力部隊已經從另外一條路上閃到戰場上啦。能這樣考慮周全先敵人一步而到達戰場的人，就是我們應該發出嘖嘖讚揚聲的知道迂直之計的人。

凡事都有兩面性：戴眼鏡雖然可以裝斯文，但是雨中漫步的時候容易撞電線杆；抽煙雖然可以讓身上有女生喜歡的淡淡煙草味，但是會危害到周圍人的健康；醉酒雖然可以讓人精神愉悅，但是會說出真話，這些都是我親身體驗。軍爭也是一樣的有利有害。帶著所有的運送糧草武器車去爭取速度，就會影響部隊行進的速度，你著急但是牛馬們不著急啊，如果你丟了運送糧草武器的車去，這些車可能就會被撿破爛的撿去賣掉。脫了沈重的盔甲，不管白天黑夜地狂奔去爭利，等跑到戰場上和敵人叫陣要開戰的時候才發現

只有自個兒跑來了，後面的人都沒有跟上來，一個人對敵軍十幾萬兵馬，除了當俘虜難道還有更好的出路麼？急行軍百里去爭利，能跑的士兵必然比扁平足的士兵預先到達戰場，只有十分之一的人馬能如期到達戰場，敵人一看圍上來就打，即便再能跑，這個時候也跑不掉了；急行軍五十里去爭利，只有二分之一的人能如期到達，敵人一看依舊圍上來就打，部隊依舊會受損；急行軍三十里去爭利，只有三分之二的人馬如期到達，敵人一看再一次圍上來打……在路上糧草已經丟掉了，盔甲也脫了，備用武器也被撿垃圾的老伯伯賣去廢鐵站了，這個時候你靠什麼打仗？

這個世界上沒有無緣無故的愛，各諸侯國想和你好只不過是想從你這裏撈好處，更有甚者是想吞併你罷了。不了解諸侯國的想法，就不要和他們結成同盟；沒有路況資訊，不知道路上是山林還是大海，路上會不會塞車，就不要行軍；沒有嚮導和解說員，就沒辦法掌握和利用有利地形。所以說用兵是靠騙的，要大搖大擺地騙，絲毫沒有羞愧心地騙，但凡有利於獲勝的事情我們都應該去做。根據戰場形勢的變化，部隊行動迅速的時候要像龍捲風那樣急速飛旋；行動從容的時候，要像大森林那樣徐徐地展開；攻城掠地的時候，要像三枚真火那樣迅猛；守城防禦的時候，要像泰山那樣巋然不動；軍情隱蔽的時候，要像大坨的烏雲遮住太陽那樣什麼都看不見；大軍出動的時候，要像海嘯來了一樣無堅不摧。奪取地方的財物，打劫對方的百姓的時候，應該分兵行動，這樣才能搶得快。開拓疆土爭奪利益的時候應該分兵守住要害先。所有這些都應該根據實際情況靈活應用，隨機應變，這就是軍爭的原則。

《軍政》上面說：「戰場上用喊的來指揮部隊，大家或聽不見或聽錯了，所以發明了金鼓來指揮；用肢體語言來指揮部隊，大家看不見或者看錯了，打仗那麼忙誰有時間盯著你看呢？所以發明了旌旗。」不管是金鼓還是旌旗都是用來統一士兵們的視聽的，給他們視聽享受的同時傳遞命令的，只要你的士兵中沒有瞎子或者聾子的話就會根據這些來服從統一指揮。這樣一來勇敢的將士不會一馬當先地衝去送死，膽小的將士不會悄悄一個人溜了。這就是我們古人用來指揮大軍作戰的方法了，雖然落後一點但是很好用。問題就是晚上打仗的時候大家看不見，所以晚上打仗我們用火把來指揮部隊。在這裏我要提醒各位將領的就是，曾經發生過在千鈞一刻需要撤兵的時候有將領才發現自己沒帶火柴點不著火把，等鑽木取火成功的時候部隊已經完了，所以兄弟們啊，記得帶火柴是很重要的。晚上多點火把多敲鼓，白天多舞旗子。這些都可以在擾亂敵方的視聽的同時，指揮好我方部隊。

對於敵方的士兵，我們可以用豎中指吐口水做鬼臉等方法挫傷他們的銳氣，讓他們喪失士氣。對於敵軍的將領，我們可以綁架他們的家人或用高官厚祿引誘他，動搖他的決心，讓他喪失鬥志。敵人剛到戰場的時候，看到一輪紅日升上天空，被深深地感動，此時此刻他們的士氣必然旺盛；等到中午，太陽曬著肚子餓著；再到下午，都想著回家洗澡睡覺，士氣就到了最低點了。善於用兵的人，總會避開敵人士氣正旺的時候，等他們都打瞌睡的時候才發動猛烈攻擊。這是正確運用士氣的原則。用團結一心的紀律嚴明的我方軍隊來對付思想混亂，喜歡想家的敵人，用我們高風亮節甘於奉獻的軍隊來對付敵軍只想著快點打完回家抱孩子的敵軍。這就是正確運用軍心的方法。用我們吃得飽穿得暖歇得足的軍隊來對付敵軍長途勞頓的敵軍，以我方的從容面對敵人的倉促。這就是運用治己之力以困敵人之力的方法。看到旗幟整齊、昂首挺

胸的敵人我們不要去迎擊他們，看到陣容強大，剛剛吃飽的軍隊我們也躲著不去攻擊，這才是懂得戰場上隨機應變的好將軍。

所以說，用兵的原則是：對於佔據高地、背靠著丘陵的敵人，我們不要從正面攻擊，可以悄悄地爬到山頂往下滾石頭；對於逃跑都跑得那麼帥的假裝逃跑的敵人，我們不要去跟蹤和追擊，歇自己的讓他們跑去吧；對於敵人派來的當誘餌的小撮士兵，我們不要衝出去打，即便他們沒拿武器還很囂張地邊朗誦詩歌邊在我們營前散步；對正在撤退向本國的敵人部隊我們不要去阻截，這個時候很容易被兩面夾擊的；對於被包圍的敵軍，我們要留個缺口，以便可以卸載他們的殺氣；對於又沒糧草又沒有武器還被一群狼追著咬的陷入困境的敵人，我們不應該過分逼迫，這些都是用兵的基本原則。

【Q版實例】

我的臉被摔腫了

晉文公重耳爲春秋時期晉國的國君和政治家。春秋「五霸」之一，他的經歷完全可以用坎坷和淒涼來形容。自從他翻牆逃脫他父王的追殺之後就一直到處流浪，直到六十二歲的時候才在秦國軍隊的護送之下回到晉國，即位爲晉君。事情的由來是這樣子的，他本是晉獻公的二兒子，家中有房又有錢，生活樂無邊。晉獻公晚年的時候寵愛上了妃子驪姬，這個驪姬不小心生了個兒子之後就天天給晉獻公撒嬌，要讓他把這個兒子立爲太子繼位。她撒嬌的方法主要有抱著晉獻公的胳膊前後搖晃，邊搖晃邊說：「不嘛不嘛，快立奚齊爲太子嘛！」或者用她的小拳頭邊砸晉獻公的肩膀邊嘟著嘴說：「壞死了，壞死了！」晉獻公年歲大了，抵不住她這樣折騰，於是聽從了她的話，驪姬於是放手開幹。先是逼死了太子申生，接著陷害了次子重耳和三子夷吾，這兩個可憐的孩子只得躲在自己的封地裏面不敢露面。驪姬還不放心，竟然派人去趕盡殺絕他們兩個，重耳翻牆而逃，從此開始了流亡的生活。

去齊國的路上，他走到五鹿的時候實在餓得撐不住了，就跟一個田裏面的農夫要吃的，那農夫蹲下來撿了一個土塊給他道：「吸，給你吃！」重耳本就餓得發暈，現在竟然被一個農民這樣戲弄，衝上去就要和那個農夫單挑，他身邊的人連忙拉住他耳語道：「別啊，你餓得東倒西歪的，而且人家手裏面還有鋤頭當武器，不一定能打得過，別亂來！」接著那人又大聲道：「泥巴代表土地，這正就是上天要把土地賜給您的預兆啊！」接著示意重耳給那個鄉下人磕頭，還將那塊泥巴用塑膠袋裝好放到了車上。在曹國，曹國老大曹共公聽說重耳胳肢窩下面的肋骨是連成一片的，竟然趁重耳洗澡的時候帶著相機去偷拍，而且還想伸手去摸，要不是重耳嚴辭拒絕就被曹共公拍了寫真摸了他了。當然，也有對他好的國家。比如齊國，齊桓公就大擺筵席接待他，而且還給他一個姑娘當老婆，搞得重耳都不想回家了，要不是這位姑娘深明大義地把他灌醉之後扔上車，重耳也不會有後來的成就。在楚國，楚王也設酒款待重耳，喝得差不多的時候對重耳說：「如果有一天，公子你回到了晉國，有身分有地位了，你怎麼報答我呢？」

自從上次之後，重耳喝酒之前都會喝酸奶來解酒以免喝多。他想了想之後道：「我們國家有的你們

都，有，我能給你什麼？再請你吃一頓？也不合適啊！」

楚王道：「那你總得報答我啊，滴水之恩當湧泉相報，這可是古訓啊！」

重耳道：「那我請您吃十頓？想必您也看不上。這樣吧，如果有一天晉楚之間發生戰爭的話，我就退避三舍。一舍等於三十里，我這樣一退就是九十里。」

光陰荏苒，四年之後重耳返回了晉國，當上了國君。雖然他年齡大了，但是他的幹勁絲毫不遜年輕人，他勵精圖治，選用能人，幾年之後晉國強大起來了，接著他建立起來了三軍，任命了三軍元帥訓練部隊，準備征戰中原實現霸業。在晉國強大起來的同時，楚國也日益強盛。西元前六三三年，楚國聯合了陳國、蔡國等四個小國家進攻宋國。宋國向晉國喊救命，晉文公親自率領大軍前去支援宋國。

晉文公知道楚軍將領成得臣是個肝火旺盛又驕傲的人。決定先避其鋒芒，然後伺機消滅他。晉文公按照當初和楚王的約定退避三舍，這一退就退到了城濮。其實晉文公也不是白退的，一方面他是信守當初和楚王的約定；另一方面避開成得臣的鋒芒，惹成得臣生氣著急；再一方面就是利用城濮這個地方的地形了。聰明的人可以將不利轉化爲有利，將負擔化解爲裨益。成得臣騎上馬就準備往前追，一個楚國將領勸阻道：「晉文公以一國之君退避三舍，已經是給足我們面子了。便宜我們也占到了，可以回去跟老大和群衆交代了，撤吧！」

成得臣卻道：「我們是來打仗的，不是來要面子的。我最討厭不好好打仗的人了。況且晉軍這樣一撤退士氣必定低靡，我們乘勝追擊剛剛好！」說完就騎著馬往前追，一追就追到了城濮。

雙方在城濮對陣，晉軍的人馬遠遠不如楚軍的多，晉文公不禁有些擔心。這時出來一個手下說：「好了，老大不要看著遠方歎氣了。不用怕！此次一戰，我們勢在必勝，勝了就可以稱霸諸侯；即便敗了我們也可以退回國內，有黃河擋著，楚軍也不可能打到我們國內去。」晉文公聽後，增強了與楚軍一戰的信心和決心。戰爭一拉響晉軍就開始假裝敗退，士兵們邊跑邊喊：「別追我，別追我，我好怕，我好怕……」楚軍右軍放心大膽地開始追趕。一聲鼓響，一陣吶喊之後，晉胥臣帶領著戰車衝將出來，他們將拉戰車的馬都化妝成了老虎，楚軍的馬一見如馬一樣高大的老虎都想著要掉頭逃跑，楚軍頓時亂成一團，而晉軍的馬被化妝成老虎之後就真的當自己是老虎奮起追擊，胥臣一陣掩殺，楚軍的右軍一敗塗地。

晉軍一方面命人騎著馬拖著樹枝向北奔跑；另一方面讓一個士兵化妝成楚軍的士兵向成得臣報告右軍獲勝。

成得臣道：「你怎麼這麼面生？探子的臉好像沒這麼圓吧！」

士兵道：「哦，我剛剛跑得太快，摔了一跤臉摔腫了。右軍真的獲勝了，晉軍向北敗逃之中……」

成得臣登高以望，看到北方煙塵滾滾，晉軍在其中若隱若現，於是相信了這名探子所報。

楚國的左軍衝進了晉軍擺好的陣中，又被引入了埋伏圈，楚軍的左軍也被全面殲滅。晉軍這邊又派了一個探子假裝成楚國士兵前去跟成得臣傳遞虛假情報。

士兵道：「左軍也大勝了，晉軍又開始敗逃了！」

成得臣道：「咦，剛剛那個臉上好像沒這麼多痲子吧！」

士兵道：「哦，這是被戰車濺到臉上的泥點點，你看我一擦就擦掉了。」說完那個士兵就暗自用力摳下了自己臉上最大的一個痲子。

成得臣又一次信以爲真，見左右軍都大獲全勝，於是自己帶著中軍衝入晉軍的中軍之中。此時，晉軍的上下軍圍上來助戰，成得臣方知自己的左右軍都已經大敗了。想要突圍的時候又被晉軍攔住了出路，被晉軍一陣群毆，好在晉文公及時發出了命令，饒了成得臣一命以報當年楚王的恩情，成得臣以半條性命逃回了楚國。

【畫龍點睛】

這個故事就是「退避三舍」的來歷了。可以看得出來重耳退避三舍並不是因爲真的要報恩，或者是害怕了楚軍，而是根據楚軍的實際情況做出的決定，目的在於避開楚軍的銳氣，以退爲進。做人還是應該低調虛心一點好。

Q版爆笑史記之名人、列傳

作 者：韓冬
出版者：風雲時代出版股份有限公司
出版所：風雲時代出版股份有限公司
地址：105台北市民生東路五段178號7樓之3
風雲書網：http://www.eastbooks.com.tw
官方部落格：http://eastbooks.pixnet.net/blog
信箱：h7560949@ms15.hinet.net
郵撥帳號：12043291
服務專線：(02)27560949
傳真專線：(02)27653799
執行主編：劉宇青
美術編輯：芷姍

法律顧問：永然法律事務所 李永然律師
北辰著作權事務所 蕭雄淋律師
版權授權：韓寶峰
二版一刷：2011年5月
ISBN ：978-986-146-755-9

總 經 銷：富育國際股份有限公司
地　　址：台北縣新店市中正路四維巷二弄2號4樓
電　　話：(02)2219-2068

CVS通路：美璟文化有限公司
地　　址：台北市信義區莊敬路289巷29號
電　　話：(02)2723-9968

行政院新聞局局版台業字第3595號 營利事業統一編號22759935

定價：350元 特價：199元

國家圖書館出版品預行編目資料

Q版爆笑史記之名人、列傳 ／ 韓冬著；--
臺北市：風雲時代，2011.03 面；公分

ISBN 978-986-146-755-9（平裝）
1. 史記 2. 通俗作品

610.11　　100002191